GÄRTEN
IM LÄNDLICHEN STIL

GÄRTEN IM LÄNDLICHEN STIL

Planung · Gestaltung · Pflege

VON JOHN BROOKES

Fotos von Jacqui Hurst

Christian Verlag

Aus dem Englischen übersetzt von Angelika Feilhauer
Redaktion: Vera Murschetz
Korrekturen, Register: Irmgard Perkounigg
Textlayout: Dieter Lidl
Umschlaggestaltung: Ludwig Kaiser
Satz: Josef Fink GmbH, München

Die Originalausgabe unter dem Titel
The Country Garden wurde erstmals 1987 im Verlag
Dorling Kindersley Ltd., 9, Henrietta Street,
London WC2E 8PS veröffentlicht

Druck und Bindearbeiten: Arnoldo Mondadori
Printed in Italy

ISBN 3-88472-142-9

Inhalt

Der ländliche Garten heute

Es ist zweifellos richtig, daß immer mehr Menschen auf dem Land leben möchten. Dieser Wunsch hat seinen Ursprung in verschiedenen sozialen Umständen und Lebensverhältnissen, vor allem in der sinkenden Lebensqualität vieler Innenstädte und der deprimierenden Eintönigkeit und Uniformität der riesigen städtischen Randzonen. Aufgrund neuer Technologien sind heute viele Menschen nicht mehr an ihre Schreibtische in der Stadt gefesselt und suchen auf dem Land nach einer neuen Lebensweise.

Wie aber bewahrt man die Landschaft davor, daß ihr durch diese neuen Siedler mit ihren Häusern und Gartenanlagen nicht wieder der sattsam bekannte Vorstadtcharakter aufgezwungen wird. Es ist höchste Zeit, daß wir den ländlichen Garten unter neuen Aspekten betrachten.

Ursachen zur Besorgnis

Viele Menschen werden tatsächlich von der Landschaft, in die es sie zieht, enttäuscht sein, weil ihnen ein romantisches Bild vorschwebt, das durch Sommerausflüge geprägt wurde. In Wirklichkeit ist ein großer Teil des Landes reizlos geworden. Die im Umgang mit Chemikalien rücksichtslose und nur auf hohe Erträge bedachte Landwirtschaft hat heckenlose Flächen, unfruchtbare Böden und einen immer größeren Abbau an Arbeitsplätzen zur Folge. In vielen Dörfern findet man heute keine jungen Leute mehr. Der neue Landbewohner sollte sich über eines im klaren sein: Landleben besteht nicht allein aus Vogelgezwitscher und niedlichen Lämmern, sondern bedeutet vielmehr eine Lebensweise, die von der Umgebung geprägt wird. Und in den meisten Landstrichen wandelt sich diese Umgebung rasch, teils geologisch bedingt, teils durch traditionelle Landwirtschaftsmethoden. Landbewohner müssen sich darauf einstellen, Teil dieser Umgebung zu werden und sie zu bewahren, weil andernfalls unsere Landschaft dem Untergang geweiht ist.

Erfreulicherweise findet man heute ein wachsendes Umweltbewußtsein, das auch den Schutz und die Bewahrung der heimischen

DER NEUE LANDGARTEN

Pflanzen, die noch vor kurzer Zeit ganz allgemein als Unkraut bezeichnet wurden, haben heute einen Platz in ursprünglich wirkenden bunten Pflanzungen gefunden. Man würde sie für jeden Wildblumenstrauß verwenden, warum also nicht auch in einem ländlichen Garten?

Flora und Fauna berücksichtigt, deren Lebensräume einer ständigen Bedrohung durch giftige Chemikalien und Bulldozer ausgesetzt sind.

Ein Großteil aller Bautätigkeiten auf dem Land ist ebenfalls eine Folge der landwirtschaftlichen Rationalisierung. Das Land wird wegen Errichtung von Eigenheimen in immer kleinere Parzellen aufgeteilt, die sich wirtschaftlich nicht mehr nutzen lassen. Deshalb besitzen die neuen Gärtner oft Grundstücke mit merkwürdigen Dimensionen.

Im allgemeinen haben Gartenbesitzer heute bei der Pflege ihrer Gärten keine Hilfe und teilen ihre Zeit zwischen Gartenarbeit und einer ganzen Reihe anderer Freizeitbeschäftigungen auf. Vermutlich machen sie auch fernab von zu Hause Urlaub und überlassen ihre Gärten ein- wenn nicht sogar zweimal im Jahr sich selbst. Aus diesem Grund setzen sie viele Geräte und Maschinen ein.

Neue Gärten auf dem Land

Eine Antwort auf diese Entwicklungstendenz ist der neue ländliche Garten. Er bietet ein Erscheinungsbild, das auch bei wenig Pflege gewahrt bleibt - einen neuen, hauptsächlich ländlichen Stil, der zufällig wirken kann oder sogar leicht verwildert, denn der romantische Eindruck beruht auf einem praktischen Konzept.

Und es handelt sich hier keineswegs um einen sommerlichen Blumengarten. Die Gestaltung sollte durch die besondere Lage des Gartens inspiriert werden, ob es sich nun um Ackerboden, rauhes Moorland, Wald oder welchen Landschaftstyp auch immer handelt. Bei dieser Form der Gartenanlage richtet der Gärtner seine Aufmerksamkeit auf das, was in der Natur gedeiht und wie, oder wie alte Mauern, Zäune oder Hecken aussehen, um diese Elemente in seinen Garten einzubeziehen, damit dieser mit der Umgebung harmoniert. All das aber steht so ziemlich im Gegensatz zu dem, was angeboten wird von Gartencentern und Supermärkten und was unseren Gärten ein uniformes vorstädtisches Bild verleiht - ein Bild, das all die Stillosigkeiten einschließt, die man heute in dieser Umgebung vorfindet. Warum sollten sich die Millionen, die auf dem Land leben und gärtnern, wie auch jene, die den ländlichen Gestaltungsstil in ihren Stadtgärten einbeziehen wollen, sich solch einem Standard mitsamt seinen Möhrenfliegen und der Koniferenobsession anpassen?

TRAUM EINES MIETSHAUSBEWOHNERS

Viele Stadtbewohner hatten vorübergehend irgendwann schon einmal ein Häuschen auf dem Land. Sommerhäuser wie das rechts abgebildete üben auf jeden Städter eine magische Anziehungskraft aus.

Gärten innerhalb der Landschaft

Der ländliche Garten ist in einer Weise Bestandteil seiner Umgebung, wie es sein städtisches Gegenstück niemals sein kann. Ein Landhaus und sein Grundstück sind nicht nur Teil einer Gemeinde, sondern prägen auch wesentlich das Gesicht der Landschaft.

Zur Anlage und Pflege eines ländlichen Gartens gehört sehr viel mehr als Gärtnern und Erholung, es ist eine Sache des persönlichen Engagements. Wer ein älteres Anwesen besitzt oder erwirbt, muß Sorge tragen für Übernommenes wie einen alten Baumbestand, alte Mauern, Bäche oder Gräben, die sich innerhalb der Grundstücksgrenzen befinden, aber Teil eines weit darüber hinausreichenden Ökosystems sind. Und nicht nur für Bauten und Pflanzen im Garten muß Sorge getragen werden, sondern auch für die große Vielfalt an Tieren, die darin ihre Lebensräume gefunden haben.

Auf dem Land wird man sich der Vergänglichkeit und dessen, was vorher war und nachher kommt, viel intensiver bewußt, nicht zuletzt an dem kleinen Flecken Erde, den man hegt. Im Schnellverfahren angelegte Stadtgärten können ebenfalls viel Freude bereiten, doch ländliche Gärten verdienen ein dauerhaftes Engagement, damit sie, wie guter Wein, reifen können.

Traditionelle Hege

Es gibt für jede Lage – auch für die Ihres Gartens – eine traditionelle Art der Pflege, die sich über lange Zeit entwickelt und bewährt hat. Sie wird bestimmt durch den Bodentyp und das darunterliegende Gestein sowie Witterung und Höhenlage. Wer sie ignoriert wird es teuer bezahlen müssen und den ursprünglichen Charakter seines Gartens nie erleben und genießen können.

Ihr Garten als Teil der Landschaft Größenverhältnisse, Vegetation und Charakter der umliegenden Landschaft müssen die Stimmung im Garten beeinflussen. Wie sinnlos wäre es, den Charakter eines Ortes – wie dem links gezeigten Tal in England – schönen zu wollen, oder an den Bohnenstangen und Erbsenreisern auf dem Bild rechts prächtige Blumenarrangements wachsen zu lassen.

Historischer Rückblick

Im Laufe der Zeit gab es unterschiedliche Vorstellungen darüber, welchen Platz ein Garten innerhalb der Landschaft hat und in welcher Beziehung sie zueinander stehen. Die frühesten Gärten stellten eher Zufluchtsorte vor der bedrohlichen, unkontrollierten Üppigkeit der Natur dar, die einer winzigen Landgemeinschaft erdrückend scheinen mußte. Die Wildnis wurde durch hohe Mauern oder Hecken ferngehalten, und innerhalb dieser Einfriedung schufen unsere Vorväter übersichtliche, formale Anlagen, gestutzt und sauber, als Beweis ihrer Überlegenheit und Herrschaft über das scheinbare Chaos der Natur. Allein geometrische Anordnungen schienen zu gefallen.

Diese traditionelle Strenge wurde irgendwann gelockert, und während des 16. und 17. Jahrhunderts entwickelten sich dann in Europa nach und nach andere Konzepte. Mitunter entfloh man den engen Begrenzungen von Mauern und setzte deren geometrische Linien in den umliegenden Wald fort – auf dem Kontinent durch Reitwege und in England, wo im 17. Jahrhundert der heimische Wald durch Haus- und Schiffbau schon stark dezimiert worden war, durch Baumalleen. Um schön zu wirken, müssen lange Alleen auf ebenem Boden angelegt sein. Auf Stichen von größeren formalen Anlagen in England sehen die jungen Pflanzungen, die sich bergauf und bergab ziehen, recht bizarr aus.

Idealisierte Landschaftsgärten

Gegen Ende des 17. Jahrhunderts setzte in England eine Entwicklung ein, die durch Einflüsse der italienischen Landschafts-

Gärten des 17. Jahrhunderts In kleinen, von Mauern umschlossenen Gärten des 17. Jahrhunderts wurden Beete von geschnittenen Buchsbaumhecken gesäumt. In den Rabatten wuchs eine begrenzte Auswahl von Zierpflanzen, die in geometrischen Mustern angeordnet waren. Solche formalen Gärten hatten ihren Ursprung in französischen, holländischen und italienischen Anlagen und versinnbildlichten die Herrschaft des Menschen über die Natur.

malerei und hochromantischer Vorstellungen vom Leben des edlen Landmannes geprägt war. Man begann die natürliche Landschaft zu schätzen, und dieses Interesse wurde verstärkt durch Literatur und Palladianismus (von dem ital. Architekten Palladio, 1509–1580, beeinflußter Baustil). Man legte also Wert darauf, von Parkland und einer »gepflegten« Landschaft umgeben zu sein. Die pastorale Landschaft durfte sich bis an die Mauern des Hauses erstrecken, so daß die Aussicht vom stolzen Herrensitz aus in eine kontrollierte Landschaft führte, die mit klassischem Zierat ausgestattet war. Wasserläufe verwandelten sich in Seen und spiegelten das idealisierte Bild einer pastoralen Landschaft wider. Der Blick wurde durch dichte Pflanzungen einheimischer Bäume gelenkt. Die Idee von der Verwendung exotischer Zierpflanzen und vom Ziergarten hatte sich noch nicht realisiert, doch gegen Ende des 18. Jahrhunderts begannen fremde Pflanzen eine immer größere Rolle bei der Gestaltung von Gärten zu spielen.

Tradition des Cottage-Gartens

Das ländliche Leben war stets von einer strikten sozialen Ordnung geprägt, in der ein mächtiger Großgrundbesitzer der Arbeitgeber der restlichen Gemeinschaft war, den Pfarrer, den Arzt und den Schullehrer ausgenommen, die sich eine gewisse Unabhängigkeit bewahren konnten. Der Garten eines solch herrschaftlichen Besitzes dominierte am Ort, und wirklich großartige Anlagen haben teilweise bis heute überlebt und sind zur Touristenattraktion geworden. Allerdings existierten auch bescheidenere Gärten. Die Tradition des Cottage-Gartens (s. auch S. 118) wurde nie unterbrochen und hatte sich vermutlich seit dem Mittelalter nicht wesentlich verändert. In ihm wurden Pflanzen (und vor allem Kräuter) für dekorative, kulinarische und medizinische Zwecke gezogen, wie auch Gemüse, die allein für den häuslichen Gebrauch bestimmt waren. Die Bepflanzung geschah willkürlich, und gewiß gab es keinen Platz für Rasen.

Landschaftsgärten Die parkähnlichen Gärten im 18. Jahrhundert waren gepflegte Landschaften mit fließenden Konturen – das Gegenteil von den manierierten und völlig abgeschlossenen Anlagen des 17. Jahrhunderts. Ein Heer von Arbeitskräften war notwendig, um Hänge neu zu modellieren, Seen anzulegen, Gruppen heimischer Bäume zu pflanzen und klassische Dekorationen wie Tempelchen und Statuen aufzustellen.

Das 19. Jahrhundert brachte enorme soziale Veränderungen und die Bildung einer neuen Mittelschicht mit sich, deren Villen und kleine Gärten die ersten Vorstädte entstehen ließen. Es wurde großer Wert auf geistige Bildung gelegt, insbesondere auf Naturwissenschaften, darunter auch Botanik. Es entstanden die ersten botanischen Gärten, in denen man die neuesten Entdeckungen sehen konnte. Ein vollkommen neues Spektrum an Pflanzen kam ins Angebot, und der Pflanzenfreund des 19. Jahrhunderts kehrte der Landschaft wiederum den Rücken, errichtete neue Barrieren, hinter denen er aus dem Ausland eingeführte exotische Pflanzenarten zog, Pflanzen, die ausgewachsen den viktorianischen Garten in seiner Umgebung fremdartig erscheinen ließen. Intensive Farben leuchteten auf geometrisch angelegten Beeten mit Einjahresblumen und Koniferen. Man importierte Rhododendren und Kamelien und pflanzte sie willkürlich (oft im Landschaftspark des vergangenen Jahrhunderts), um ein Erscheinungsbild entstehen zu lassen, das heute noch viele Teile Englands prägt.

Reaktion des 20. Jahrhunderts

Zu Beginn dieses Jahrhunderts erfolgte dann eine Reaktion auf die lärmende Künstlichkeit des vorangegangenen Jahrhunderts. Im viktorianischen England waren Millionen Menschen vom Land in die Stadt gezogen, und in der Folge wurden Land und ländliches Leben in intellektuellen Kreisen idealisiert, was

Viktorianische Gärten In einem typischen viktorianischen Garten standen exotische Bäume wie die Chilenische Araukarie *(Araucaria araucana)* neben Beeten, die dicht mit farbenprächtigen, kunstvollen Arrangements bepflanzt waren. Das Gewächshaus beherbergte eine weitere Kollektion von Exoten, die zu empfindlich waren, um die Winterfröste im Freien zu überleben.

zur Entstehung des Arts and Crafts Movement führte, einer Reformbewegung, die die Wiederbelebung traditioneller Kunst und Handwerke zum Ziel hatte. Der Garten des frühen 20. Jahrhunderts bezog daher Elemente der klassischen formalen Anlage zwar mit ein, war aber mit viel Sinn für die Natur gestaltet. Man fand in ihm Sträucher und Stauden, die besser zu seiner Umgebung paßten und für den kleineren Garten geeigneter waren. Die Atmosphäre des Gartens jedoch war im mittelalterlichen Sinne rustikal – er war eingefriedet, und seine Anlage hatte wenig Bezug zu der umliegenden Landschaft. Zu dieser letzten Gruppe von Gärten gehören Sissinghurst in Kent und Hidcote Manor in Gloucestershire. Diese Anlagen waren englische Vorbilder für ländliche Gärten auf der ganzen Welt, doch entstanden sie in einer Zeit, da Arbeitskräfte und Land billig waren.

Neben einer aufrichtigen Sorge um die Umwelt haben in der zweiten Hälfte des 20. Jahrhunderts wirtschaftliche Gründe den Gärtner auf dem Land dazu gezwungen, sein kleineres Grundstück mehr als Teil der Landschaft zu betrachten, in der es liegt. Der ländliche Garten von heute darf sich über seine Grenzen hinweg mit der Landschaft verbinden. Er wird zwar mit Sinn für die Tradition, aber mit Hilfe von Maschinen gepflegt und erfüllt darüber hinaus die praktischen Bedürfnisse seines Besitzers.

Gärten des frühen 20. Jahrhunderts Mit Beginn dieses Jahrhunderts wurde die Gestaltung des ländlichen Gartens wieder rustikaler, blieb aber dennoch mittelalterlich in der Vorstellung vom Garten als geschlossenem Raum. Die Pflanzungen waren üppig und blütenreich, und es gab einen ausgeprägten Sinn für das Traditionelle, was Materialien für Mauern, Bodenbeläge, Tore und Türen betraf, sowie für das Handwerk, das auf hohem Niveau stand.

Die Landschaft verstehen

Der Charakter jeder Landschaft wird durch geologische Verhältnisse geprägt. Der Untergrund, sei er aus Kies, Ton oder Fels, bestimmt sowohl Struktur als auch Mineralstoffgehalt der oberen Bodenschichten und damit ihren pH-Wert. Aufgrund der Beschaffenheit dieses Bodens wiederum gedeiht hier eine Spontanvegetation, durch die sich eine bestimmte Art der Land- oder Forstwirtschaft entwickeln konnte. Auch die traditionelle regionale Bauweise hängt mit der Bodenbeschaffenheit zusammen, weil man die verfügbaren Materialien – Steine oder Ziegel, Flint oder Holz – verwendete, so daß verschiedene Landstriche ein besonderes Gepräge erhielten. Zum Naturschutz gehört nicht nur die Erhaltung von Flora und Fauna in ländlichen Gebieten, sondern auch die Bewahrung ihres einzigartigen Charakters. Und in dieses regionale Bild muß ein ländlicher Garten eingefügt werden.

Als Gärtner sollten wir ein Interesse daran haben, auf welche Weise Baumaterialien für Mauern und Zäune verwendet wurden. Auch auf Bodenbeläge ist zu achten. Obwohl man den lokalen Stil nicht unbedingt blind kopieren sollte, kann man sich durch ihn inspirieren lassen und ihn bestimmten Erfordernissen anpassen. Ähnlich verhält es sich bei der Pflanzenauswahl. Ich bin kein Verfechter des totalen Wildgartens, in dem nichts anderes als Spontanvegetation Platz findet. Doch zumindest für die Begrenzung eines Grundstücks sind Kenntnisse der Wildpflanzengärtnerei sehr nützlich, weil sich heimische Pflanzen weitaus leichter kultivieren lassen.

BEISPIELE FÜR GEOLOGISCHE EINFLÜSSE

Südengland Zur heimischen Vegetation des Tonbodens im Weald (Hügellandschaft im Südosten Englands) gehören Eichen, Roßkastanien und Hasel. Die traditionellen Häuser sind aus in dieser Gegend hergestellten Ziegeln und Platten gebaut und häufig mit Eichenholz verkleidet. Der Stangenzaun ist ebenfalls aus Eiche oder Eiche und Kastanie errichtet.

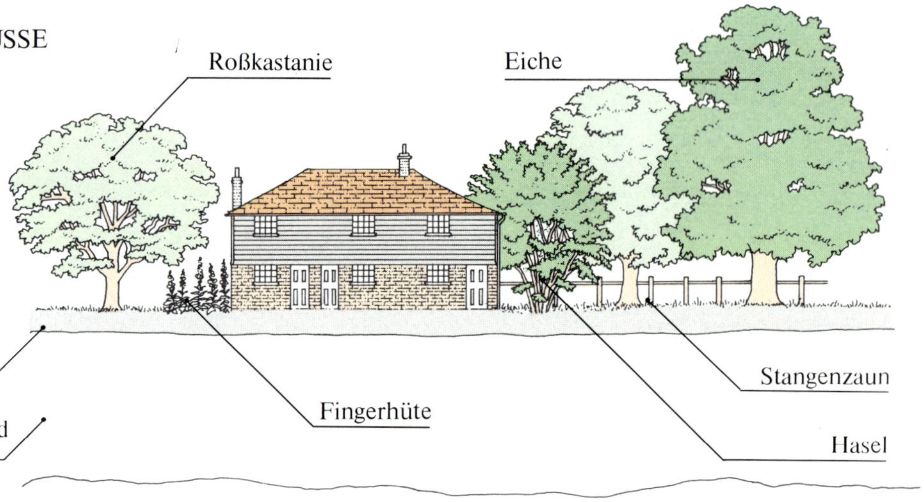

Mittlere Westküste – USA Im geologisch sehr abwechslungsreichen Kalifornien gibt es fruchtbare Böden, die über hartem Eruptivgestein liegen. Für den regionalen, oft spanisch beeinflußten Baustil ist die Verwendung des Holzes heimischer Mammutbäume sehr typisch. In den die Landschaft prägenden Hügeln finden sich zwischen kahlen Hängen und zutage tretenden Gesteinsschichten Erdtaschen.

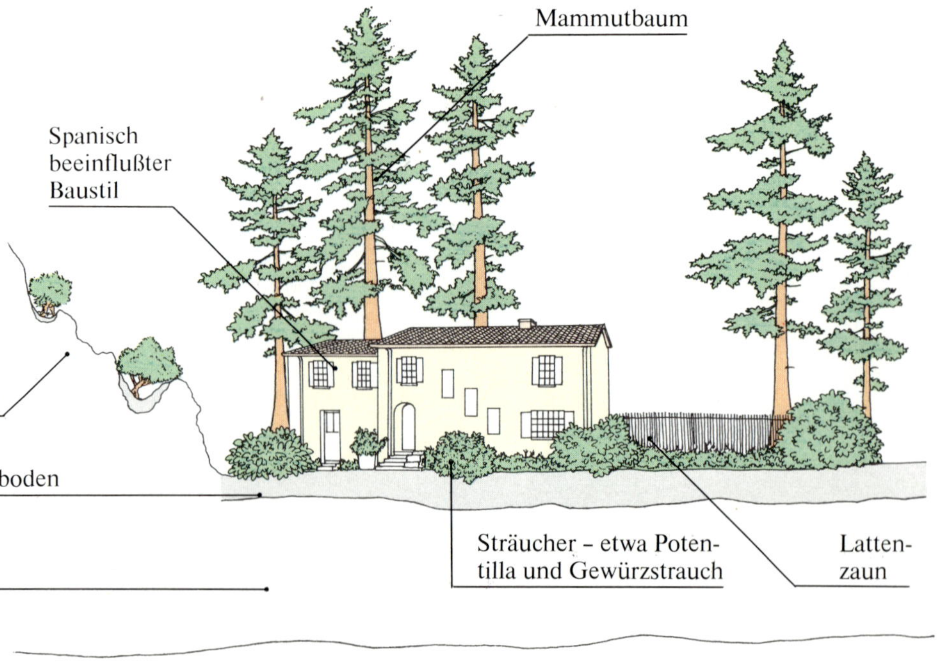

Die »geborgte« Landschaft

Gewiß ist es ein großer Vorteil, daß ein Garten so gut in seine Umgebung integriert werden kann. Und jede »geborgte« Landschaft jenseits der Grundstücksgrenzen erweitert nicht nur die tatsächliche Größe Ihres Gartens, sondern dient auch als Inspiration für die Gestaltung sowie für die Wahl der Baumaterialien und Pflanzen.

Natur und Erscheinungsbild mancher Landschaften sind so dominant, daß sie sich in Gärten, die in ihnen liegen, nicht verleugnen lassen. Dieser Charakter kann bedingt sein durch die Geländekonturen oder die extremen Eigenschaften eines speziellen Bodentyps, der eine besondere Vegetation hervorbringt, das Vorhandensein von Wald oder die enorme optische Ausdruckskraft von örtlichem Gestein, wie etwa Schiefer. Alle diese prägenden natürlichen Charakteristika müssen bei der Planung des Gartens genutzt werden, weil ein ortsfremder Ersatz fast immer nichtssagend und deplaziert wirkt.

Doch nicht jede ländliche Umgebung hat ein imposantes Erscheinungsbild. Die meisten Landschaften besitzen vielmehr einen dezenten Charme, der ebenso großartig sein kann und im Garten auf die gleiche Weise Berücksichtigung finden sollte.

Der dezente Reiz einer Ackerlandschaft Die sanften Hügel der Downs ziehen sich bis in diesen Garten im südenglischen Sussex. Ihre Wellenform wiederholt sich in den Ziegelstufen im Vordergrund.

Aussichten

Da es die natürliche Landschaft selbst ist, die die meisten Menschen aufs Land zieht und verlockt, sich dort niederzulassen, mag eine der ersten Überlegungen bei einer Gartenneuanlage oder beim Instandsetzen eines älteren Gartens sein, wie man, den Möglichkeiten entsprechend, die beste Aussicht schafft.

Damit ist jedoch mehr Arbeit verbunden, als einfach eine solide Barriere zu beseitigen, denn man muß noch zwei weitere Faktoren berücksichtigen – zum einen die vorherrschende Windrichtung, die oft der Grund war für die Errichtung der Barriere, und zum anderen die Größenverhältnisse von Aussicht und Garten. Ein kleines gezähmtes Stückchen Land, wie beispielsweise Ihr Garten, Seite an Seite mit einer beeindruckenden Landschaft, kann in der Tat sehr unscheinbar wirken, wenn dazwischen keine Übergangszone liegt.

Ein Panoramablick kann das Auge überfordern und als alltägliche Aussicht erdrückend wirken. Es gibt aber immer Möglichkeiten, die Aussicht zu manipulieren, so daß ein Gleichgewicht zwischen innen und außen und gleichzeitig ein Wetterschutz entsteht. Wenn man nur den Ausschnitt einer schönen Landschaft sieht, eingerahmt von Pflanzen, dann ist der Übergang von der natürlichen Landschaft zur gezähmten angenehmer und nicht zu abrupt.

Einrahmung einer Aussicht

Jede Begrenzung der Aussicht durch Pflanzen oder Bauten muß sich nicht unbedingt an oder nahe bei den Grundstücksgrenzen befinden, wo sie diese noch unterstreicht. Liegt ein Rahmen aus Pflanzen dichter am Aussichtspunkt, kann der Blick besser gelenkt werden, wie die Diagramme auf Seite 19 zeigen. Darüber hinaus wird bei diesem Vorgehen vermieden, daß die ganze Gartenanlage auf die Grundstücksgrenzen abgestimmt wird, was das Gefühl von Abtrennung noch verstärkt. Wenn Ihr Grundstück L-förmig ist, würde dies beispielsweise bedeuten, daß Sie dem Gartengrundriß nicht eine Reihe konzentrischer L-Formen zugrunde legen dürften, die auf das Haus zulaufen und in merkwürdigen Winkeln angrenzen. Es ist weitaus geschickter, Anlage und Bepflanzung mit dem Haus in Beziehung zu setzen, weil Sie Ihren Garten meist von dort aus genießen werden.

Ausgewogene Größenverhältnisse

Ein Dirigieren der Sicht ermöglicht außerdem, zumindest optisch auf die Größenverhältnisse von Garten und dahinterliegender Landschaft Einfluß zu nehmen. Hier muß eine Balance geschaffen werden. Durch Einrahmen und Begrenzen der Aussicht wird verhindert, daß der Garten vor der ausgedehnten natürlichen oder in Ackerflächen umgewandelten Landschaft zu unscheinbar wirkt.

Es ist wichtig, daran zu denken, daß alle formalen Elemente, ob symmetrisch oder asymmetrisch (wie Mauern, Bodenbeläge, Hecken und dergleichen) in unmittelbarer Nähe von Haus oder Außengebäuden bleiben und sich ihre Liniengebungen wiederholen sollten. Wenn man die Aussicht öffnen will, so ist nahe der Grundstücksgrenze gewiß kein Platz für formale Elemente, denn Linien, Formen und Bepflanzung des Gartens sollten mit der Landschaft möglichst harmonieren, so daß der Übergang von innen nach außen weich verläuft.

Den Raum zwischen dem Bereich direkt beim Haus und dem nahe der Grundstücksgrenze sollte man zwanglos gestalten und die Art der Bepflanzung so wählen, daß sie von ausgefalleneren oder exotischeren Pflanzen nahe dem Gebäude (wo sie mehr Schutz haben) in natürlichere übergehen, je näher sie an die dahinterliegenden Landschaft rücken (siehe auch S. 28.)

Sicht auf zwei Landschaftsszenen (rechts) In diesem Garten in Devonshire rahmen Pflanzen die Weide direkt jenseits der Gartengrenze ein, ebenso die großartige Aussicht auf die dahinterliegende Moorlandschaft.

Visuelle Verbindung (unten) Die Harmonie dieser Gartengrenze beruht auf linearen Konturen üppiger Pflanzungen, die die horizontalen Linien von Hecken und Feldern in der Landschaft wiederholen.

GESTALTUNG DER AUSSICHT

Ein ganz und gar geöffneter Panoramablick wirkt - in den meisten Fällen - zu gewaltig und läßt das Grundstück sehr exponiert erscheinen. Bepflanzung und Bauten im Garten können den Blick lenken, während sie gleichzeitig Schutz gewähren. Nahe dem Aussichtspunkt lassen sich innerhalb der Pflanzengruppen kleinere Blickfänge schaffen.

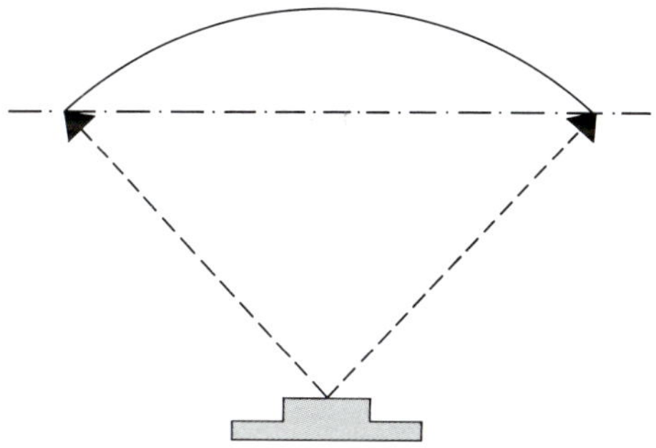

Exponiertes Gebäude mit Panoramablick

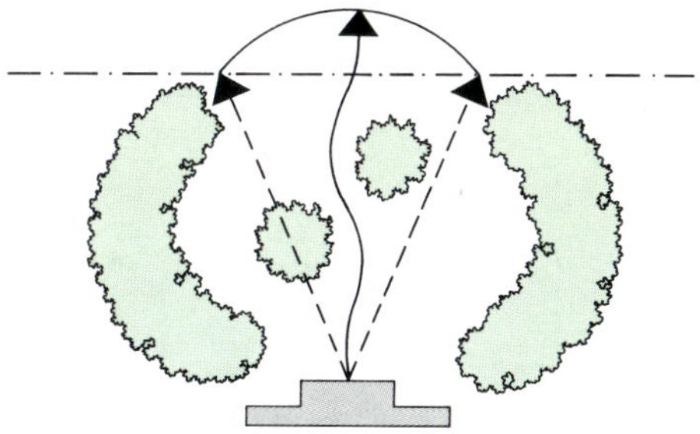

Gelenkte und beschränkte Sicht

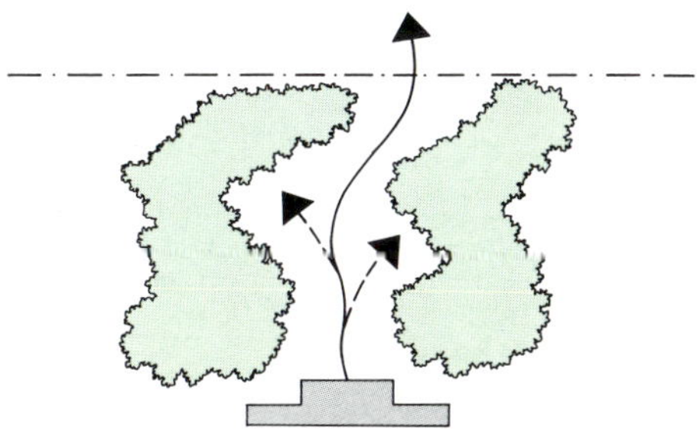

Wellenförmige Pflanzung begrenzt die Sicht

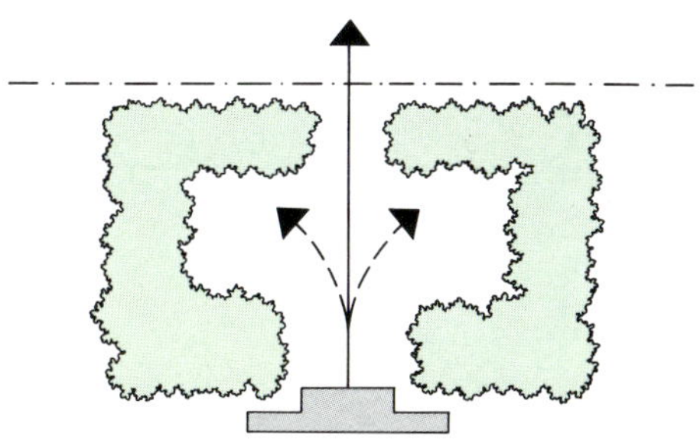

Symmetrische Pflanzung dirigiert die Sicht

Einbeziehung der Aussicht

Um die Aussicht in die Gartenplanung einzubeziehen, gilt es vor allem, die tatsächlichen Gartengrenzen zu tarnen und die Atmosphäre der Landschaft auf das Grundstück zu übertragen.

Lediglich eine Öffnung in eine vorhandene Hecke zu schneiden, ist nicht immer die geeignete Lösung, denn die restliche Hecke bleibt nach wie vor eine offensichtliche Begrenzung. Sie müssen die Bepflanzung innerhalb der Grenzlinie fortsetzen, um den Blick durch die geschaffene Lücke zu lenken und die optische Verbindung zu verstärken, indem Sie zu jedem Element außen ein Gegengewicht im Garteninnern schaffen.

Wie Sie auf Seite 19 gesehen haben, kann man den Ausblick – wenn keine solide Barriere vorhanden ist, die die Grundstücks-

Den Garten optisch hervorheben Ein zweiter Baum neben der bereits vorhandenen weidenblättrigen Birne hebt den Garten gegenüber der Landschaft besser hervor. Die Aussicht wird so durch die Bäume geteilt, und die Vordergrundpflanzung ist im Vergleich zum ursprünglichen Zustand nicht zu dominierend.

Sichtrahmen an der Gartengrenze Geschnittene Hecken am Rand des Gartens haben hier die Wirkung eines Rahmens und lenken den Blick. Standort und Form der Hecke verleihen dem Birnbaum optisch Gewicht. Er bildet einen effektvollen Kontrapunkt zu dem dahinterliegenden Landschaftsausschnitt.

grenze markiert – wirkungsvoll integrieren, indem man näher am Aussichtspunkt eine Hecke oder etwas ähnliches pflanzt. Dann verbindet man das dahinterliegende Stück Garten mit dem Außenbereich, und zwar durch eine möglichst natürliche Gestaltung, etwa durch Anlegen eines Obstgartens oder einer Wiese mit Wildblumen.

Es gibt zahlreiche Abwandlungen dieser Methode. Ihre Vorstellungen müssen zuerst auf einem Plan Gestalt annehmen und dann bis ins Detail festgehalten und überdacht werden (siehe auch S. 26). Betrachten Sie noch einmal das größere Foto auf den Seiten 18 und 19 und dann die Illustrationen unten. Jede Zeichnung zeigt eine andere Lösung zur Gestaltung der Gartengrenze, basierend auf der jeweiligen reizvollen Aussicht. Hinter jeder Version steht eine andere Absicht, Planung und Gestaltung. Wer keine Erfahrung mit Gartendesign hat, neigt dazu, das Pferd vom Schwanz aufzuzäumen und zuerst über den Gestaltungsteil nachzudenken und dann erst zu planen.

Die Landschaft in den Garten integrieren Die durch die Hecken bedingten fließenden horizontalen Linien der Landschaft ziehen sich bei diesem Beispiel bis in den Garten hinein. Im Vordergrund setzt eine neugepflanzte weidenblättrige Birne ein Gegengewicht zu dem bereits vorhandenen Exemplar. Dichte Pflanzungen im Rasen zu beiden Seiten lenken den Blick auf sich.

Der Birnbaum als plastisches Element Mit der geschnittenen Hecke dicht beim Aussichtspunkt wird der Birnbaum zu einem eher plastischen Element innerhalb der Felderlandschaft. Die um den Stamm gebaute Sitzbank verstärkt diese Wirkung durch das optische Gewicht des Baumes.

Achsen und Durchblicke

Zwischen dem eingefriedeten Garten des 16. und 17. Jahrhunderts und dem Landschaftspark des 18. Jahrhunderts gab es während einer Übergangsperiode größere formale Anlagen. Sie basierten auf dominierenden, axial angelegten Wegen. Diese Wege endeten oft an einem Punkt mit herrlichem Ausblick auf die dahinterliegende Landschaft.

Im 19. Jahrhundert führte man aus fremden Ländern eine Vielfalt exotischer Pflanzen ein, und es kam in Mode, »Gartenräume« entstehen zu lassen, die von Hecken umgeben waren und in denen besondere Pflanzen wuchsen. Die Anlage dieser Gartenräume war wiederum formal und häufig axial, mit gelenkten Blickrichtungen durch hohe Pflanzungen. Diese Tradition war Vorbild für die Anlagen der Gärten von Hidcote Manor in Gloucestershire und Sissinghurst Castle in Kent.

Solche Konzepte sahen spektakuläre lineare Ausblicke vor, deren Reiz weitgehend auf dem Kontrast zwischen den sauber geschnittenen Pflanzungen im Garten und den zwanglosen Formen der dahinterliegenden Landschaft beruhte. Zwar kann der Ausblick großartig und formal gestaltet sein, doch läßt sich das lineare Konzept auch bescheidener neu interpretieren, etwa in Form eines geraden Weges, der zu einem Tor führt. Die Art des Bodenbelags und der Bepflanzung bestimmt dann die weitere Gestaltung des Konzepts.

Durchgang aus Haselsträuchern (rechts) Obwohl die Gestaltung dieses einladenden Weges zwanglos und ländlich wirkt, ist der Übergang vom Garten zum Feld formal und axial. Der Kontrast schafft hier eine überaus gelungene Verbindung.

Zwanglos und großzügig (unten) Diese formal angelegten Stufen, die zu einem Durchgang in der Gartenmauer führen, haben trotz der axialen Planung durch die ausgewogene Bepflanzung zu beiden Seiten etwas Altehrwürdiges und Zufälliges.

Kleine Ausblicke

Wenn Ihr ländlicher Garten nicht von beeindruckenden Panoramen umgeben ist (was bei den meisten der Fall sein wird), eine Scheune die Aussicht vom Haus auf das dahinterliegende Ackerland versperrt oder ein Gemeindeweg den schönsten Blick verunstaltet, ist noch lange nicht alles verloren. Es gibt imer Möglichkeiten, durch kleine Ausblicke auf die Landschaft einem Gartenbereich bemerkenswerten Attraktivität zu verleihen. Kleine Ausblicke können durch ein entferntes Tor führen, zwischen Baumstämmen hindurch oder über Sträucher hinweg. Sie alle stellen bei einem Spaziergang durch den Garten reizvolle Blickfänge dar. Deshalb hat der Verlauf des Weges, der zu einem Ausblick führt, große Bedeutung. Ein solcher Ausblick kann auch ein herrliches Überraschungselement sein. Wer auf dem Weg entlanggeht, sollte an dieser Stelle zum Verweilen verführt werden, etwa durch einen einladenden Sitzplatz oder den Absatz einer großzügig angelegten Treppe.

Eine Lücke zwischen Mauern (rechts) Margeriten *(Chrysanthemum maximum)* kaschieren hier einen einfachen Zaun zwischen zwei Flintsteinmauern. Die Öffnung bietet einen verführerischen Blick auf den dahinterliegenden lichten Wald.

Blick durch eine Pflanzung (unten) Sich unerwartet öffnende Ausblicke durch Vordergrundpflanzungen auf die dahinterliegende Landschaft können von großer Faszination sein. Die Grenze des hier abgebildeten Gartens liegt unter der Eiche im Hintergrund.

Ländliche Gestaltung

Beim Entwurf eines Konzepts haben wir bisher den Landgarten als Bestandteil seiner Umgebung betrachtet, das heißt, wie er mit dem Umland harmonieren und sich einfügen sollte. Doch der ländliche Garten muß auch seinen Besitzern von Nutzen sein und mit diesem Ziel geplant werden - Bodenbeläge und Terrassen, Treppen und Lagerplätze eingeschlossen. Und alles muß im Sommer wie im Winter gleichermaßen praktisch sein.

Auch bei der Nutzung der verschiedenen Gartenbereiche sollte die Folge von formalen Pflanzungen beim Haus bis zu den wilden an der Grundstücksgrenze (wie auf S. 18/19 beschrieben) berücksichtigt werden. Mit Annäherung an die Grenze wird der Plan zwangloser, bis der Garten mit der Umgebung außerhalb verschmilzt. Jede Zone des Gartens (siehe Diagramm S. 28) wird einer bestimmten Nutzung vorbehalten, wobei der Übergangsbereich (Zone B) weitgehend der Erholung und/oder dekorativen Bepflanzung dient.

Das endgültige Erscheinungsbild

Es kommt auf die Art und Weise an, in der ein Gartenplan auf dem Grundstück realisiert wird - zunächst mit Ziegeln und Mörtel (oder was auch immer) und dann mit Pflanzungen. Die Bepflanzung muß den Gestaltungsstil der Gesamtanlage optimal ergänzen, damit ein harmonisches Zusammenspiel entsteht, auch mit der Umgebung. Auch eine funktionsgerechte Gestaltung ist mit entscheidend für das endgültige Erscheinungsbild, und sie beginnt mit gründlichen Überlegungen zur Anlage.

Gestaltung in unmittelbarer Nähe des Hauses

Der Gestaltungsstil der Gartenanlage sollte sich nicht nur in der Umgebung widerspiegeln, sondern auch der Baustil des Hauses muß berücksichtigt werden, insbesondere in Gebäudenähe (s. S. 28, Zone A). So sollten beispiels-

Verblichene Grandeur (rechts) Die Atmosphäre dieses Gartens wirkt vollkommen entspannend, trotz der majestätischen Mauer und der darauf abgestimmten dekorativen Elemente.

Gestaltung eines heutigen Gartens (links) Baumalleen, die bei einer Pflanzenurne enden, sind ein klassisches Gartenelement, doch dieses reizvolle Beispiel paßt aufgrund seiner zwanglosen Gestaltung auch in einen modernen Garten.

weise vereinzelte lineare Formen im allgemeinen in Gärten alter Häuser nicht eingesetzt werden, wohingegen sie zu modernen Gebäuden aus diesem Jahrhundert passen. Lockere oder natürliche Formen wiederum sind für die lineare Anlage eines Parks aus dem 18. Jahrhundert geeignet. Formalere klassische Strukturen gehören in Anlagen aus dem 16. oder 17. Jahrhundert, und Abwandlungen von diesen in Gärten des 19. Jahrhunderts. Aber es ist nicht nur der Grundriß eines Plans (die Form von Wegen, Terrassen, Rasenflächen usw.), der einen Garten einer bestimmten Periode zuordnet, sondern auch die Größenverhältnisse und Formen von Flächen, auf denen der Grundriß basiert.

Geeignete Baumaterialien

Wir haben gesehen, daß einst alle Materialien für Häuser, Mauern und Zäune wie auch die Pflanzen, die sie umgaben, aus der Umgebung stammten und in ihrem Zusammenhang häufig den Charakter der Ortschaften bestimmter Landstriche prägten. Aber heute steht uns eine sehr viel größere Palette an Materialien zur Verfügung, und Baustoffhändler und Gartencenter, die sie liefern, befinden sich überall.

Und so widersprüchlich es auch sein mag, die regionalen Materialien, die wir verwenden sollten, sind häufig zu teuer geworden. Deshalb müssen wir uns eventuell neu überlegen, was sich noch in die traditionelle Umgebung einfügt.

Wenden Sie Ihre Aufmerksamkeit der Bauweise von Mauern und anderen baulichen Elementen zu, wie auch Gebäudefassaden, nicht nur, um festzustellen, welche Materialien verwendet wurden, sondern auch, wie sie verwendet wurden.

Selbst dort, wo man sich neuer Materialien bedienen muß, sollte ihr Gebrauch mit traditionellen Methoden im Einklang stehen, damit zwischen Haus und umliegendem Garten eine Verbindung entsteht.

Gestaltung der Gartengrenze

Um die Randzone des Gartens richtig gestalten zu können (Zone C unten), müssen Sie sozusagen dem Haus den Rücken zuwenden. Zu manchen Zeiten wurde der Randbereich eines ländlichen Gartens in Bezug zum Haus und dessen nächster Umgebung gestaltet, und zwar mit den gleichen Materialien und Pflanzen. Heute betrachtet man Geländeformen und Umrißlinien der dahinterliegenden Felder und andere typische Grundstücksgrenzen der Gegend, um Anregungen zu erhal-

Pflanzen beim Haus Betont üppige Pflanzungen bei einem Haus bilden einen weichen und verspielten Kontrast zu den harten architektonischen Linien. Hier wachsen panaschierter Efeu, Kletterhortensien und Hopfen über die Mauern.

GLIEDERUNG EINES LÄNDLICHEN GARTENS
Die Gartengestaltung wird erheblich erleichtert, wenn man das Grundstück zunächst auf dem Papier in drei Zonen einteilt, wie auf diesem Diagramm gezeigt. Dieser Vorschlag dient als Anregung, nicht als feste Regel, denn jeder Garten hat andere Qualitäten und Voraussetzungen, die beachtet werden müssen. Ein kleiner Garten beispielsweise könnte ausschließlich nach Beispiel in Zone C gestaltet werden.

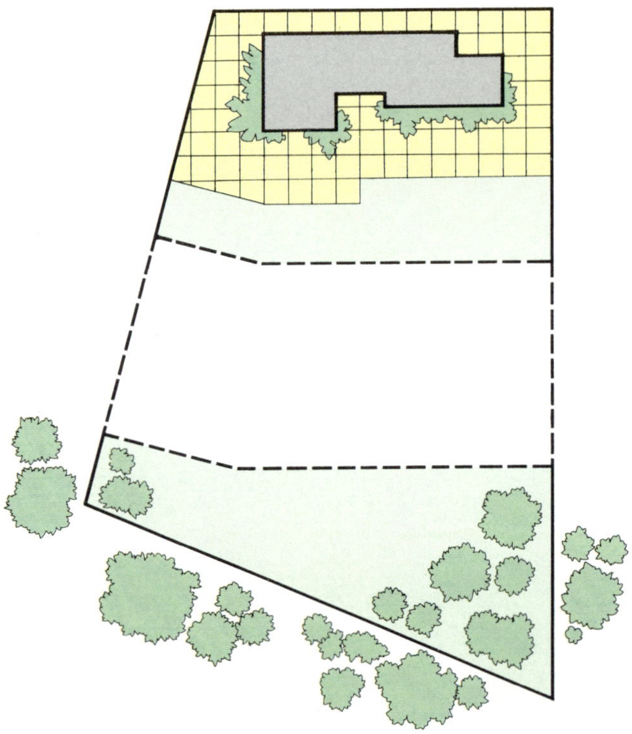

Zone A: Bereich um das Haus
Diese Fläche ist für alle formalen Elemente reserviert, die Sie in Ihren Garten einbeziehen möchten. Der Plan sollte der Form des Hauses folgen und mit Materialien realisiert werden, die mit dem Gebäude harmonieren. Pflanzen können auffällige Formen und Farben haben, müssen aber stets in Einklang mit dem Haus stehen.

Zone B: Übergangsbereich
Diese Zone bildet einen Übergang vom Zier- zum Landschaftsgarten, wobei topographischer Charakter, Witterung und Größe des Gartens berücksichtigt werden müssen. Die Ausdehnung dieses Bereichs ist von Garten zu Garten unterschiedlich und hängt von der Gesamtgröße ab. Häufig ist das der Erholungsbereich und dementsprechend bepflanzt. Mit Annäherung an Zone C aber muß die Bepflanzung immer natürlicher werden.

Zone C: Grundstücksgrenze
Das Ziel im Grenzbereich ist die vollkommene Harmonie zwischen Bepflanzung und dahinterliegender Landschaft, ohne daß die Grenze als solche wahrgenommen wird. Wo eine solide Begrenzung erforderlich ist, sollte sie in das Landschaftsbild eingepaßt sein und nicht aufdringlich wirken.

ten. Studieren Sie heimische Pflanzengemeinschaften sowie Heckentypen, stellen Sie fest, welche Baumart am häufigsten freistehend wächst, und untersuchen Sie umliegende Wälder und Baumgruppen.

Die meisten von uns kennen bestimmte klassische Pflanzengemeinschaften, wie beispielsweise auf saurem Boden Erika, Heide, Birken und Kiefern. Und zumindest im nördlichen Europa findet man Kreidebodengesellschaften aus Waldrebe, Buchsbaum, Eiben und Pfaffenhütchen. In den Chilterns, die mitten in Südengland liegen, wachsen Buchen, die von Vogelkirschen gesäumt werden. Auf schweren Tonböden stehen Weißdornhecken, und Eschen und Eichen dominieren bei den Bäumen.

Dann müssen Sie auf die kleineren Wildpflanzen achten. Machen Sie sich so nach und nach ein Bild von den natürlichen Vegetationsformen, die Ihren Garten umgeben. Ein gutes botanisches Nachschlagewerk wird Sie über Kulturformen der Wildpflanzen, die Sie entdeckt haben, genau informieren.

Pflanzen und Gestalten

Es ist interessant, daß die Art und Weise der Bepflanzung eines Landgartens oft ausschlaggebend für den Stil zu sein scheint. Jeder betrachtet offenbar die Vegetation eines Cottage-Gartens als Inbegriff für den englischen ländlichen Stil. Tatsächlich aber würde sie ohne das ihr zugrundeliegende Konzept bei weitem nicht so zur Wirkung kommen. Allzuleicht ist man verführt, zunächst Pflanzen zu kaufen, deren Reiz man spontan erliegt, ohne sich über den Gesamtrahmen im klaren zu sein, in den sie sich einfügen müssen.

Damit sei nicht gesagt, daß Pflanzen im ländlichen Garten eine nebensächliche Rolle spielen. Wie Sie später noch sehen werden, basieren manche Gestaltungsstile im ländlichen Garten auf der Verwendung von Blumen (s. beispielsweise S. 108). Doch sie sollten mit dem geschaffenen Ambiente harmonieren. Und dieses Ambiente ist am leichtesten zu bewahren, wenn es mit dem Charakter der umgebenden Landschaft im Einklang steht. Entwerfen Sie zuerst einen ausgewogenen Plan, ohne sich von den Details der Pflanzungen ablenken zu lassen. Und erst wenn das Gesamtkonzept steht, wählen Sie Materialien für die Pflanzflächen.

Blütenpracht vor einer Grenzmauer (rechts) Zu manchen Zeiten wurde ein ländlicher Garten bis zum Fuß seiner imposanten Mauern formal gestaltet. Aufgrund der Kosten und Bevorzugung natürlicherer Formen erfolgt die Gestaltung heute zwangloser.

Stil des 20. Jahrhunderts (unten) Anlage und Plazierung einzelner Elemente wirken modern, ergänzen aber perfekt die alten Gebäude in diesem Garten. Üppige Kletterpflanzen und in Kies wachsende Blumen vervollständigen die Anlage.

Auf der Suche nach Inspirationen

Die meisten Gärtner unter den Lesern nehmen vermutlich an, daß die Atmosphäre der Grundstücke auf dem Land die eines verlassenen Bauernhofes sei, und wer Herr der Lage sein möchte, müsse umgraben, stutzen und aufräumen, bis aus dem Grundstück endlich ein Garten geworden ist. Doch schauen Sie sich den verwilderten Hof ruhig noch einmal ganz genau an, vielleicht entdecken Sie einen ganz besonderen Reiz, der die gesamte Gartengestaltung ausschlaggebend beeinflussen kann. Und wenn Sie im ersten Sturm der Begeisterung eine alte Scheune oder ein kleines Hofgebäude aus Kostengründen nicht abreißen können, so kann sich später herausstellen, daß das das Beste war, was Sie für Ihren Garten je getan haben. Möglicherweise ist das das Element, das die ganze Anlage prägt. Ein solches Element hat oft den unschätzbaren Vorteil, daß man ihm ansieht, daß es dahin gehört, und es besitzt vielleicht eine

Der Stil bereits vorhandener Bauten Ein Außengebäude mit einem alten gepflasterten Hof inspiriert zu lockerer, ungezwungener Gestaltung mit sehr individuellem Charakter.

echte »Patina«, die nur über lange Jahre entsteht. Ein schlechter Ort für Anregungen ist vermutlich das örtliche Gartencenter. Wer dort herumschlendert, ohne genau zu wissen, was er will, nennt womöglich zum Schluß ein Beet aus Zierkoniferen und Heidearten sein eigen, das in seiner Umgebung völlig deplaziert wirkt. Statt dessen sollten Sie lieber durch die Gegend fahren oder wandern und dabei nach reizvollen Details Ausschau halten und überlegen, was sich davon im eigenen Garten realisieren läßt. Der Besuch örtlicher Kunsthandwerksmärkte ist ebenfalls empfehlenswert, denn dort werden oft traditionelle Handwerke vorgeführt, die nützlich sein können, wie etwa der Bau von Trockenmauern, die Herstellung von Zäunen und Hürden oder das Niederlegen von Hecken. Wer solche handwerklichen Produkte in seinen Garten einbezieht, kann damit möglicherweise eine Atmosphäre schaffen, wie er sie sich nicht einmal hätte träumen lassen.

Die Gestaltung des ländlichen Gartens ist nicht nur eine Sache von Schmuck und Details, sondern es gehört auch ein Konzept dazu, das Vorhandenes mit einbezieht – nur so können Ihre Ansprüche an ein ländliches Leben erfüllt werden.

Bauernhofatmosphäre Eine »geborgte« Landschaft jenseits der Koppel bildet den Hintergrund für die rosenberankten, strohgedeckten Außengebäude. Dies ist kein Garten im herkömmlichen Sinn, aber könnte er schöner sein?

Ein- und Ausgänge

Die Atmosphäre eines ländlichen Gartens wird bereits geprägt durch den Eingang, dessen Maße heute meist von der Größe des Autos abhängen. Sieht man den Eingang vor dem Hintergrund des Hauses, sollte für ihn der gleiche Stil wie für die Umgebung des Gebäudes gewählt werden, damit er mit seiner Architektur harmoniert. Der Eingang muß einerseits einladend wirken, andererseits aber auch Ungestörtheit gewährleisten. Die schönsten Eingänge sind erfahrungsgemäß diejenigen, die Baumaterial und Pflanzen verbinden, denn sie verlocken dazu, den dahinterliegenden Garten zu entdecken. Zugänge und Fußwege sollten, wie andere schmückende Details, in die Planung eines Gartens einbezogen werden. Sie haben besonderen Charme, wenn sie schlicht gestaltet sind, so daß sie eine vollkommene Harmonie mit den Pflanzen bilden, wie dies auf dem gegenüberliegenden Foto durch das schlichte Holztor in einem Garten in Berkshire großartig demonstriert wird. Gleich daneben wächst der großblättrige Efeu *Hedera colchica* mit seinem herrlichen dichten Laub.

Durchgang aus Steinen und Ziegeln Dieser großzügige Durchgang wirkt durch die Pflanzen einladend und weniger streng.

Klassisches Eisentor Ein Eisentor ist eine stabile Barriere, durch die die Sicht aber nicht beeinträchtigt wird.

Eingang zu einem Cottage-Garten Das Tor eines Lattenzauns wird von einer frühjahrsblühenden *Clematis montana* umrankt.

Lattentor unter einem Ziegelbogen Der schlichte Zaun bildet einen hübschen Kontrast zu dem großartigen Ziegelbogen.

Weidetor Ein traditionelles Weidetor als Eingang ist für viele ländliche Anwesen ideal und nie deplaziert.

Steinbogen Pflanzen bilden hier ein Gegengewicht zu dem massiven Steinbogen eines Gartens in Yorkshire.

Gartenmauern

Der von Mauern umgebene Garten (innerhalb eines größeren Anwesens), der zum Schutz von Obst und Gemüse, als Pflanzschule oder Lustgarten dient, ist mittelalterlichen Ursprungs. Die hohen Ziegelmauern solcher Gärten existieren teilweise immer noch und sind ein Merkmal der traditionellen englischen Landgärten.

Bei einer Neuplanung sind es meist die Kosten, die vom Bau einer Mauer abhalten. Eine Mauer aber ist von unschätzbarem Wert, da sie Gebäude und Gartenelemente verbindet, den Raum gestaltet und den Charakter unterstreicht. Mauern haben einen besonderen, sehr individuellen Charakter. Sie können warm und freundlich wirken, aber auch kalt, einengend und abweisend. Werden sie aber nach regionaler Bauweise errichtet, bilden sie fast immer eine reizvolle Verbindung zwischen Garten und Umgebung. In jeder Gegend findet man einen oder mehrere charakteristische Mauertypen, was von dem zur Verfügung stehenden Material abhängt, sei es Ton (aus dem die verschiedensten Ziegeln hergestellt werden) oder Stein. Ziegelmauern werden mit Mörtel errichtet, und dem heutigen Mörtel können die Luftwurzeln von Kletterpflanzen, wie Efeu, nichts anhaben. Der Bau von Trockenmauern ist eine Kunst, die jahrelanger Übung bedarf, doch auch vom interessierten Laien erlernt werden kann, der Ausbesserungsarbeiten selbst ausführen möchte.

Das Abreißen einer alten Mauer ist selten zu rechtfertigen – fast immer hat sie optisch großen Wert, selbst wenn sie sich in recht schlechtem Zustand befindet.

Steine und Ziegeln Vermutlich würde eine neue Mauer reizlos wirken, verglichen mit dieser flechtenüberzogenen Wand aus Steinen und Ziegeln.

Gekalkte Ziegelmauer Eine Rebe *(Vitis sp.)* und ein schlichter Fensterkasten mit blühenden Pelargonien sind der klassische Schmuck für diese alte Hauswand. Rechts ein alter Ofen.

Honigfarbener Stein Mauerwerk in weichen Farben, wie diese Hauswand in Worcester, leuchtet im Sonnenschein und ergänzt auf wunderbare Weise die Triebe und Blüten der alten Rosen.

Alte Trockenmauer Mit der Zeit siedeln sich in Trockenmauern Moose und Flechten an. Solche Mauern werden aus waagrecht spaltbarem Gestein, wie Kreide oder Schiefer, errichtet.

Stützmauer aus Schiefer Senkrecht nebeneinandergesetzte Schieferplatten bilden hier eine niedrige Stützmauer von skulpturartiger Schönheit.

Alte Ziegel Die Ziegelflächen gartenumschließender Mauern dienen seit jeher als Stützen und Schutz für Obstgehölze, wie die hier gezeigten Kordons oder Spalierbäume.

Geschichteter Flint In kreidesteinreichen Gegenden findet man häufig Mauern wie diese. Hier sind es runde Flintsteine, von denen einige gespalten oder behauen wurden.

Zäune und Hecken

Auch wenn Mauern gut in die Umgebung des Hauses passen und als Begrenzung ideal erscheinen, um im Stadtgarten eine ländliche Atmosphäre entstehen zu lassen, sind sie teuer und können, zum Beispiel auf dem Land, eine optische Barriere zwischen drinnen und draußen schaffen, die zu hart wirkt. In dieser Situation sind Zäune und Hecken empfehlenswerter. Wer einen neuen Zaun oder eine neue Hecke braucht, sollte sich die traditionellen Arten der Gegend ansehen, um Anregungen zu erhalten. Vielerorts sind Zäune aus Eichenpfosten und gespaltenen Kastanien- oder Lärchenstangen ein vertrauter Anblick.

Vor der Erfindung des Stacheldrahts errichtete man in den USA großartige, im Zickzack verlaufende Viehzäune aus Holz. Sie bestehen aus Doppelpfosten, die jeweils um 45 Grad versetzt werden. Die waagrechten Hölzer stecken zwischen den Pfosten. Alte geflochtene Schafhürden aus Weiden- oder Haselruten, die an stabilen gespaltenen Pfosten befestigt sind, sehen etwa fünf Jahre schön aus, dann beginnen sie zu verrotten. Am besten benutzt man sie, um neue Pflanzungen vor Wind zu schützen.

Offene Holzzäune müssen mit Drahtgeflecht versehen werden, um Vieh und Kaninchen fernzuhalten. Man bekommt es in verschiedenen Qualitäten, und je teurer es ist, um so länger hält es. Aus der Entfernung ist es nicht zu sehen. Der untere Rand wird 15 cm tief im Boden eingegraben, der obere sollte bei Stangenzäunen bis zur ersten waagrechten Stange und bei Hürden mindestens bis zur halben Höhe reichen.

Niedrige Zäune aus Guß- oder Schmiedeeisen werden – als Zeichen des verfeinerten Geschmacks – seit dem 18. Jahrhundert errichtet, insbesondere in England und Irland. Schwarzgestrichen haben sie außerdem den Vorzug, aus der Entfernung

Lattenzaun Ein Lattenzaun wie dieser, der einen Frühlingsgarten von einer Schafweide trennt, hat den Vorzug, nicht die Aussicht zu versperren.

überhaupt nicht sichtbar zu sein. Wie Holzzäune können schmiedeeiserne Einfriedungen durch Drahtgeflecht kaninchensicher gemacht werden.

Hecken

Leider wachsen die meisten Pflanzen für traditionelle Hecken nicht schnell, deshalb sieht man häufig *Chamaecyparis leylandii.* Doch diese spillerige Konifere hat, sobald sie groß ist, optisch eine verheerende Wirkung auf die Landschaft. Von den heimischen oder eingebürgerten Pflanzen wachsen Weißdorn *(Crataegus sp.)*, Schlehdorn *(Prunus spinosa)* und Feldahorn *(Acer campestre)* am schnellsten, allerdings sind sie alle nur sommergrün. Stechpalmen *(Ilex sp.)* bilden großartige, undurchdringliche, immergrüne Hecken. Stechginster *(Ulex europaeus)*, Kartoffelrose *(Rosa rugosa)* und Rotbuche *(Fagus sylvatica)* sind ebenfalls gut geeignet.

Kombination von Zaun und Hecke Während sich die kleine Hecke an dieser Grundstücksgrenze entwickelt, dient ein Lattenzaun aus Weichholz vorübergehend als reizvolle Begrenzung.

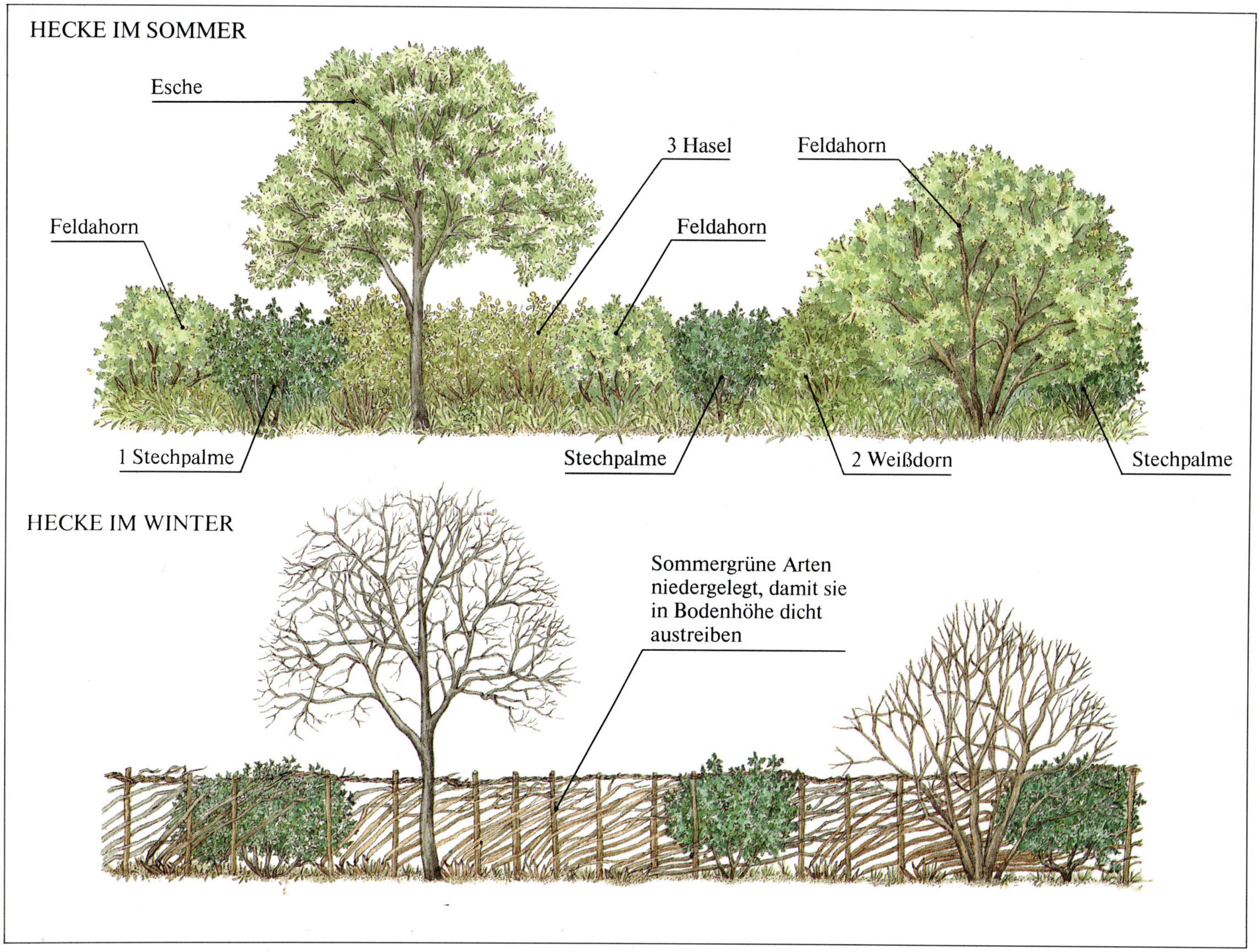

Oberflächen und Ebenen

Flächen – wie Wege, Terrassen, Höfe und Pflanzungen – in der direkten Umgebung des Hauses liegen im ländlichen Garten oft auf unterschiedlichen Ebenen und werden durch Treppen und/oder Schrägen verbunden. Wenn Sie die richtigen Proportionen haben, lassen diese mit dem Haus verbundenen Flächen, auf dem Plan betrachtet, einen optisch reizvollen collageartigen Effekt entstehen.

Höhenunterschiede

Treppen, die unterschiedliche Ebenen verbinden, sollten mehr als eigenständiges Element denn als Notwendigkeit betrachtet werden und bei großzügiger Planung verschiedene Absätze bilden, die zu Spaziergängen einladen. Die Absätze bieten sich für Topfpflanzen an und als Platz zum Verweilen.

Im Idealfall sind bei verschiedenen Ebenen in irgendeiner Form Stützmauern vorhanden, die entweder aus dem gleichen Material bestehen wie die angrenzenden Flächen oder zumindest auf diese abgestimmt sind. Darüber hinaus sollten auch die Größenverhältnisse stimmen.

Die Proportionen der Stufen

Das Material, aus dem die Stufen gebaut werden, bestimmt zum Teil auch ihre Proportionen. Im allgemeinen jedoch sehen etwa 45 cm tiefe und 15 cm hohe Stufen schön aus. Sie können im durchschnittlichen Schrittempo begangen werden. Bedenken Sie die Funktion von Setzstufe und Trittstufe, abhängig von Abmessungen und Form des gewählten Materials. Ziegel und Stein lassen empfindliche Kanten entstehen, die mit der Zeit abbröckeln. Wer Platten verwendet, kann die Trittstufen etwas über die Setzstufe hinausstehen lassen und auf diese Weise Schatten und skulpturähnliche Formen schaffen.

Die Form der Stufen sollte von der Grundrißanordnung des Gartens bestimmt werden. Innerhalb von traditionellen, formalen Anlagen wurden Stufen oft an einem zentralen Platz gebaut und bildeten eine grandiose Treppenflucht. Soll eine zwanglosere Wirkung entstehen, können die Stufen versetzt angeordnet werden und in einem Absatz enden oder aber zwischen den Trittstufen größere Flächen haben.

Da heute zur Pflege des Gartens immer häufiger schwere Maschinen eingesetzt werden, stellen Stufen möglicherweise eine Gefährdung dar, so daß Schrägen zu einer notwendigen Alternative werden. Sie sind einfacher und preiswerter als Stufen, aber auch hier müssen Lage und Material mit Bedacht ausgewählt werden. Wenn man loses Material verwenden will, wie Kies oder Rinde, darf die Schräge nur minimal sein, andernfalls wird der Belag fortgeschwemmt. Möglicherweise stellt eine flache Rampe, die durch Absätze unterbrochen wird, eine Lösung dar. Bei starker Belastung sollte man Granitpflaster oder Klinker verwenden, die – ensprechend der Schräge – auf einem Schotterbett in Mörtel gesetzt werden.

BELÄGE RUND UMS HAUS

Bei unregelmäßigen Grundstücken bieten Bodenbeläge unbegrenzte Möglichkeiten für die Anlage von Ebenen zwischen Haus und Außengrenze. Die Diagramme unten zeigen, wie die Flächen um das Haus herum aussehen könnten, ohne bereits die jeweilige Art des Belags festzulegen. Beachten Sie, in welcher Beziehung die Beläge zur Form des Hauses stehen.

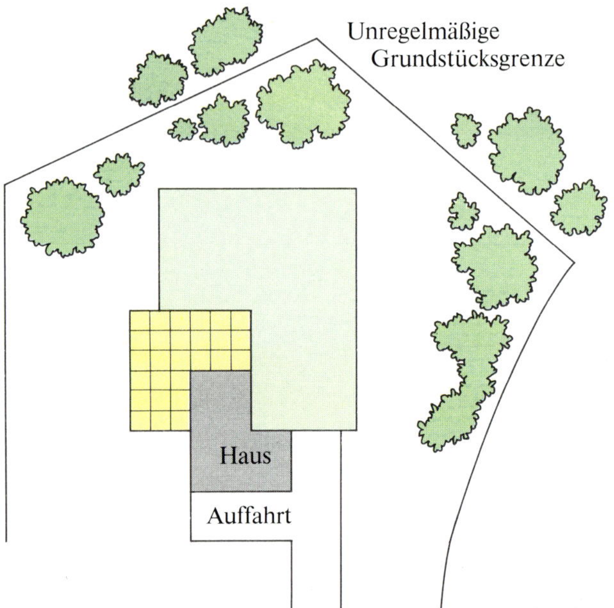

Auf das Haus abgestimmte Flächen

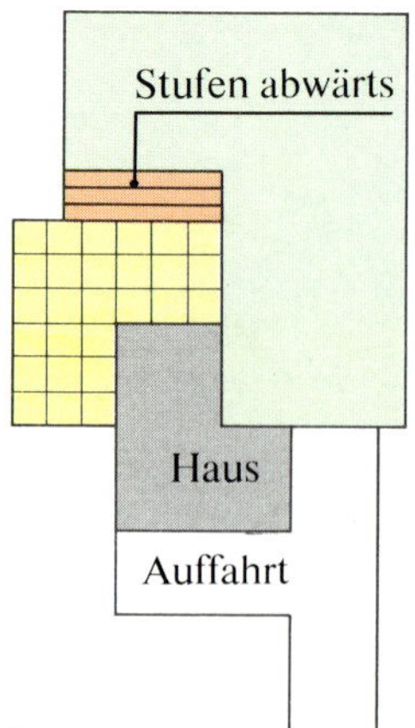

Flächen mit Stufen zu unterschiedlichen Ebenen

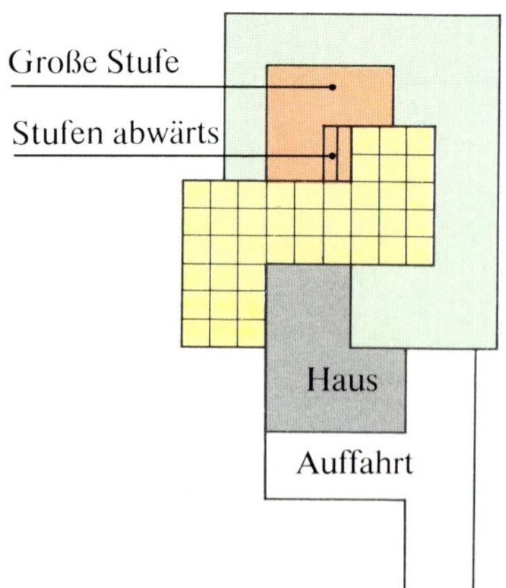

Kombination von Stufen und Terrasse

Natürlich wirkende Stufen In einer Landschaft mit felsigem Untergrund ist nichts geeigneter als Stufen, die wie zutage tretende Gesteinsschichten aussehen und von natürlichen Pflanzen, wie Moosen, Farnen und Gräsern, umgeben sind.

Ausgetretene Steintreppe Diese wunderschönen schlichten Stufen haben unregelmäßige Trittflächen, die von vielen Füßen begangen wurden. Sie führen zu einer Ziegelterrasse, auf der sich Pflanzen angesiedelt haben, wie *Alchemilla mollis*.

Geschwungene Treppe Diese Treppe, die ein ebenso nützliches wie elegantes Gartenelement ist, verrät viel Gespür für architektonische Details. Die Trittstufen aus Platten und Ziegeln schaffen eine perfekte Verbindung zur Stützmauer.

Runde Steinstufen Der Charme dieser herrlich proportionierten Steinstufen liegt im Zusammenspiel von hartem Material und Pflanzen, die sich dort zufällig angesiedelt haben, wie Berberis und Gänseblümchen.

Höhenunterschiede

Zu den großen Unterschieden zwischen ländlichen und städtischen Grundstücken gehört, daß Gärten auf dem Land häufig mit natürlichen Höhenunterschieden gesegnet sind. Sie können – wie in fruchtbaren Tiefebenen – sehr sanft sein, aber auch wild, mit steilen Hängen oder zutage tretenden Gesteinsschichten. Ich sagte »gesegnet«, denn viele Gärtner, deren Grundstück so flach ist wie ein Billardtisch, unternehmen große Anstrengungen, um interessante und abwechslungsreiche Ebenen zu schaffen. Andere wieder halten die damit verbundenen Mühen und finanziellen Belastungen als nicht gerechtfertigt, wenn nicht ohnehin Aushubarbeiten für neue Gebäude oder Elemente wie Teiche erforderlich sind.

Es gibt Grundmethoden, Höhenunterschiede vorteilhaft zu nutzen, unabhängig davon, ob sie künstlich angelegt werden oder natürlich sind. Sie können entweder den natürlichen Linien folgen und dafür sorgen, daß jeder neue Hang oder jede Böschung naturnahe Konturen erhalten (siehe Gartenplan S. 57), oder Sie legen Terrassen an, so daß flache Bereiche durch Böschungen, Schrägen oder Treppen verbunden werden. Die beiden unten gezeigten Gärten sind Beispiele für Anlagen, deren ganzer Charakter durch die Nutzung der Höhenunterschiede wie auch durch Treppen und Terrassen geprägt wird.

Vermessungsarbeiten

Für einen Landvermesser ist es einfach, von einem Nullpunkt, wie etwa der Türschwelle, auf Ihrem Grundstück nützliche Bezugshöhen festzulegen. Mit Hilfe dieser Punkte können Sie feststellen, wie viele Stufen einer bestimmten Höhe für einen Hang notwendig sind. Oder Sie nehmen ein Maßband und markieren in einem Meter Abstand vom Fuß bis zum Gipfel des Hanges Punkte. Dann messen Sie vom ersten Punkt senkrecht bis zu einem Holz – am besten einer Wasserwaage –, das in Höhe des zweiten Punktes gehalten wird. Mit den übrigen Punkten verfahren Sie ebenso, dann addieren Sie die gemessenen Werte zur Gesamthöhe.

Wo Geländeformen verändert werden, muß sichergestellt sein, daß die Muttererde obenbleibt. Sie sollte abgetragen und gelagert werden, bevor man die unteren Bodenschichten bewegt, damit sie nach Abschluß der Arbeiten wieder als oberste Schicht verteilt werden kann.

HAUS AUF EINEM HANG
Dieses abfallende Grundstück bietet sich wie von selbst für großzügige Terrassen an, die den Blick den Hang hinunterlenken. Form und Größe der verschiedenen Ebenen werden vom Grundriß des Hauses bestimmt. Bei den beiden Ebenen direkt beim Haus handelt es sich um einen gekiesten Vorhof und eine Terrasse mit hartem Belag.

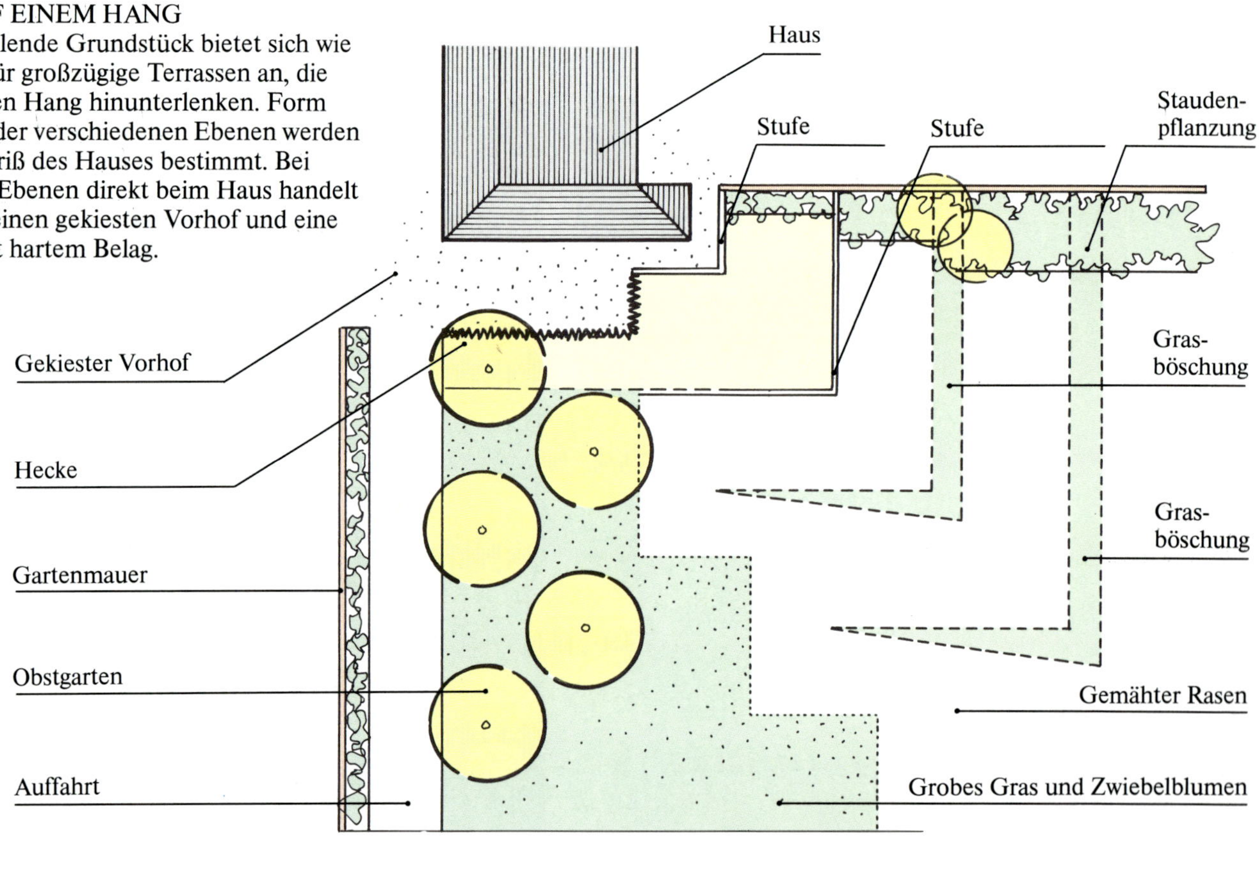

Die Schwierigkeit bei der Planung von Höhenunterschieden ist, ausgewogene Größenverhältnisse zu schaffen. In der Nähe des Hauses sollten Terrassen auf die Ebene und Form des Hausgrundrisses abgestimmt und so großzügig angelegt werden, daß eine optische Balance gewährleistet ist. Oft sind sie zu klein, wirken mickerig und unproportioniert.

Miteinander verbundene Terrassen verleihen Anlagen oft großen Reiz, da sie den Blick von der oberen oder unteren Terrassenebene auf Aussichten oder wichtige Elemente auf dem Grundstück lenken. Ein Grundsatz der Gartenarchitektur ist, sich zunächst für Aufteilung und Form der Anlage zu entscheiden, bevor man über die allgemeine Gestaltung des Bodens mit Pflanzen nachdenkt.

Hauptwege oder ganzjährig benutzte Sitzbereiche erfordern – insbesondere dort, wo Stufen vorhanden sind – einen harten Belag, der sich in die Umgebung einfügt. Weitere Möglichkeiten bieten Gras (sowohl grobes Gras als auch gemähter Rasen), Bodendecker, wie Hartheu und Wolfsmilch, Kies und sogar größere Steine. Als Schmuck bietet sich zuletzt eine große Palette von Gefäßen und anderen dekorativen Elementen an, die an verschiedene Stellen plaziert werden können, um die Anlage aufzulockern.

HAUS AM FUSS EINES HANGES

Bei diesem Beispiel schmiegt sich das Haus (mit einer angrenzenden Scheune) an eine Felswand. Bei der Planung wurde der Hang auf großartige Weise genutzt. Die Anlage bezieht eine schöne Treppe bis zum höchsten Punkt des Gartens mit ein sowie Stützmauern, die sich wunderbar in den Plan einfügen.

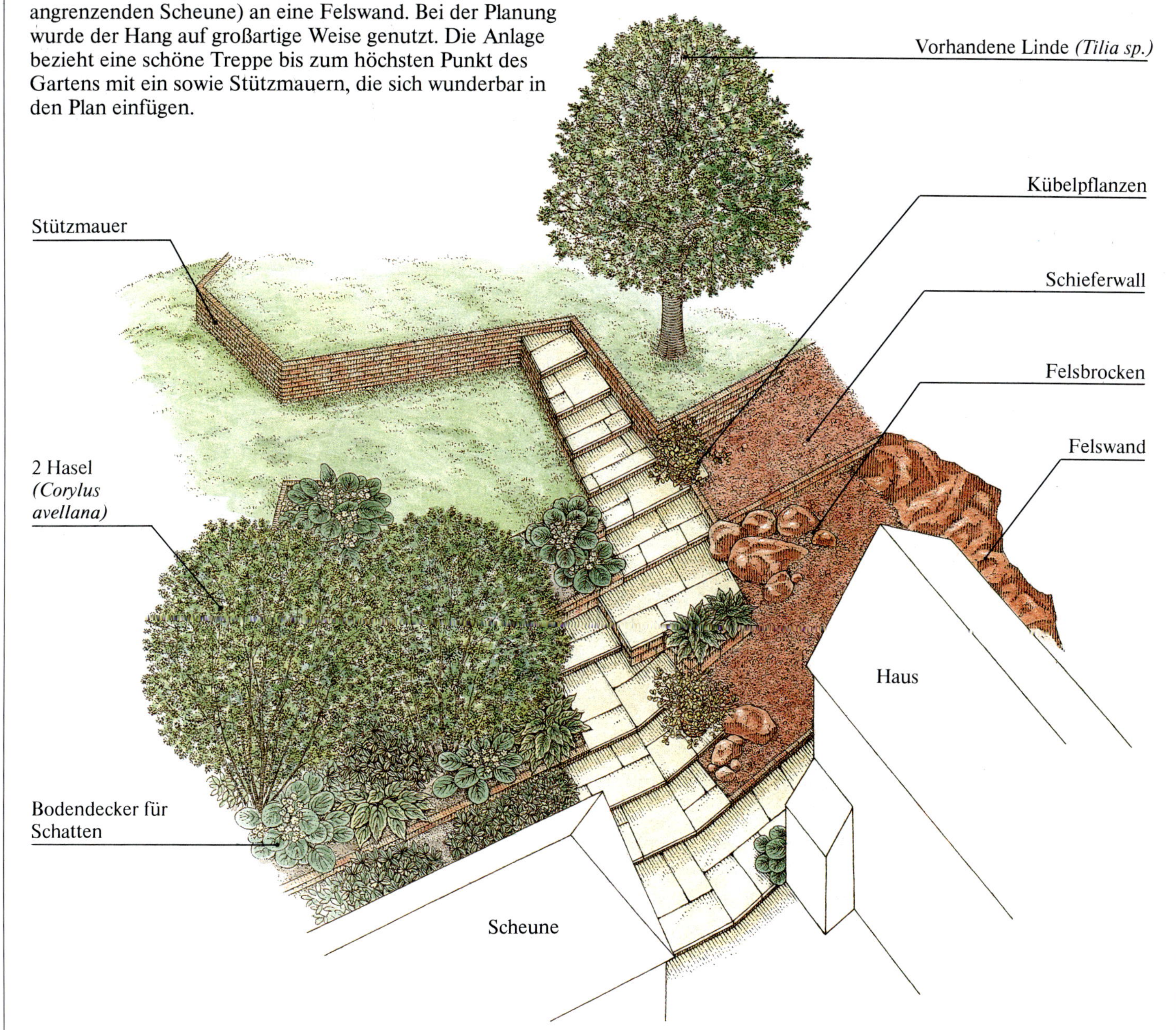

Pflaster

Es gibt viele unterschiedliche Materialien, die sich zur Befestigung von Flächen in ländlichen Gärten eignen, obgleich manche aufgrund gewisser Eigenschaften unpraktisch sind. Einige der Materialien werden beispielsweise im Winter glitschig, andere bleiben an feuchten Stiefeln hängen und werden ins Haus getragen. Wichtiger als diese Überlegungen aber ist, daß das gewählte Material in die Umgebung paßt. Steine, Ziegel oder Kies aus der Gegend wirken nie deplaziert, und weil auch ihr Transport nicht viel kostet, sind sie meist günstig. Der wichtigste Kostenfaktor ist das Verlegen. Generell kann man sagen: je kleiner das Material, um so teurer wird es.

Verwendung verschiedener Materialien

Immer häufiger werden spezielle Ziegel zum Pflastern verwendet, die etwas größer als normale sind. Zu große Flächen aber können – wie bei jedem anderen Belag – zu städtisch und in einer ländlichen Umgebung zu mondän wirken. Stein wiederum ist immer schwerer aufzutreiben. Aber man kann Materialien mischen, um einen lockeren, strukturreichen Eindruck entstehen zu lassen. In Gegenden, in denen es Granit gibt, kann dazu Granitsteinpflaster verwendet werden, ebenso Kopfsteine, sofern verfügbar. Auch vorgefertigte Betonplatten sind gut, aber wählen Sie gedeckte Farben. Häufig verwenden ansässige Firmen als Zuschlag Gestein aus der Gegend; dann harmonieren die Farben ohnehin mit jedem vorhandenen Gebäude. Ich bevorzuge strukturierte Platten, bei denen es sich nicht um Steinimitationen handelt.

Ausfugen

Die Beschaffenheit der Fugen hat großen Einfluß auf die Wirkung des Pflasters. Man kann sie bündig mit der Fläche abschließen lassen oder herkömmlich ausfugen, doch noch schöner ist es, wenn die Fugen etwas »abgerieben« werden, das heißt, bevor der Mörtel hart wird, kratzt man ein wenig weg, so daß eine leichte Vertiefung entsteht. Auch die Farbe des Mörtels sollte mit Bedacht gewählt und gegebenenfalls verändert werden (durch die Wahl des Sandes oder den Zusatz von Farbe).

Pflaster bepflanzen Ausgedehnte Pflasterflächen wirken im ländlichen Garten leicht städtisch. Eine reizvolle Mischung von Pflasterarten, die an eine niedrige Steinmauer angrenzen, kann aus Natursteinplatten verschiedener Größe und Granitsteinpflaster bestehen. Die optische Härte des Steins wird hier durch Wolfsmilch und Efeu gemildert. Das Pflaster ist auf einem verdichteten Untergrund verlegt. Füllt man die Fugen mit Muttererde auf, werden Gräser und sich selbst aussamende Pflanzen wie Alchemilla das Bild bald auflockern.

Strukturierte Fertigplatten Oberflächenbeläge aus solchen Platten sind solide und preisgünstig.

Ungleichmäßiger Flint Dieses Pflaster sieht um Gebäude aus Flint großartig aus, doch das Verlegen kostet Zeit.

Stallfliesen Quadratische Fliesen wie diese wurden ursprünglich für Ställe verwendet. Sie ergeben hübsche Muster.

Unregelmäßiges Steinpflaster Zum Verlegen unregelmäßiger Steine braucht man Erfahrung und Zeit.

Alte Ziegel und Steine Der besondere Reiz sind die zwischen den Steinen wachsenden Pflanzen, wie dieses grüne Moos.

Ziegel-Stein-Kombination Eine Zusammenstellung aus großen und kleinen Elementen erfordert sorgfältige Planung.

Steinplatten Natursteinplatten, wie die hier aus York, ergeben, zusammengesetzt, herrliche Bodenmuster.

Bodenziegel Trittfeste Bodenziegel oder auch Wandziegel lassen sich in vielen Mustern verlegen.

Granitpflasterimitation Vorgefertigte Betonplatten in Form von Granitsteinpflaster erzielen erstaunliche Effekte.

Gartenwege

Könnten Sie der Verlockung widerstehen, den rechts gezeigten Weg zu erkunden? Schatten und üppige Vegetation scheinen unwiderstehlich. Der Pfad hat den Charme jener wundervollen Gartenwege, die die Neugier wecken und zum Weitergehen verführen. Zu beiden Seiten eines Weges wachsen üppige Pflanzen, die ihm einen besonderen Reiz verleihen, während andere Elemente zusätzliche Blickfänge schaffen. Der große bemooste Stein neben dem Weg ist geschickt plaziert und lädt den Vorübergehenden ein, ein wenig zu verweilen und die Schönheit der Umgebung zu bewundern. Ein solcher Pfad eignet sich nicht als Hauptweg eines Gartens, er ist ein Ereignis innerhalb der Anlage.

Zwischen Gebäuden Ein Gartenweg zwischen Gebäuden kann zur Erkundung verlocken. Hier reizt der im Hintergrund sichtbare Aussichtspunkt, aber auch der Blick um die Ecken.

Weg in den Wald Astilben säumen die eine Seite des gekiesten Gartenweges, der in einen im Hintergrund sichtbaren Wald führt. Links bedeckt *Rubus tricolor* den Boden.

Hinter einem Gebäude Ein geköpfter Baum und ein altes Faß, das als Wassertonne benutzt wird, zieren den Betonweg, der hinter einem alten, holzverkleideten Gebäude vorbeiführt.

Zwischen gestutzten Buchsbäumen Dieser Kiesweg in einem formal angelegten Garten besitzt Charme durch die mit Buchsbaum eingefaßten Kräuterbeete.

Inmitten üppiger Pflanzen Rosen, Alchemilla und eine Artischocke mit hübschem, grünem Laub schmücken den Rand dieses romantischen Kiespfades.

Unter erzogenen Obstbäumen An Stützen erzogene Obstbäume lenken den Blick diesen Weg hinunter. Diese Aufteilung verrät ein kompliziertes Netz aus Wegen.

Gartengebäude

Falls die Bauweise Ihres Hauses nicht mit dem ländlichen Garten harmoniert, trifft dies vielleicht auf Außengebäude zu. Ein großer Vorzug älterer Häuser ist, daß zu ihnen oft Scheunen, alte Wagenschuppen, Jagdhütten, Lagerhäuschen oder sogar Stallungen gehören. Alle diese Elemente lassen sich in die Anlage einbeziehen, und die Gebäude ihrerseits bieten Anhaltspunkte, welche Materialien im Garten verwendet werden sollten. Ungenutzte Unterstände sind mitunter sehr nützlich, da sie einem überdachten Hof ähneln, der gekiest werden kann.

Überlegen Sie immer, wie Sie ein Gebäude nutzen könnten – auch wenn es auf den ersten Blick wertlos erscheint –, vor allem dort, wo es im gleichen Stil wie das Haus errichtet wurde und eine vorteilhafte Größe hat. Nichts wäre beispielsweise unsinniger, als einen alten Unterstand abzureißen und sich dann an einem Katalog mit Fertiggaragen zu orientieren, wenn das ursprüngliche Gebäude zum Unterstellen des Autos großartig gewesen wäre und sich optisch perfekt eingefügt hätte.

Sehr leicht wird man durch Anzeigen in Versuchung geführt, die »stilvolle« Wintergärten und andere Gartengebäude anpreisen. Obgleich einige davon gut zu manchen Baustilen passen, sofern sie in der richtigen Größe erhältlich sind, haben die meisten viel zu viele Verzierungen und wirken wie eine Parodie auf ihre Vorbilder. Zu einem Landhaus und ländlichem Garten gehören schlichte, praktische Gebäude.

Unter neuen Außengebäuden gibt es dennoch welche, die recht bemerkenswert sind. Gemeint ist nicht der Zedernholz-

Stall mit neuer Funktion Alte Boxen aus Ziegeln und Platten wurden hier mit viel Geschick in die Gartenanlage einbezogen und dienen als Lagerschuppen. Geschmückt mit schön bepflanzten Blumenbehältern, ist das Gebäude eine herrliche Ergänzung des Gartens.

schuppen aus dem Gartencenter, der als Element in einem ländlichen Garten immer noch viel zu dürftig wirkt, sondern moderne Holzstallungen und Boxen oder Hundeausläufe, die gut proportioniert, solide und praktisch sind.

Ein Problem bei der Plazierung und Nutzung kleiner Gebäude im Garten sind ihre Proportionen. Oft ist der Grundriß im Verhältnis zur Höhe zu klein, und leicht werden sie zu einem Schandfleck auf dem Grundstück. Wenn auf sie nicht verzichtet werden kann, sollte man sie an ein anderes Gebäude anbauen, damit ein soliderer Gesamteindruck entsteht.

Dekorative Eigenschaften kontra Zweckmäßigkeit

Der Gebäudetyp in Ihrem Garten kann dekorativ oder auch praktisch sein. Im letzteren Fall läßt er sich durch Pflanzen verschönern. Denken Sie daran, daß rein dekorative Gebäude rasch zur Verpflichtung werden, da der Unterhalt einiges kostet. Von sehr soliden Konstruktionen abgesehen, beginnt bei solchen Gebäuden der Verfall rasch, da sie oft lange Zeit ungenutzt bleiben, insbesondere während der feuchten Jahreszeit im Winter. Darüber hinaus werden sie einfach zu einem Lagerschuppen, zur Rumpelkammer für Rasenmäher, überflüssige Gartenmöbel oder Grillgeräte. Und eine solche Nutzung macht schnell alle dekorativen Eigenschaften zunichte, die das Gebäude einmal besaß.

Praktischere Gartengebäude können so geplant oder umgewandelt werden, daß man sie als Lagerräume nutzen kann, etwa als Geräteschuppen, um den wachsenden Bedarf an sicheren Lagerplätzen im ländlichen Garten zu decken. Der Reiz solcher Gebäude beruht darauf, wie funktionell sie gebaut sind und wie gut sie sich in die Gartenanlage einfügen. Auch Zugang und Bepflanzung um sie herum spielen eine Rolle, wie Sie auf Seite 51 sehen werden.

Mittelpunkt eines Gartens Der großartige Turm wurde als zentrales Element dieses stilvollen Gartens geplant. Unten befindet sich ein nützlicher Lagerraum, oben ein Studio mit wunderschöner Aussicht.

Gebäude und Pflanzen

Eine der Freuden an naturnahen Gärten ist die Art und Weise, wie üppig, aber kontrolliert wachsende Pflanzen das Aussehen eines Gebäudes verändern. Ein Bau kann durch den sanften, verspielten Effekt von Pflanzen, die die Wände überwuchern, völlig verwandelt werden. Pflanzen können davor stehen (wie Ceanothus), an Stützen emporwachsen, die an einer Mauer befestigt wurden (wie schlingender Jasmin und Schlingrosen) oder sich mit Luftwurzeln (wie Efeu) festhalten.

Obgleich man auf Efeuarten und immergrünes Geißblatt nicht gut verzichten kann, weil sie ganzjährig grün bleiben, sind sommergrüne Kletterpflanzen, die während des Frühjahrs und Sommers rasch in die Höhe wachsen, an Gebäuden im allgemeinen weitaus attraktiver. Hopfen (*Humulus lupulus*) beispielsweise berankt Bauten in einer erstaunlichen Geschwindigkeit und entwickelt dekorative Fruchtstände, bevor zu Herbstende die oberirdischen Teile absterben. Vor dem Pflanzen von kletternden Gewächsen muß aber ein solides Drahtgeflecht an der Mauer befestigt werden, das ihnen als Stütze dient.

Wintergärten

Der klassische »Treffpunkt« zwischen Gebäude und Pflanzen aber ist der Wintergarten oder das Glashaus. Seit einigen Jahren finden Wintergärten wieder neues Interesse, angeregt durch die Produktion von Glasanbauten, die sowohl der Wohnraum-

Ein überwachsenes Gebäude Sommergrüne Kletterpflanzen, wie dieser Hopfen, verleihen Gebäuden während der Wachstumsperiode neuen Charakter. Wenn die oberirdischen Pflanzenteile im Herbst abgestorben sind, müssen von Dach, Regenrinnen und anderen wichtigen Gebäudeteilen alle alten Triebe entfernt werden.

erweiterung als auch der Pflanzenhaltung dienen. Beides läßt sich allerdings schwer vereinbaren, denn Wintergartenpflanzen brauchen große Mengen Wasser und müssen besprüht werden – Erfordernisse, die sich mit Inneneinrichtungen nur schlecht vereinbaren lassen. In einem kleinen Glasanbau können extreme Temperaturschwankungen auftreten. In Reichweite der Sonne gelegen, wird er im Sommer für Pflanzen zu heiß und im Winter oft erstaunlich kalt.

Der traditionelle Wintergarten ist ein größeres Gebäude, das vom allgemeinen Wohnbereich getrennt liegt. Häufig steht er tatsächlich frei, einen Spaziergang von den Gartentüren des Hauses entfernt. Es ist ein Ort, an dem trübe Spätwintertage heiterer werden und an dem wir Duft und Farben von Blüten außerhalb der Saison genießen können. Aufgrund seiner Größe sind hier die Temperaturschwankungen geringer und leichter zu kontrollieren.

Der Neubau eines traditionellen Wintergartens ist teuer, aber vielleicht haben Sie das Glück, einen Wintergarten mit übernehmen zu können oder zu erben, an dem nur ein paar Reparaturen erforderlich sind. Dann müssen Sie entscheiden, ob er beheizt werden soll, wobei zu bedenken ist, daß das Beheizen eines Gebäudes mit Einfachverglasung schon bei mittleren Temperaturen teuer wird. Aber selbst im unbeheizten Wintergarten können mit viel Erfolg frühzeitig Frühlings- und Sommerblumen gezogen werden.

Pavillons

Wer keine exotische Pflanzensammlung halten will, die hohe Ansprüche stellt, kann sich für ein Gebäude entscheiden, das große verglaste Flächen in den Wänden hat (so daß es teilweise als Gewächshaus genutzt werden kann), aber ein traditionelles Dach aus Ziegeln, Schiefer oder Schindeln. In Ermangelung einer treffenderen Bezeichnung könnte man ein solches Gebäude vielleicht als Pavillon bezeichnen. Es sollte hauptsächlich praktische Funktionen haben, beispielsweise, um nahe einer Terrasse Schutz und Schatten zu spenden.

EIN AN ZWEI TERRASSEN ANGRENZENDER PAVILLON
Beispiel für einen Pavillon, der zwei an eine hohe Ziegelmauer grenzende Terrassen verbindet. Der Pavillon hat einen sechseckigen Grundriß und eine Ziegelfassade, die zu der Mauer paßt, sowie große Fenster und eine Doppeltür. Das Spitzdach ist mit Ziegeln gedeckt. Für die Terrassen wurden die gleichen Steinplatten verwendet wie für die Stufen, die den Linien des Gebäudes folgen. Wichtig ist, daß die Pflanzen rundherum üppig wachsen und sich auch auf den Platten ausbreiten. Nur so werden die harten Linien von Gebäude und Bodenbelag aufgelockert.

Gärten im Winter

Jedes Jahr erscheint mir der Winter noch schöner als der vergangene. Als Gärtner empfindet man eine große Befriedigung, wenn der Garten zu Winterbeginn den Eindruck vermittelt, er sei »zur Ruhe vorbereitet« worden – nachdem das Laub zusammengeharkt ist, die Gartenfeuer erloschen sind und der Kompost ausgestreut wurde. Darüber hinaus zeigt der Garten zu dieser Jahreszeit besonders ausgeprägte Konturen, etwa die von Grasflächen, Wegen und allen immergrünen Pflanzen, die jetzt neben ihren zu Skeletten reduzierten sommergrünen Nachbarn ganz neu zur Geltung kommen. Ich liebe den düsteren Anblick von Eiben (*Taxus sp.*), vor dem sich in milden Wintern das Grün vorwitziger Nieswurze und das blaße Gelb des Winterjasmins abheben.

Die Reize eines Wintergartens aber sind ungemein zart, weil farbenprächtige Beete fehlen. Doch welche Freude bereiten die ersten Schneeglöckchen und Winterlinge oder der Duft, den Geißblatt (*Lonicera fragantissima*), Schleimbeere und Zaubernuß verströmen. Klare, kalte Morgen haben eine belebende Wirkung, und stets ist man sich der Aufgaben im Garten gewahr. Nun ist die Zeit gekommen, um einen Spaziergang auf dem Land durch die schwarzweißen Fluren zu machen, in die der Garten jenseits seiner Grenzen übergeht, denn zu keiner anderen Jahreszeit harmoniert er besser mit diesem Hintergrund. Es ist auch die Zeit, um jene natürlichen Konturen zu studieren, welche den Garten umgeben. Das hügelige Gelände jenseits der Grundstücksgrenzen läßt beispielsweise einen Rhythmus entstehen, der durch die Kämme der Hügel bestimmt wird – ein Rhythmus, der vielleicht in der Gartenanlage fortgesetzt werden kann.

Ist der erste Schnee gefallen, erscheint alles noch verwunschener. Es sind keine Einzelheiten mehr zu erkennen, nur noch die großen Umrisse. Und wenn die Proportionen Ihres Gartens im Winter stimmen und die Sträucher mit ihrem Hintergrund harmonieren, so kann der Garten im Frühjahr und Sommer, wenn alle Pflanzen üppig gedeihen, nur noch schöner werden.

Vorfrühling (rechts)
Als späte Kompensation für den langen Winter die ersten blühenden Schneeglöckchen (*Galanthus elwesii), Helleborus lividus* und das panaschierte Laub des *Arum italicum* › Marmoratum ‹.

Garten in einer Winterlandschaft (rechts)
Immergrüne Pflanzen, wie hier Eiben (*Taxus baccata*) und Araukarien (*Araucaria araucana*), heben sich vor der nackten Winterlandschaft reizvoll ab.

Winterblüten

Winterblüten sind von zarter Schönheit. Meist haben sie blasse Farben – besonders häufig ist weiches Grün – und viele duften intensiv. Die hier gezeigte Auswahl wurde in meinem Garten in Südengland nach einem ungewöhnlich milden Winterbeginn geschnitten. Winterblüten bilden keine flammenden Blickfänge, vielmehr sind sie wie Edelsteine, die es zu entdecken gilt, wenn der Garten weitgehend ruht und kräftige Blattformen im Mittelpunkt stehen.

Cupressus arizonica ›Conica‹ Entwickelt ein Meer winziger gelber Blüten.

Cyclamen Eine winterharte Sorte mit wunderhübschen Blüten, die herrlich duften.

Viburnum farreri Sommergrüne Art, die aber bis in den Winter duftende Blüten trägt.

Viburnum tinus Immergrüner Strauch mit auffälligen Winterblüten.

Rosmarin *(Rosmarinus officinalis fastigiatus)* Die Blüten überstehen leichte Fröste.

Zierkirsche *(Prunus subhirtella* ›Autumnalis‹)

Efeu *(Hedera helix)* Seine Blüten werden oft übersehen, sind aber von lebendiger Schönheit.

Winterjasmin *(Jasminum nudiflorum)* Die unverwechselbaren Blüten sitzen an kahlen Stengeln.

Euphorbia characias Ihre klebrigen grünen Blütenstände sorgen im Winter für Abwechslung.

Mahonia japonica Die duftenden Blüten des Strauchs ergänzen schön das herrliche Laub.

Stinkende Nieswurz *(Helleborus foetidus)* Große, grüne Blüten und auffällige Blätter.

Iris foetidissima Die leuchtenden Früchte dieser Iris ziehen die Blicke ebenso auf sich wie ihre Sommerblüten.

Christrose *(Helleborus niger)* Ihre fragilen Blüten haben einen papierartigen Charakter.

Helleborus lividus Zwischen ledrigen, gesägten Blättern sitzen zarte, apfelgrüne Blüten.

Garrya elliptica Entwickelt auffällige hängende Kätzchen, die Mitte des Winters am dekorativsten sind.

Primula Diese allgegenwärtige und immer reizvolle Winterblume wirkt in blassem Zitronengelb am schönsten.

Schleimbeere *(Sarcococca humilis)* Winzige Knospen künden duftende, blaßgelbe Blüten an.

Daphne odora Immergrüner Strauch mit wohlriechenden Blüten, die für Winterblumen typisch sind.

Efeu *(Hedera colchica* › Paddy's Pride ‹) Entwickelt charakteristische pomponartige Blütenstände.

Umgestaltung

Der Winter ist eine ideale Zeit, um im Garten Veränderungen vorzunehmen, denn während er ruht und die Pflanzen weitgehend abgestorben sind, sieht man seine Linien und Formen deutlich und klar.

In einem alten Garten möchten Sie sich jetzt vielleicht Details der Anlage zuwenden, deren Wirkung während der vergangenen Jahre unbefriedigend war. Wenn man beispielsweise zwei oder drei Stufen in einen sanften Hang einbezieht, läßt sich der Akzent eines Gartens verschieben. Oder man ersetzt eine kleine Rasenfläche nahe beim Haus durch Kies, um einen ungezwungenen Eindruck entstehen zu lassen.

Sollte die Gartenanlage aber völlig neu überdacht werden müssen, ist es jetzt an der Zeit, Zollstock, Stift und Lineal in die Hand zu nehmen, das Grundstück zu vermessen und anschließend einen einfachen, maßgerechten Plan anzufertigen. Man beginnt bei den Wänden, Türen und Fenstern des Hauses und mißt dann in rechten Winkeln, um Außengebäude, Pflasterkanten, vorhandene Bäume und schließlich Grundstücksgrenzen und Tore einzubeziehen. Wenn man auf Durchschlagpapier arbeitet, kann man dieses über die erste Version des Planes legen und einfach neue Ideen einzeichnen. Markieren Sie die Richtung von vorhandenen oder geplanten Aussichten, die vorherrschende Windrichtung und alle anderen Probleme.

Bei den beiden unten gezeigten Gärten mußte die Grundrißanordnung neu aufgeteilt werden, um eine Reihe von Problemen zu lösen, die für den ländlichen Garten typisch sind. In beiden Fällen ist die ursprüngliche Anlage neben der neuen Aufteilung zu sehen.

FALL EINS – BESTANDSAUFNAHME
Der Garten ist an den Grundstücksgrenzen dicht bewachsen, in der Mitte frei. Auf der linken Seite muß ein neues Gebäude abgeschirmt und auf der rechten das Gemüsebeet auf eine Größe reduziert werden, die sich problemlos bearbeiten läßt. Eine Grasfläche beim Haus ist schwer zu mähen.

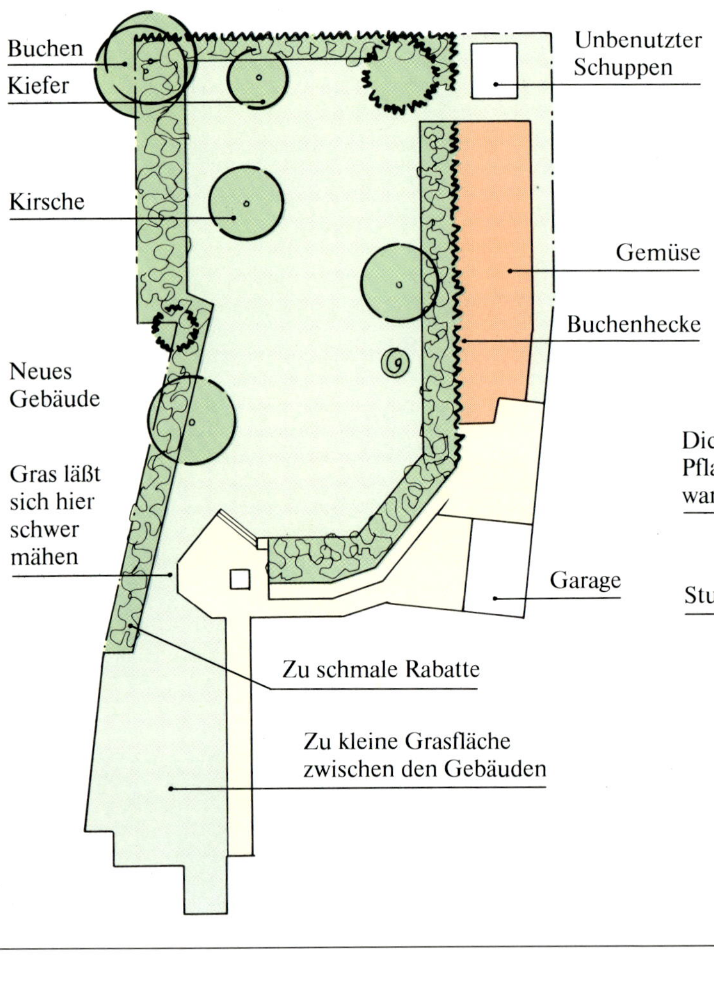

KORRIGIERTER PLAN
Der neue Plan umfaßt eine dichte Pflanzenwand, die das neue Gebäude abschirmt und den Blick wieder auf die Aussicht lenkt. Die winzige Grasfläche beim Haus wurde durch verdichteten Kies und verstreut wachsende Pflanzen ersetzt, der Gemüsegarten auf eine pflegeleichte Größe reduziert.

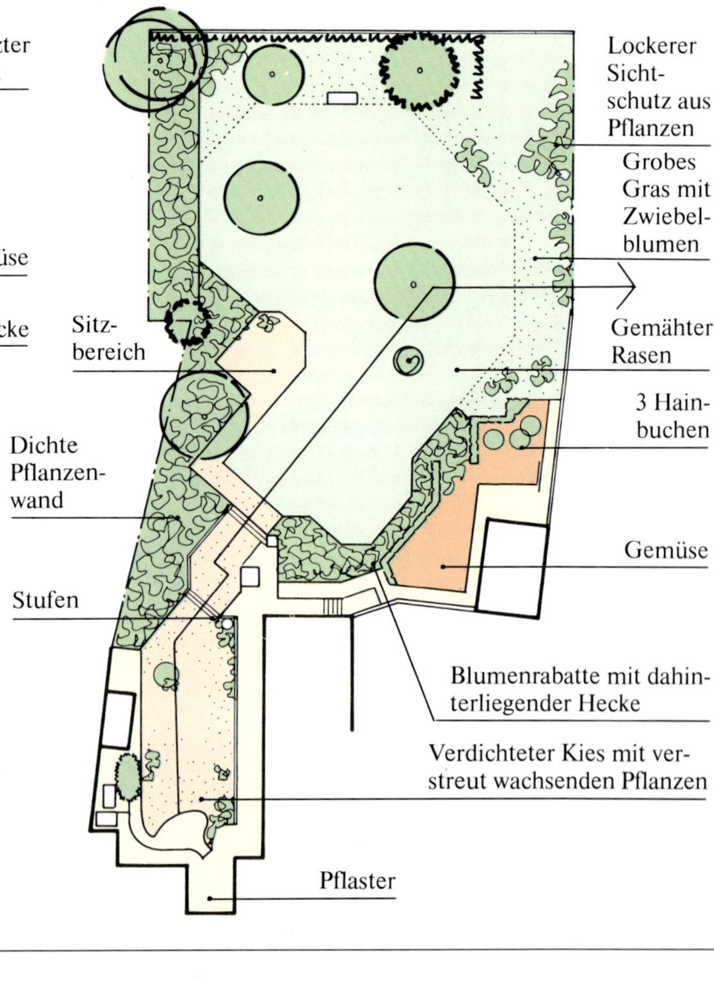

FALL ZWEI - BESTANDSAUFNAHME
In dem großen Garten rechts ist die schöne Aussicht durch Hecken, eine gemischte Rabatte und einen Hügel blockiert, der mit dem Aushub eines Teiches künstlich angelegt wurde. Der Teich ist vom Hauptbereich des Gartens abgetrennt, und die Umgebung des Hauses bedarf einer praktischeren Gestaltung.

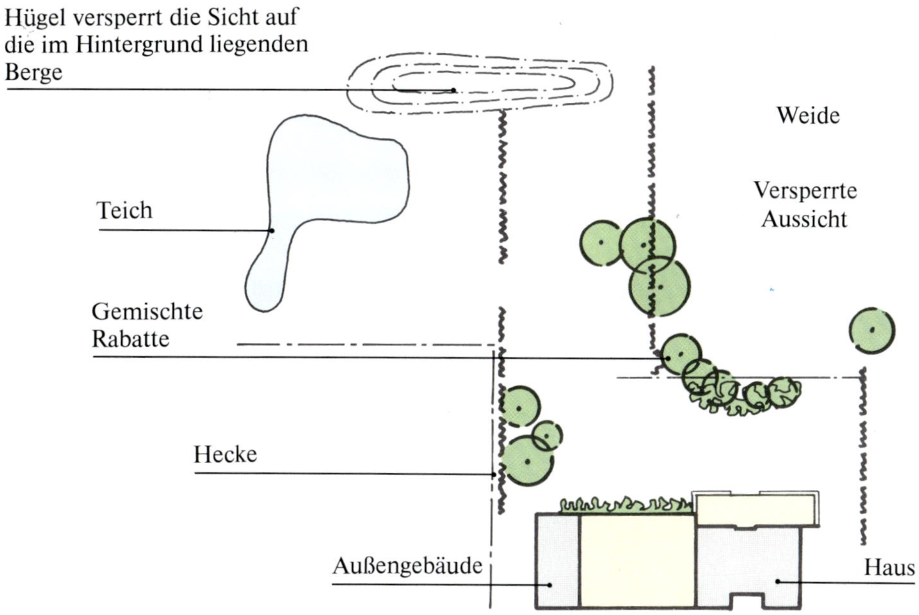

KORRIGIERTER PLAN
In der vorgeschlagenen neuen Gartenanlage erhält der Hügel natürlichere Konturen und wird durch weiteren Aushub vergrößert, der bei einer Neugestaltung des Teiches anfällt. Hecke und Staudenrabatte in der Mitte werden entfernt, damit die Sicht nicht mehr blockiert ist.

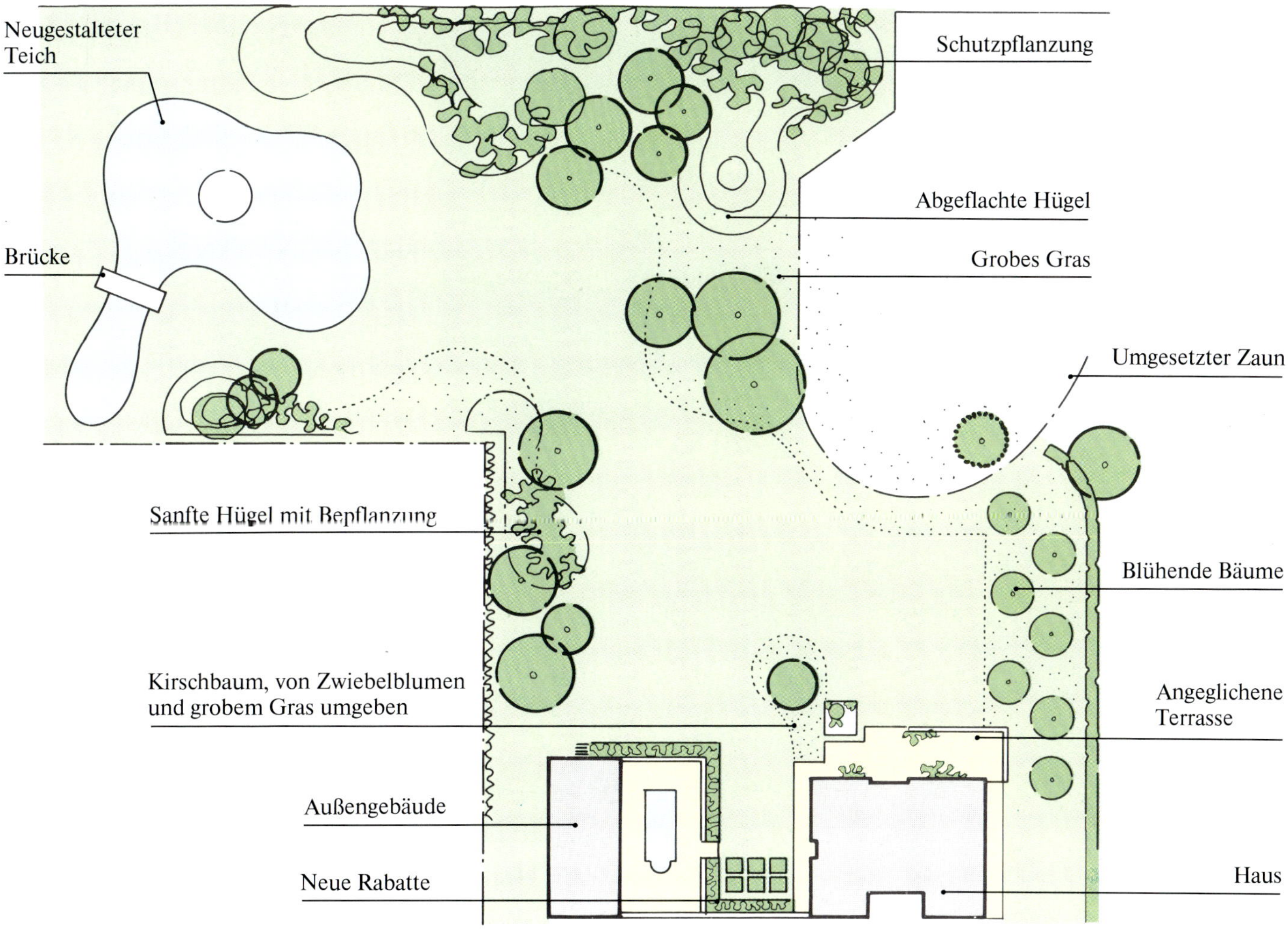

Stämme und Stengel im Winter

Eines der reizvollsten Wintervergnügen im ländlichen Garten ist die Vielfalt von Farbtönen und Strukturen, die Äste und Stämme offenbaren, wenn sie kein Laub mehr tragen. Die hier gezeigte Auswahl wurde in meinem Garten während eines Spaziergangs in der Wintersonne zusammengestellt. Die Sonne stand tief genug, um Borkenstrukturen, leuchtende Stengel, malerische Dornen und flaumige Zweige hervorzuheben.

Bambusgras *(Arundinaria viridistriata)* Ungewöhnlich zartes Rohr mit gelbbraunen Scheidenblättern.

Spindelstrauch *(Euonymus alatas)* Schöne, teilweise gerippte Stämme kommen nach dem großartig gefärbten Herbstlaub zum Vorschein.

Salix fargesii Das kräftige Grün geht später in glänzendes Tiefgrün über.

Reifweide *(Salix daphnoides)* Junge Triebe sind mit flaumigem Reif bedeckt.

Hartriegel *(Cornus alba* › Sibirica ‹*)* Neue kräftige Triebe leuchten in herrlichem Rot.

Eucalyptus niphophila Abgeblätterte, gebleichte Rinde einer der schönsten Eukalyptusarten.

Eucalyptus gunnii Blättert die Borke a kommt ein tiefes Orange zum Vorsch

Essigbaum *(Rhus typhina)* Seine Zweige haben einen samtigen Überzug.

Stephanandra tanakae Die sepiabraune Färbung der Triebe hat im Winter besonderen Reiz.

Korkenzieherhasel *(Corylus avellana contorta)* Auffallend sind die bizarr geformten Äste.

Rubus cockburnianus Junge Triebe dieses Strauches haben einen weißen, wachsartigen Überzug.

Fächerahorn *(Acer palmatum senkaki)* Neue Triebe sind korallenrot.

Acer pensylvanicum Die Rinde ist zunächst grün, später färbt sie sich tiefbraun und bekommt weiße Flecken.

Rubus tricolor Junger, mit kastanienbraunen Borsten besetzter Zweig.

Eucalyptus gunnii Neue Triebe haben einen hübschen grauen Überzug.

Dotterweide *(Salix alba vitellina)* Junge Triebe leuchten bernsteinfarben.

Bambus *(Thamnocalamus spathaceus)* Das Rohr geht von Leuchtendgrün (oben) in kräftiges Gelb über (unten).

Zeichen der Hoffnung

Shelleys Worte »Wenn der Winter kommt, kann dann der Frühling noch fern sein?« gewinnen im ländlichen Garten besondere Bedeutung. Abhängig von der Schwere des Winters und der Lage des Gartens, zeigen sich in der Pflanzenwelt lange vor dem kalendarischen Winterende Anzeichen neuen Erwachens. Sobald die Sonne ein wenig Wärme auf geschützte Stellen wirft, erscheinen frühe Triebe, denen bald die ersten Blüten des Jahres folgen. Blätter wagen sich zunächst kaum heraus, denn es kann immer noch strenger Frost auftreten. Doch Winterlinge und Schneeglöckchen sind unempfindlicher und zeigen ihre Blüten, noch bevor der letzte Schnee schmilzt. Ihnen folgen die ersten *Iris unguicularis,* Krokusse und die frühblühende Narzisse › February Gold ‹.

Auf wilden sumpfigen Flächen erscheint in großen Mengen die Pestwurz (*Petasites hybridus*) mit ihren filzigen Blättern, und in Wäldern entwickeln Bingelkraut (*Mercurialis perennis*), Haselnuß (*Corylus sp.*) und Weiden (*Salix sp.*) ihre ersten Triebe. Ähnlich den ersten Regungen eines aus dem Winterschlaf erwachenden Tieres weckt der jährliche Kreislauf der Natur langsam wieder Leben im Garten.

Verwilderte Schneeglöckchen (rechts) Eine Böschung mit einfachblühenden und gefüllten Schneeglöckchen (*Galanthus nivalis*) gehört zu den besonderen Reizen des Spätwinters. Hier schieben sich auch schon Narzissen aus dem Boden.

Winterlinge (unten) Eine andere Schönheit, der Winterling (*Eranthis hyemalis*), breitet sich häufig über große Flächen aus. In der Sonne öffnen sich die Blüten und bilden einen leuchtendgelben Teppich.

Wintergemüse

Nichts ist herzerfrischender als der Anblick frischen Gemüses im Winter. Lauch, Kohl und Mangold sind während ihrer Entwicklung von besonderer Schönheit und liefern darüber hinaus die Zutaten für wärmende Gerichte. Wer genügend Zeit und Platz hat, sollte auch Wurzel- und Knollengemüse anpflanzen.

Spinat *(Spinacia oleracea)* Geeignete Sorten werden den ganzen Winter hindurch gesät.

Rosenkohl *(Brassica oleracea)* Nach dem ersten Frost sind die Röschen am delikatesten.

Pastinak *(Pastinaca sativa)* Köstliches Wurzelgemüse und vollkommen winterhart.

Speiserübe *(Brassic*
rapa) Sie ist empfin
cher als die Kohlrü
doch können bei ei
Sorten die Blätter g
gessen werden.

Lauch *(Allium sp.)* Es gibt ihn noch, wenn nichts anderes mehr da ist.

Kohlrübe *(Brassica napus)* Vielseitiges Wurzelgemüse, das bis zum Verzehr im Boden bleiben kann.

Rotkohl *(Brassica o*
cea var. capitata)
Farbenfrohes Gem
für Eintöpfe und W
salate.

Kleinblättriger Spinat *(Spinacia oleracea)* Eine Hochsommersaat liefert reiche Winterernte.

Sellerie *(Apium graveolens)* Geeignet für Suppen, Schmortöpfe und Wintersalate.

Kartoffeln *(Solanum tuberosum)*

Mangold *(Beta vulgaris)* Stiele wie bei Sellerie verwenden, Blätter wie bei Spinat.

Wirsing *(Brassica oleracea bulluta)* Ein alter, sehr dekorativer Freund aus dem Gemüsegarten.

Blumenkohl *(Brassica oleracea var. botrytis)* Langsam reifende Sorten werden bis in den Winter geerntet.

Natürliche Gärten

Im Grunde sind alle Gärten bis zu einem gewissen Grad natürlich. Aber wie wir schon auf den Seiten 14 und 15 gesehen haben, waren zu manchen Zeiten der Geschichte Gestaltung und Anlage fraglos unnatürlich. Die Pflanzen, die in den Gärten wuchsen, wurden erzogen und geschnitten, damit sie sich in das klassische, starre Grundkonzept einfügten. Selbst im 18. Jahrhundert, einer Zeit, in der die Gartengestaltung weniger streng war, diente ein scheinbar der Landschaft entsprechender Stil dazu, ein idealisiertes Bild von der Natur zu schaffen, und zwar in einem Maßstab, in dem kein Gartenelement kleiner war als ein Baum. Das wiederum kann kaum als natürlich bezeichnet werden.

Erst seit der zweiten Hälfte dieses Jahrhunderts schätzen wir – rückblickend auf die Erfahrungen des 19. und 20. Jahrhunderts – unsere Situation praktischer ein und erwägen eine neue Form der Gartengestaltung, die ich als natürlich bezeichnen möchte. Ein solcher Gestaltungsstil hat im wesentlichen ländliches Gepräge, wenngleich manche Elemente in einer städtischen Umgebung anders interpretiert werden können. Der Garten ist so angelegt, daß er den Ansprüchen seiner Bewohner gerecht wird und größtenteils mit minimalem Kostenaufwand gepflegt werden kann. Seine Bepflanzung wirkt zwanglos und lockt Tiere an, da zahlreiche einheimische Gewächse darunter sind. Soweit möglich, ist die Gestaltung dem Gebäude, das der Garten umgibt, angepaßt, ebenso der Atmosphäre jenseits der Grundstücksgrenzen, so daß der Garten innerhalb seiner Umgebung eine schöne Ergänzung darstellt. Manche Traditionalisten mag es stören, daß es im natürlichen Garten weder unkrautfreien Boden noch makellosen Zierrasen, saubergestutzte Bäume oder das Farbenmeer einjähriger Sommerblumen gibt. Doch wenn sie ein zweites Mal hinschauen, dann entdecken Sie einen Garten in vollkommener Harmonie mit seiner Umgebung.

Wichtige Details
Im natürlichen Garten sollten sich Details befinden, die zwanglos und zufällig wirken, auch wenn sie sehr sorgfältig geplant wurden. Hier sind zwei wunderschöne Beispiele: rechts eine schlichte Gartenbank zwischen den nickenden Köpfchen von Zittergras, Gladiolen und einer Gruppe von Farnen; links Perlpfötchen (*Anaphalis sp.*) und die hochaufragenden rosa Blütenstände des Fingerhuts.

Natürliche Pflanzungen

Die Wirkung eines natürlichen Gartens wird weitgehend durch die Pflanzen, die in ihm wachsen, bestimmt. Im großen und ganzen sollten Sie das auf Seite 28 beschriebene Zonensystem einhalten und exotischere Arten im Schutz des Hauses und/ oder von Außengebäuden pflanzen.

Größenverhältnisse

Die Größe der verwendeten Pflanzen sollte sich ebenfalls mit den Zonen ändern. In der Nachbarschaft von Gebäuden werden die Pflanzen diesen angepaßt, doch müssen sie im allgemeinen klein sein und Exemplare mit plastischen Formen einschließen, die eine Verbindung zur Gebäudeform herstellen. Die meisten jedoch sollten üppig wachsen, damit sie die Linien des Gebäudes auflockern.

In Randzonen werden in großen Mengen wachsende heimische Pflanzen größenmäßig ihrem Hintergrund angepaßt, augenfällige Flächen eventuell entfernten Wäldern, einem Hang oder dem schachbrettartigen Muster von Wiesen und Feldern. Die Zone dazwischen muß einen sanften Übergang bilden.

Wer die Beispiele für natürliche Gartenbepflanzungen auf diesen Seiten betrachtet, dem mag es schwierig erscheinen, die Theorie in die Praxis umzusetzen, vor allem, was den üppigen Eindruck betrifft. Die »fließenden Linien« einer solch prachtvollen Anlage zu erreichen, erfordert eine bestimmte Pflanzmethode (s. S. 68). Ihr Resultat kommt wildgewachsenen Pflanzengruppen nahe und läßt einen zwanglosen (manche Leute nennen es »verunkrauteten«) Eindruck entstehen, der für einen natürlichen Garten ideal ist.

Wenn man einen natürlichen Garten anlegt, muß man die Pflanzen kennen, die man verwenden will. Wichtig ist, zu wissen, wie rasch sie wachsen, welche Wuchsformen sie entwickeln und wie schnell sie sich vermehren. Dann wird klar, daß man manche Pflanzen einfach sich selbst überlassen kann, weil sie sich maßvoll vermehren, während bei anderen mit bestimmten Wurzelsystemen ein Rückschnitt und eine Begrenzung des Wurzelwachstums erforderlich sind.

Kleiner Dschungel (rechts) Hier haben sich in Kies Königskerzen, Fenchel und (im Vordergrund) Fingerhut angesiedelt, zwischen denen verstreut Alchemilla, Lavendel und Nachtkerzen wachsen.

Ein Garten im Einklang mit der Landschaft Die Harmonie von Zier- und Übergangsbepflanzung zwischen Gartengebäude, Ententeich und Feld im Hintergrund ist vollkommen.

Fließende Linien

Die fließenden Linien bepflanzter Flächen entstehen keineswegs zufällig. Einmal angelegt, werden die Pflanzungen natürlich üppiger und verändern sich bis zu einem gewissen Grad, denn Staudengruppen gehen in die Breite und zweijährige Pflanzen säen sich aus und erscheinen an unerwarteten Stellen. Doch die Pflanzen, die Sie im Garten haben möchten, müssen zunächst an einem von Ihnen bestimmten Standort angesiedelt werden. Zu einer solchen Pflanzung gehört ein »Grundgerüst« aus Sträuchern. Durch dieses wird verhindert, daß der Eindruck eines Durcheinanders entsteht, und darüber hinaus sorgt es im Winter für dekorative Formen und Blickfänge, wenn die Triebe und Blätter der Stauden weitgehend abgestorben sind.

Dann widmen Sie sich den kleineren Pflanzen und wählen Stauden, zweijährige Gewächse und schließlich Einjahresblumen aus. Beginnen Sie mit jenen Pflanzen, die die kräftigsten Formen haben. Die Form einer Pflanze (Umriß, Wuchsform,

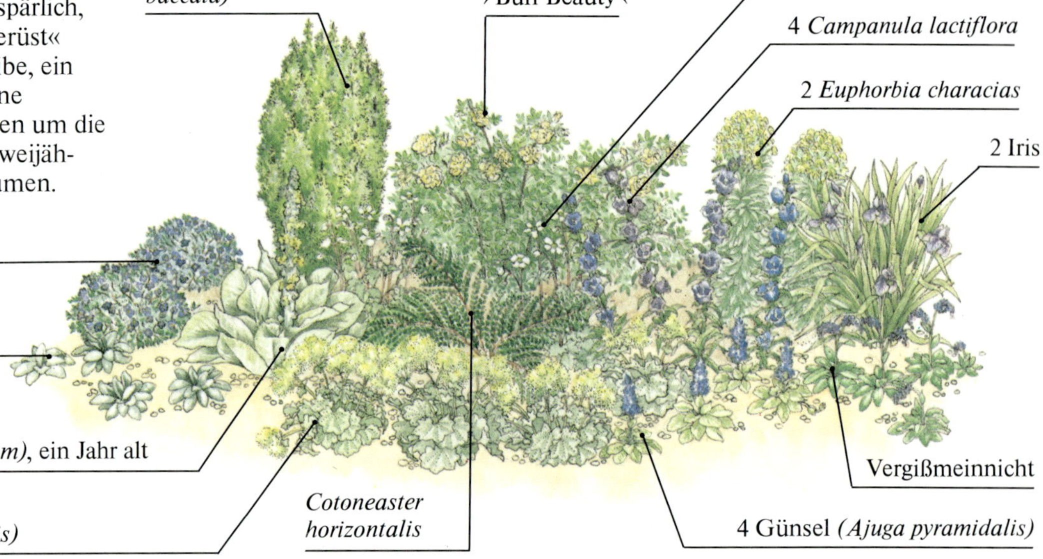

ERSTES JAHR
Der natürliche Eindruck eines Gartens muß mit Sorgfalt geplant werden. Im ersten Jahr wirkt die Pflanzung spärlich, doch das immergrüne »Grundgerüst« (hier eine aufrechtwachsende Eibe, ein kriechender Cotoneaster und eine Strauchrose) bildet einen Rahmen um die weniger dauerhaften Stauden, zweijährigen Pflanzen und Einjahresblumen.

ZWEITES JAHR
Im zweiten Jahr erscheinen Sämlinge von Pflanzen, die sich selbst ausgesät haben, wie zum Beispiel hier ein Jahr alte Königskerzen, neue Glockenblumen, Alchemilla und Vergißmeinnicht. Teppichbildende Pflanzen, wie Ziest und Günsel, beginnen miteinander zu verwachsen.

Breite, Höhe und Blattstruktur) ist für einen viel längeren Zeitraum von Bedeutung als die Blütenfarbe. Das heißt jedoch nicht, daß man nicht auch über die endgültige Farbpalette nachdenken sollte.

Tragen Sie den Standort der ausgewählten Pflanzen auf den Plan ein, und versuchen Sie, sich die Wirkung vorzustellen. Verwenden Sie Gruppen verschiedener Pflanzen (einige Leute meinen, man sollte nur mit ungeraden Zahlen arbeiten, doch meiner Meinung nach spielt das keine Rolle) und lassen Sie sechs oder sieben Exemplare einer Gruppe in eine andere mit drei oder fünf Exemplaren fließen. Jede Pflanze sollte ausreichend Platz zur Entwicklung haben. Beginnen Sie grundsätzlich mit den großen Elementen und gehen Sie nach und nach zu den kleineren über.

Und noch zwei weitere Regeln. Erstens: Wählen Sie nur Pflanzen aus Katalogen (Pflanzbücher sind eine großartige Sache, aber nur zweckmäßig in Verbindung mit Listen von im Handel erhältlichen Gewächsen). Zweitens: Wenn Sie glauben, Ihr Plan sei fertig, dann werfen Sie die Hälfte der ausgesuchten Pflanzen wieder heraus und verdoppeln die Zahl der verbliebenen Arten. Man neigt immer dazu, eine zu große Vielfalt auszuwählen und mindert damit die Wirkung einzelner Pflanzen.

DRITTES JAHR

Im dritten Jahr der Entwicklung bekommt die Pflanzung üppige Fülle. Um die ursprüngliche Anlage zu erhalten, muß von nun an drastisch ausgedünnt werden. Allerdings können auf natürliche Weise entstandene neue Pflanzenstandorte auch beibehalten werden. Überall erscheinen Sämlinge einjähriger Pflanzen, zu dem ursprünglichen immergrünen Pflanzengerüst gibt es überall Verbindungen, und Stauden und teppichbildende Arten sind miteinander verwachsen.

Vernachlässigte Ecken

Wir alle neigen dazu, bei der Auswahl unserer Gartenpflanzen sehr ausgefallene Ansprüche zu stellen. Wer sich Anregungen für natürliche Pflanzengemeinschaften holen möchte, sollte sich – wenn nicht geradewegs in die Natur – zu einem alten und vorzugsweise vernachlässigten Abfallplatz eines traditionellen Gartens begeben, der Kompost, Schnittabfällen und Kehrgut überlassen wurde, um festzustellen, was sich dort von allein angesiedelt hat und was in der Nachbarschaft davon wächst. In den vernachlässigten Ecken eines alten Gartens findet sich oft eine Vielzahl zufälliger Pflanzengemeinschaften. Manchmal verdecken sie sogar die ursprüngliche Gartenanlage. Bis zu einem gewissen Grad machen solche Zufälle der Natur den Charme dieser alten Gärten aus, doch Bemühungen, diese Wirkung vorsätzlich zu erreichen, können leicht ins Auge gehen. Wer absichtlich solche »zufälligen« Pflanzengruppen entstehen lassen will, kann sich durch die gezeigten Beispiele inspirieren lassen.

Natürlich wirkende Gemeinschaft Ein purpurbelaubter Weinstock *(Vitis vinifera purpurea)* rankt sich an einem abgestorbenen Baum empor. An seine Triebe klammert sich eine Clematis, und beide bilden eine wunderschöne Gemeinschaft.

Eine vergessene Ecke Wicken *(Lathyrus latifolius),* Kletterrosen und das Laub einer Clematis umrahmen zwei wie zufällig zusammenstehende Tontöpfe mit Hauswurzen *(Sempervivum sp.).*

Altes Außengebäude Hier hat sich eine rosa Clematis zu einem panaschierten Efeu gesellt. Am Fuß der Sandsteinmauer gedeihen blaue Glockenblumen, Heucheralaub und ein Farn.

Rund um die Regentonne Eine alte, randvolle Wassertonne und eine Regenrinne bilden zusammen eine renovierungsbedürftige, aber reizvolle Stütze für die rankende rosablühende Clematis.

Teil eines stillgelegten Wehrs Die violetten Blütentrauben einer Glyzine umranken verspielt die alte, aus Natursteinen errichtete Mauer und den formschönen Absperrhahn eines alten, stillgelegten Wehrs.

Dem Garten »Patina« verleihen

Methoden, durch die jenes schmeichelnde, natürlich gewachsene Erscheinungsbild entsteht, das den natürlichen Garten prägt, könnten wir mit solchen Behandlungstechniken vergleichen, durch die Metall, Holz oder Stein alt wirken. Im Garten gilt es, neu entstandene oder harte Flächen und Bauten durch den Einsatz von Pflanzen optisch weicher zu gestalten.

Natürliche Gartenanlagen sollten eine üppige Bepflanzung ermöglichen, die in Harmonie mit Gebäuden und Bodenbelägen steht. Es ist immer vorteilhaft, als Element dieser Bepflanzung ein Gewächs mit kräftiger, skulpturähnlicher Wuchsform einzubeziehen. Meine besonderen Favoriten dafür sind Acanthus und Euphorbia.

Befestigte Bodenflächen

Will man Bodenbelägen ein altes Aussehen verleihen, so findet man vielerorts Anregungen. An Plätzen, die immer feucht sind, sieht Moos hübsch aus; ist aber gefährlich, wenn die Stelle viel begangen wird. Auch vernachlässigte Hinterhöfe kann man auf verschiedene Weisen sehr dekorativ überwachsen lassen. Einige dieser Effekte erreicht man durch gezielte Planung, etwa indem man zwischen Platten oder Pflastersteinen Platz läßt, damit Gras sprießen kann. Dieses wird dann gelegentlich mit einem Luftkissenmäher gestutzt, damit es nicht häßlich aussieht (s. S. 41).

Viele Gärtner versuchen diesen Eindruck mit Hilfe von Steingartenpflanzen zu erreichen, doch wenn es zu viele Arten sind und der Standort nicht ganz natürlich ist, entsteht eine unordentliche, uneinheitliche Wirkung. Sehr viel besser sieht

Pflanzengemeinschaften Ein Garten wirkt alt, wenn man Pflanzen in ungewöhnlichen Kombinationen verwendet. Hier wachsen Kosmeen in unmittelbarer Nachbarschaft von Kohl. Sie werden von einer Strauchrose und einer Konifere eingerahmt.

SCHNELLVERFAHREN

Pflanzen an ungewöhnlichen Plätzen Der Eindruck eines alten Gemäuers beruht auf der optisch weichen Wirkung, die Pflanzen an Gebäuden und auf befestigten Bodenflächen entstehen lassen. Wenn Sie sich umsehen, werden Sie alle möglichen Pflanzen finden, die Bauten besiedeln. Auf Steindächern beispielsweise bildet die Hauswurz *(Sempervivum sp.)* an schattigen Stellen oft reizvolle Kissen. Das kann man nachahmen, indem man Hauswurz in einen einfachen Drahtkorb pflanzt, der mit Fasertorf ausgelegt und mit einer Mischung aus Lehmsubstrat und Grus gefüllt ist. Der Korb wird mit Drähten befestigt, die man unter geeigneten Dachziegeln festklemmt.

Imitierte Ruine Man kann sogar eine Mauer errichten, die einen verfallenen Eindruck erweckt. Man nimmt einige alte Ziegeln und baut ein Stück Mauer – kaputte Ziegel werden am Rand verwendet. Den unteren Teil der Mauer verputzt man so, daß ein unregelmäßiger Abschluß entsteht (der Putz kann später wieder abgeschlagen werden, wenn man mit dem Ergebnis unzufrieden ist). Nach etwa einer Woche bestreicht man dann alle Flächen mit in Wasser aufgelöstem, gut verrottetem Mist. Spalten und Mulden in den Ziegeln werden mit etwas Lehmsubstrat ausgefüllt und anschließend mit Sedum bepflanzt.

es aus, wenn man beispielsweise nur Aubrieta oder *Polygonum vaccinifolium* pflanzt.

Wände und Dächer

Auch senkrechte Flächen können alt aussehen, am einfachsten durch geeignete Kletterpflanzen – etwa heimischen Efeu, Geißblatt, Hopfen, Wein oder die wunderschöne kletternde Hortensie *(Hydrangea anomala)*, letztere für einen schattigen Standort – und eine ausreichende Stütze.

Im kleineren aber können Pflanzen zwischen die Steine und Ziegeln einer Wand gesetzt werden. Einen solchen Platz liebt besonders der Goldlack, aber auch manche Glockenblumen und das kleine ausdauernde Berufkraut gedeihen dort.

Das Erfolgsgeheimnis liegt darin, die Mauer entsprechend feucht zu halten. Viele alte Mauern wurden ohne eine Sperrschicht errichtet und saugen, je nach Porosität der Steine oder Ziegel, das Wasser wie Löschpapier aus der Erde. In diesen Fällen gedeihen Pflanzen gut. Alte Ziegelmauern sind unter Umständen mit Kalkmörtel errichtet, der weicher als der moderne Zementmörtel ist. In ihm siedeln sich von selbst Sämlinge an, was, zugegebenermaßen, der Mauer schadet.

Bei neuen Mauern sollte man sich entweder für eine Bauweise entscheiden, durch die Feuchtigkeit aufgenommen werden kann, wie etwa bei einer Trockenmauer, oder bei der kleine Aussparungen für Pflanzen vorgesehen sind, in denen ein wenig Torf die Feuchtigkeit hält. Bei einer doppelwandigen Ziegelmauer kann der Zwischenraum mit Torfsubstrat aufgefüllt werden.

Wenn feuchte Mauern unerwünscht sind, kann man notfalls Gefäße befestigen. In Gegenden, in denen auch die Dächer mit Stein gedeckt werden, ist die Hauswurz *(Sempervivum sp.)* ein vertrauter Anblick. Um davon eine Gruppe anzusiedeln, befestigt man einen kleinen Drahtbehälter (wie auf S. 72 gezeigt) an einer schattigen Stelle des Daches, pflanzt kleine Hauswurze hinein und hält sie feucht.

Der Reiz alter Gebäude auf dem Land beruht nicht zuletzt auf den Flechten und Moosen, die Mauern und Dächer überziehen. Ihre vorzeitige Ansiedlung auf neuen Steinen, Ziegeln oder Platten kann gefördert werden, indem man diese mit in Wasser aufgelöstem Rindermist oder verdünnter Milch bestreicht, doch muß man sich dann auf eine vorübergehende Geruchsbelästigung einstellen.

Ein Hauch vergangener Romantik (links) Natürliche Gärten können nostalgische Stimmungen heraufbeschwören. Hier wird eine einladende Tür von einem Meer aus weißem Silberpfennig und violettem Storchschnabel gesäumt.

Eine charmante Kombination (oben rechts) Der schattenliebende blaue Storchschnabel *(Geranium* › Johnson's Blue ‹) wächst hier wie zufällig unter den Obstbäumen eines reizvollen Naturgartens.

Nebensächlich, aber wirkungsvoll (unten rechts) Diese von herrlich kombinierten Pflanzen umgebenen Steine eines Gartens in Kent dienen sowohl als Blickfang wie als Sitzplatz.

Naturgärten in rauher Landschaft

Das Gesamtkonzept eines ländlichen Gartens muß immer Besonderheiten berücksichtigen, die durch die örtlichen Gegebenheiten bedingt sind. Zum Beispiel haben Gärtner in Küstenanlagen nicht nur mit normalem Wind zu kämpfen, sondern auch mit salzhaltigem, der jedes Gartenelement prägt und schöne rauhe Landschaftsbilder entstehen läßt. Hier können nur Pflanzen wachsen, die Wind und Sand vertragen, wie etwa Spindelstrauch, Ölweide, Grasnelke *(Armeria maritima)* oder Sanddorn *(Hippophae rhamnoides).*

Bodendeckende Pflanzen

Auch Säume von Ackerland oder Moorflächen wirken häufig rauh, und zwar durch Felsen, die auch in Gärten zu finden sind. Wie die Küste, ist oft auch das Land vom Wind gezeichnet; die Bäume nehmen bizarre Formen an, weite Flächen von Heide oder Ginster werden abgeschliffen und gleichen mitunter Steinen. Andere Pflanzen wiederum, die an diesem extremen Standort heimisch sind, haben eine niedrige, kissenartige Wuchsform entwickelt, wie etwa die Heidelbeere *(Vaccinium sp.)*

Klimatische Einflüsse

Neben dem Wind spielt auch die Temperatur eine wichtige Rolle. Heimische Koniferen, Heidearten und Stechginster haben sich an unwirtliche Standorte gewöhnt, an denen große Kälte herrschen kann. In Gebieten mit wärmerem Wind wachsen dagegen Pflanzen, deren Laub sich diesen Bedingungen angepaßt hat, wie beispielsweise beim Geißklee (*Cytisus sp.*). Auch der Ölgehalt vieler Kräuter ist eine Folge der Anpassung, ein Schutz gegen das Austrocknen durch Sonne und Wind.

Runde Formen (rechts) Der Wind hat in diesem prachtvollen Küstengarten sowohl Felsen wie Pflanzen – einen Bergahorn *(Acer pseudoplatanus)* und eine dickblättrige *Griselinia littoralis* – rund geschliffen.

Bizarr geformte Koniferen (links) Kiefern bieten ausgezeichneten Windschutz, werden mit der Zeit aber spröde. Bei diesen windgeformten Bäumen handelt es sich um Montereykiefern *(Pinus radiata).*

Gärten in rauhen Küstengebieten sind von ganz eigener Schönheit. In geschützt liegenden Mulden, die zum Meer führen, ist eine aufregende Vielfalt an Pflanzen mit windgepeitschten Formen zu finden, die charakteristisch sind für exponierte Küstengärten. Dazu gehören zum Beispiel der Duftstrauch *(Olearia sp.)*, zahlreiche Formen von Pittosporum und sogar Fuchsien. Diese dekorativen Pflanzen gedeihen ausgezeichnet in dem vom Meer reflektierten intensiven Licht und an den frostfreien Stellen, die dort häufig zu finden sind.

Andere Küstenstandorte, die oft etwas weiter im Land oder an einer Flußmündung liegen, befinden sich in Ebenen, die sich flach zum Meer erstrecken. Sie stehen unter dem ungünstigen Einfluß des salzigen Windes und erwecken eher den Eindruck, auf der Landschaft zu liegen, als ein Teil von ihr zu sein. Die großen Flächen von Himmel und Wasser erfordern eine Gestaltung mit großzügigen, klaren Konturen.

Schützende Pflanzungen

In allen rauhen Lagen, wo salzige Winde die Freude am Garten oder die Entwicklung von Jungpflanzen beeinträchtigen, sollte als Schutz ein Gürtel aus heimischen Bäumen und/oder Sträuchern gepflanzt werden.

Halten Sie nach Pflanzen Ausschau, die in Ihrer Gegend gedeihen und einen Windschutz bieten. Das können auch hohe Gräser sein. Koniferen, die an maritimen oder moorigen Standorten wachsen, wie etwa die Korsische Kiefer, sind besonders empfehlenswert, ebenso der widerstandsfähige Weißdorn *(Crataegus sp.)* oder die immergrüne Steineiche *(Quercus ilex)*. Wenn der Garten sehr exponiert liegt, ist es vermutlich sinnlos, an das Pflanzen dekorativerer Arten zu denken, bevor der Windschutz herangewachsen ist.

Eine weitere Möglichkeit ist, Hügel anzulegen, welche innerhalb des Grundstücks geschützte Mulden bilden. Wichtig ist dabei, die Notwendigkeit eines Schutzes und den Wunsch nach einer schönen Aussicht gegeneinander abzuwiegen. Ein Beispiel zeigt der unten abgebildete Plan: Das an einer Meeresbucht liegende Haus hat einen großartigen Ausblick, der aber in Richtung des vorherrschenden Windes liegt.

Weicheres Gesicht für den Küstengarten (rechts) Dieser Garten, in dem Wildpflanzen üppig gedeihen, bietet einen großartigen Ausblick auf geschützt liegende Häuschen und Gärten auf der anderen Seite der Bucht.

Auf schroffen Klippen (unten links) Die Schönheit dieses windgepeitschten Gartens würde durch jeden Versuch, schmückende Pflanzen einzubeziehen, zerstört.

PLANUNG EINES SCHUTZGÜRTELS
Beim Anlegen dieses Küstengartens wurde unterhalb der Hauptterrasse eine Mulde geschaffen. Ferner hat man eine Böschung zum Bepflanzen aufgeschüttet, die die stärkste Kraft des Windes bricht, die Sicht allerdings etwas einschränkt.

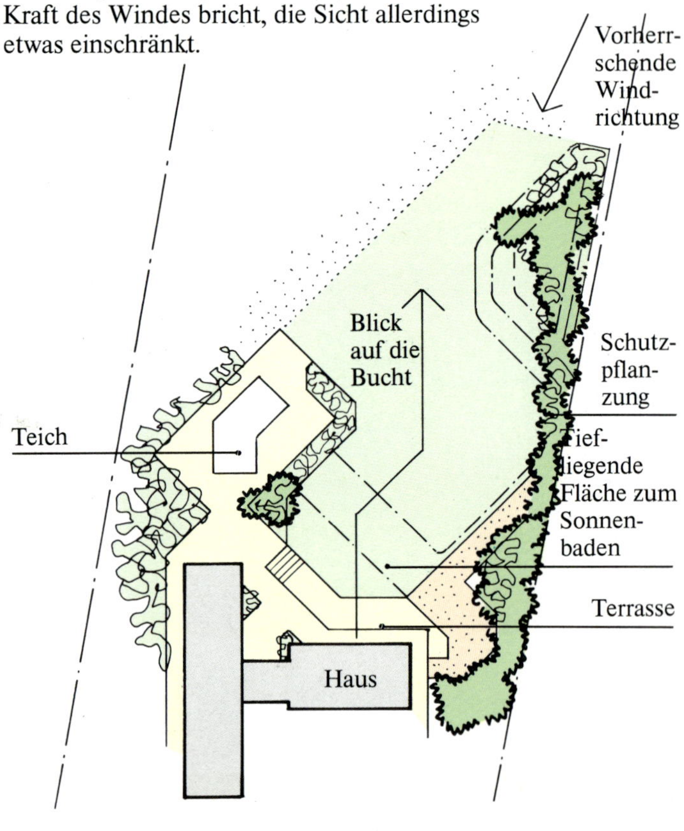

Felsige Gärten

Eine andere Form des Gartens in unwirtlichen Gebieten ist inspiriert durch die natürlichen Pflanzengemeinschaften, die sich zwischen Schutt und größeren Felsen, in alten Steinbrüchen oder auf hochgelegenen felsigen Flächen ansiedeln. Wenn Sie einen felsigen Garten besitzen, sollten Sie dies als Vorteil betrachten und ihn entsprechend gestalten, anstatt den Rest Ihres Lebens Steine einzusammeln.

Ein felsiger Garten und ein Steingarten sind nicht das gleiche. Der felsige Garten ist im wesentlichen geprägt durch die Geländeform und zutage tretenden Gesteinsschichten, während sich im Steingarten in durchgehenden steinigen Flächen nur einzelne Erdtaschen befinden, in denen eine typische Vegetation gedeiht. Die Anlage von Steingärten ist teuer, darüber hinaus sind sie schwer zu pflegen und nur zu bestimmten Jahreszeiten reizvoll. Dagegen ist die Einbeziehung von zutage tretenden Gesteinsschichten als plastische Elemente innerhalb der Landschaft faszinierend, insbesondere dort, wo die Pflanzen kräftige plastische Wuchsformen aufweisen und ein harmonisches Gegengewicht bilden.

Ausblick auf ein steiniges Tal Die schroffe Wirkung von Felsen und Kies in diesem tiefliegenden Garten wird durch den abgestorbenen Baumstumpf noch verstärkt. Üppig wuchernde Farne und Moose erwecken den Eindruck einer verwunschenen Landschaft.

Ein echter Steingarten Feldthymian *(Thymus serphyllum)* wuchert hier über riesige flechtenbewachsene Granitfelsen. Die Formen von Steinen und Pflanzen ergänzen sich auf wunderbare Weise.

Granitschutt Fingerkraut wächst gern in steinigem, gut drainiertem Boden, so wie in diesem walisischen Garten. Pflanzungen dieser Art bedürfen praktisch keiner Pflege.

FELSFORMATIONEN UND PFLANZEN

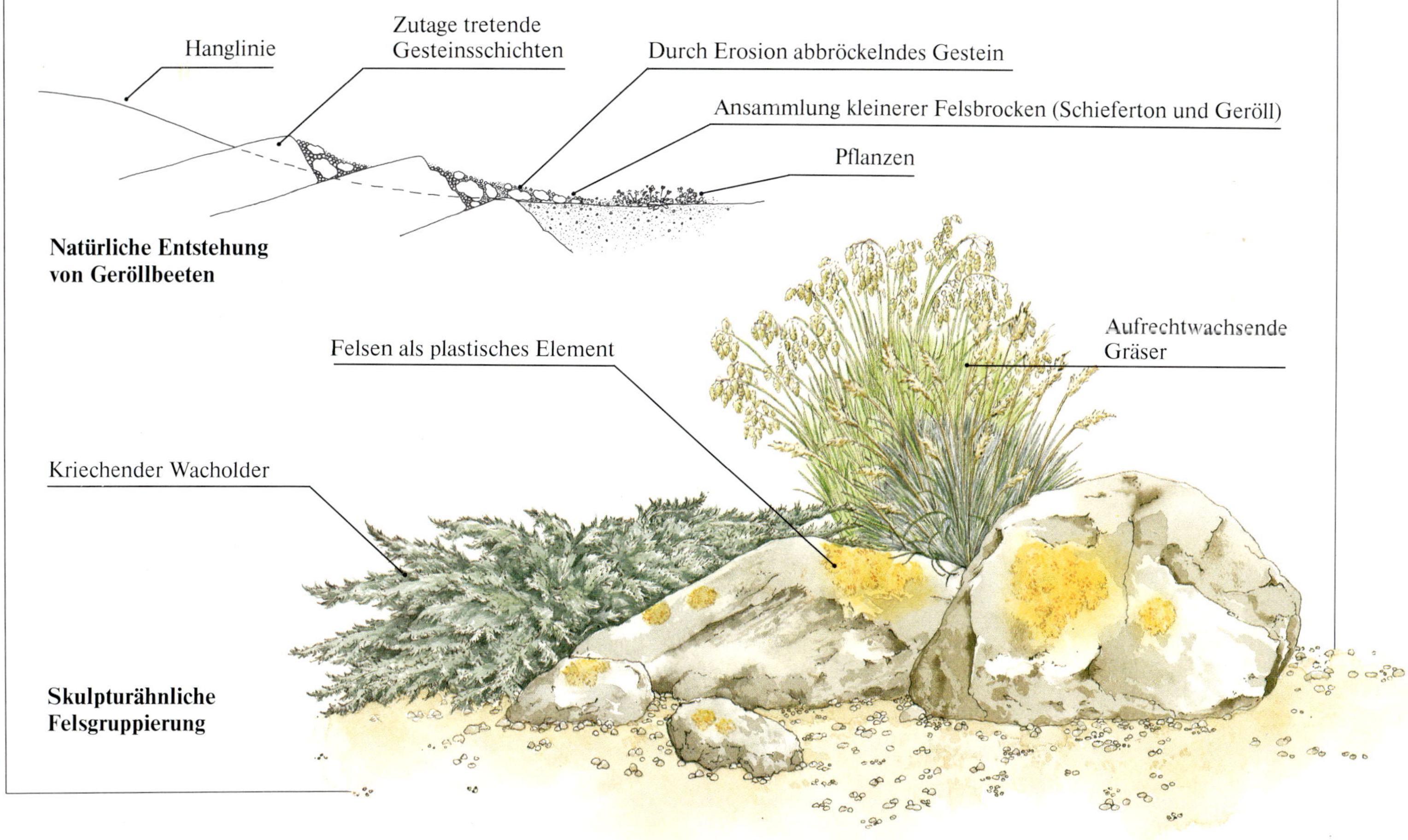

Waldige Gärten

Zu den natürlichsten Gärten gehören solche, die auf bewaldeten Flächen entstehen oder waldartigen Charakter haben. Leider gibt es in unseren Breiten nur wenige heimische Wälder, die noch nicht der Axt zum Opfer gefallen sind. In Nordamerika dagegen findet man noch sehr viel Wald, aber wo eine landwirtschaftliche Nutzung möglich ist, scheinen auch dort seine Tage gezählt. Deshalb führt man immer mehr Studien über den heimischen Wald durch, und verbliebene Fleckchen sollten unter allen Umständen erhalten werden. Der Gärtner auf dem Land befindet sich in der beneidenswerten Position, den Gesamtbestand an Wald - wenn auch in kleinem Maßstab - vergrößern zu können, während man sich in der Stadt auf das Pflanzen niedriger Baumformen und anderer Gewächse beschränken muß, um den Eindruck von Wald entstehen zu lassen.

Verschiedene Arten waldiger Gärten

Ihr Garten kann durch umliegende Waldflächen beeinflußt werden oder einige Bäume zusammen mit den dazugehörigen Pflanzengesellschaften in seine Grenzen einbeziehen. Vielleicht ist Platz genug für Baumgruppen - angefangen vom kleinsten Hain bis zu einem Wäldchen -, in denen Wild Schutz findet. Oder sein Charakter wird durch nur ein oder zwei hohe alte Bäume geprägt - die letzten überlebenden eines alten Waldes.

Aber wie auch immer Ihr Garten aussieht, er sollte dem heimischen Wald angepaßt sein. In jedem Wald finden sich charakteristische Baumtypen und durch natürliche Sukzession entstandene niedrige Vegetationsschichten. Und damit der Garten natürlich wirkt, sollten die Pflanzen, die in ihm angesiedelt werden, eine Ergänzung zu diesen natürlichen Schichten bilden, beispielsweise indem man Hasenglöckchen zwischen Haselsträucher pflanzt. Wenn wir einen heimischen Wald betrachten, sehen wir eine vielfältige Klimaxgesellschaft, zu deren Entwicklung viele Generationen erforderlich waren. Und genau wie die für den Garten zur Verfügung stehenden Baustoffe entsprechend der geologischen Beschaffenheit der Gegend variieren, werden

Wandel der Zeit (rechts) Diese Baumgruppe mit einer alten Weißbirke, einer Buche und einer Kiefer war einst Teil einer nach Norden liegenden Schutzpflanzung und gehört heute zu einem beneidenswerten Garten.

Kleine Edelsteine (links) Spätherbstliche Cyclamen und frühe Schneeglöckchen bilden unter dem Blätterdach eines Eichenwaldes einen wunderschönen Teppich.

auch die Pflanzengemeinschaften letztlich von den umgebenden Bäumen geprägt. Die heimischen Wälder können folgendermaßen unterteilt werden:

Feuchte Eichenwälder wachsen auf tiefgründigen Böden und haben eine dichte Unterschicht aus Strauchwerk, in der häufig Hasel dominiert. Auf Lichtungen können auch Eschen, Buchen, Birken, Kirschen und Hainbuchen wachsen.

Trockene Eichenwälder wachsen in grobem Sand auf Sandstein. In ihnen finden sich auch Birken und Ebereschen, die zusammen mit den dominanten Eichen ein dichtes Blätterdach entstehen lassen, unter dem sich nur begrenzt Sträucher entwickeln können.

Buchenwälder wachsen auf kreidigen Kalkböden oder in Lehmböden, die über Kreide liegen, und sogar in sauren Böden, sofern diese gut drainiert sind. Unter Buchen gedeiht sonst wenig, hie und da vielleicht eine Mehlbeere oder eine Esche.

Eschenwälder siedeln sich auf feuchten Kreideböden an, oft in Gesellschaft von Weißdorn.

Kiefernwälder (ursprüngliche, keine aufgeforsteten) bevorzugen sandigen Boden. Unter Nadelbäumen wachsen einige Pflanzen, doch an den Rändern können sich Blaubeeren und Heide ansiedeln.

Wie aber helfen diese Kenntnisse über natürliche Pflanzengesellschaften dem Gärtner, in kleinem Maßstab waldige Flächen entstehen zu lassen? Es ist ein heilsamer Gedanke zu wissen, daß die meisten in Tiefländern gelegenen Gärten einmal Wald waren. Lange bevor eine Stadt, ein Dorf, ein Weiler, eine Hütte oder überhaupt nur ein Ziegel entstand, war die Erde eins mit ihren Bäumen und deren Pflanzengemeinschaften. Um den »Geist« des Waldes wiederzuerwecken, brauchen Sie nur ein oder zwei der richtigen Bäume zu pflanzen und mit den entsprechenden niedrigen Gewächsen zu umgeben.

Buchenstämme (rechts) Die Stämme von Buchen haben einen monumentalen Charakter, der durch den moosüberzogenen Boden noch verstärkt wird.

Die urwüchsige Kraft des Waldes (unten) Ein oder zwei große Bäume im Garten erwecken den Zauber eines Waldes, insbesondere dort, wo alte Exemplare stehen. Diese beiden Platanen (*Platanus hispanica,* links) in einem Garten in Meeresnähe sind mit Flechten überzogen, die in der feuchten Luft gut gedeihen. Der alte verzweigte Maulbeerbaum (*Morus nigra,* rechts) – ein Überbleibsel aus der Zeit des englischen Seidenhandels – beschattet mit knorrigem Charme einen städtischen Garten.

Laub

Zwei der vielen reizvollen Facetten eines waldigen Gartens sind Form und Färbung des Laubes. Die Blattform modifiziert die Art und Weise, wie das Licht durch unterschiedlich dicke Blätter gefiltert wird. Die Blattfärbung kommt vor allem im Herbst zur Geltung. Bei vielen Bäumen variiert die Farbintensität je nach der Menge der Sonne oder des Regens, die das Laub im vorangegangenen Sommer erhalten hat, doch einige zeigen sich stets in einem prächtigen Gewand. Unter den »wilderen« Arten sind dies Birke *(Betula sp.)*, Feldahorn *(Acer campestre)*, Buche *(Fagus sp.)*, Hainbuche *(Carpinus sp.)* und Vogelkirsche *(Prunus avium)* sowie - bei den unter Blätterdächern wachsenden Sträuchern - verschiedene Formen des Schneeballs. Geht man besonnen vor, können in ihrer Gesellschaft aber auch viele nichtheimische Arten gepflanzt werden, deren Färbung von Zitronengelb über Chrom und Gold bis hin zu Rost und Tiefviolett reicht.

Zwei Waldwege (rechts und unten) Wachsen in einem Garten nur sommergrüne Bäume, ist man im Herbst von einer sich ständig verändernden Farbenpracht umgeben. Die Dichte der alten Bäume und das Verschmelzen ihrer Formen schafft auf relativ kleinem Raum ein Gefühl von Abgeschiedenheit und Ruhe.

Haine und Niederwälder

Ein Hain ist, laut Lexikon, eine kleine Gruppe von Bäumen oder ein Lustwäldchen, während ein Niederwald nicht sehr hoch ist und in regelmäßigen Abständen auf den Stock gesetzt werden muß. Mit dem Wort »Hain« assoziiert man keine dichte Vegetation, sondern eher einige weit auseinanderwachsende Hochstämme, unter denen, verstreut, jüngere strauchige Pflanzen stehen. Neue Haine können mit jeder beliebigen Zahl von Bäumen angelegt werden, doch wer relativ rasch eine dekorative Wirkung erzielen möchte, sollte sich auf Waldbäume beschränken und die Arten nicht zu sehr durcheinanderpflanzen. Traditionell befinden sich an Waldsäumen Bäume, die blühen oder sich im Herbst schön färben beziehungsweise Früchte tragen. Malus-Arten (wie etwa Holzäpfel) eignen sich beispielsweise ausgezeichnet. Der Niederwald ist eine klassische Bewirtschaftungsart in feuchten Eichenwaldgebieten (s. S. 84), wo in dichten Abständen Hasel *(Corylus sp.)* gepflanzt und regelmäßig auf Bodenhöhe zurückgenommen wird. Von den geschlagenen Stämmen – viele haben die Dicke von Besenstielen – werden mitunter Hürden angefertigt. Früher verwendete man die Stämme auch zur Umzäunung von Schafweiden, heute sind sie als Zaunmaterial für bäuerliche Gärten beliebt. Vom gärtnerischen Standpunkt gesehen, sorgen einige auf den Stock gesetzte Haselsträucher, Hartriegel und Weiden dafür, daß es im Garten stets frische kräftige Triebe und schöne herbstliche Farben gibt, die auf kleinster Fläche Waldatmosphäre entstehen lassen.

EINEN NIEDERWALD PFLANZEN

Wo Bäume an einer Grundstücksgrenze zu hoch werden – und unter dem Blätterdach ein wenig reizvoller Ausblick entsteht –, sollte man über das Pflanzen eines jüngeren Wäldchens nachdenken, um die Aussicht und den Sichtschutz zu verbessern. In diesem Fall bestand die Pflanzung aus Birken und Kiefern, die weißblühender *Amelanchier lamarckii* säumte. Alle diese Arten wurden noch einmal kreisförmig vor die alten Exemplare gepflanzt.

Farbige Gärten

Für diejenigen unter uns, die in nördlicheren Gefilden leben, ist während der langen Wintermonate der Gedanke an Farben vor der Haustür wie Licht am Ende eines dunklen Tunnels. Erwartungsvoll schmökern wir in Pflanzenkatalogen und wählen ein Sammelsurium an Sträuchern, Stauden und Einjahresblumen in unmöglichen Zusammenstellungen aus, um eine noch ferne Sommerszene heiter zu gestalten. Auch wenn es vollkommen verständlich erscheinen mag, bei der Planung eines ländlichen Gartens Farbe als wichtigstes Kriterium zu betrachten, was darüber hinaus viele Vorbilder in der Geschichte der Gartenbaukunst hat, so ist dieser Weg doch mit Stolpersteinen gepflastert. Der größte ist, daß dem Gärtner durch die Kreuzung nicht heimischer Pflanzen eine Farbpalette zur Auswahl gegeben wurde, die die grellen Farben eines jeden Rummelplatzes in den Schatten stellt. Zwar kann ein mit Mauern umgebener Stadtgarten in exotischen Farben bepflanzt werden – hier braucht nur der Besitzer die Augen zuzumachen –, doch sollte man im ländlichen Garten besser Farben verwenden, die mit denen der Natur harmonieren.

Farben im Naturgarten

Vielleicht kann man die eine oder andere exotische Pflanzenart in einem natürlichen Garten tolerieren, vor allem, wenn sie in Form, Farbe und Struktur mit dem heimischen Hintergrund harmoniert, doch die aufdringlichen orangen und violetten Töne vieler Arten sind meist unerträglich. Darum müssen Sie bei der Planung eines neuen ländlichen Naturgartens auf die Farbgestaltung achten, zumindest in der Nähe der Grundstücksgrenzen, wo die Farben der Gartenpflanzen mit denen der umliegenden Flächen im Einvernehmen stehen sollten.

Vergessen Sie auch nicht, daß auf dem Land oft alles vor oder zwischen endlosen Grünschattierungen zu sehen ist. Und ein frühmorgendliches, taufunkelndes Grün unterscheidet sich sehr stark von jenem diesigen, bläulichen Grün, das die hoch am Himmel stehende Sonne erzeugt, während das weiche Abendlicht wieder einen anderen Ton entstehen läßt. So werden die Farben

Gelbtöne vor einem Getreidefeld (links) Die Cremetöne und das Chromgelb der panaschierten Blätter und die Blüten der Tabakpflanzen harmonieren vollkommen mit dem Erntegold des hinter dem Garten liegenden Getreidefeldes.

Weißbirke in grauer Umgebung (rechts) Diese friedvolle Vordergrundpflanzung in Grautönen paßt großartig zu den dahinter stehenden Weißbirken.

der Natur schon durch unterschiedliche Lichtqualitäten verändert, wodurch eine breite Palette an Farbtönen entsteht, nach der man Pflanzen für den ländlichen Garten auswählen kann.

Obwohl die Blattfärbung heimischer Bäume vorwiegend im Grünbereich liegt, reichen die Töne von dem düsteren Grün einiger heimischer Koniferen und Eiben, die im Winter vor dem Horizont beinahe schwarz erscheinen, bis zu dem hellen Graugrün der Mehlbeeren (*Sorbus sp.*). Violettes Laub kommt in der heimischen Flora allerdings nicht vor, ebenso fehlen stark panaschierte Blätter und jenes giftige weißlich angehauchte Blau einiger fremdländischer Koniferen.

Blütenfarben

Bei der Mehrzahl unserer heimischen Bäume und Sträucher sind die Blüten cremefarben, zitronengelb, weiß oder grün. Auch die Blüten hiesiger Wildblumen zeigen häufig blassere Töne, die im Wechsel der Jahreszeiten von Rosa über Blaßblau bis Gelb und Gold reichen. Wo die Natur große einfarbige Flächen entstehen läßt (und sie präsentiert nur selten breite Farbkombinationen), haben sie zumeist helle Schattierungen, wie etwa die Teppiche aus Hasenglöckchen, Bärenlauch oder Waldbingelkraut. Wenn natürliche Farben leuchten, wie etwa beim

PFLANZSCHEMA FÜR HEIDEKRAUT
Die kräftigen Purpur- und Pinktöne des Heidekrauts benötigen weite Flächen. Nach diesem einfachen Schema werden die Farben eines entfernten Moors direkt in den Garten miteinbezogen. Die Umrißformen der Pflanzungen im Garten ergänzen die natürlichen Muster des Moorlandes, die durch Heide und die mit ihr kontrastierenden Wald- und Wiesenflecken entstehen.

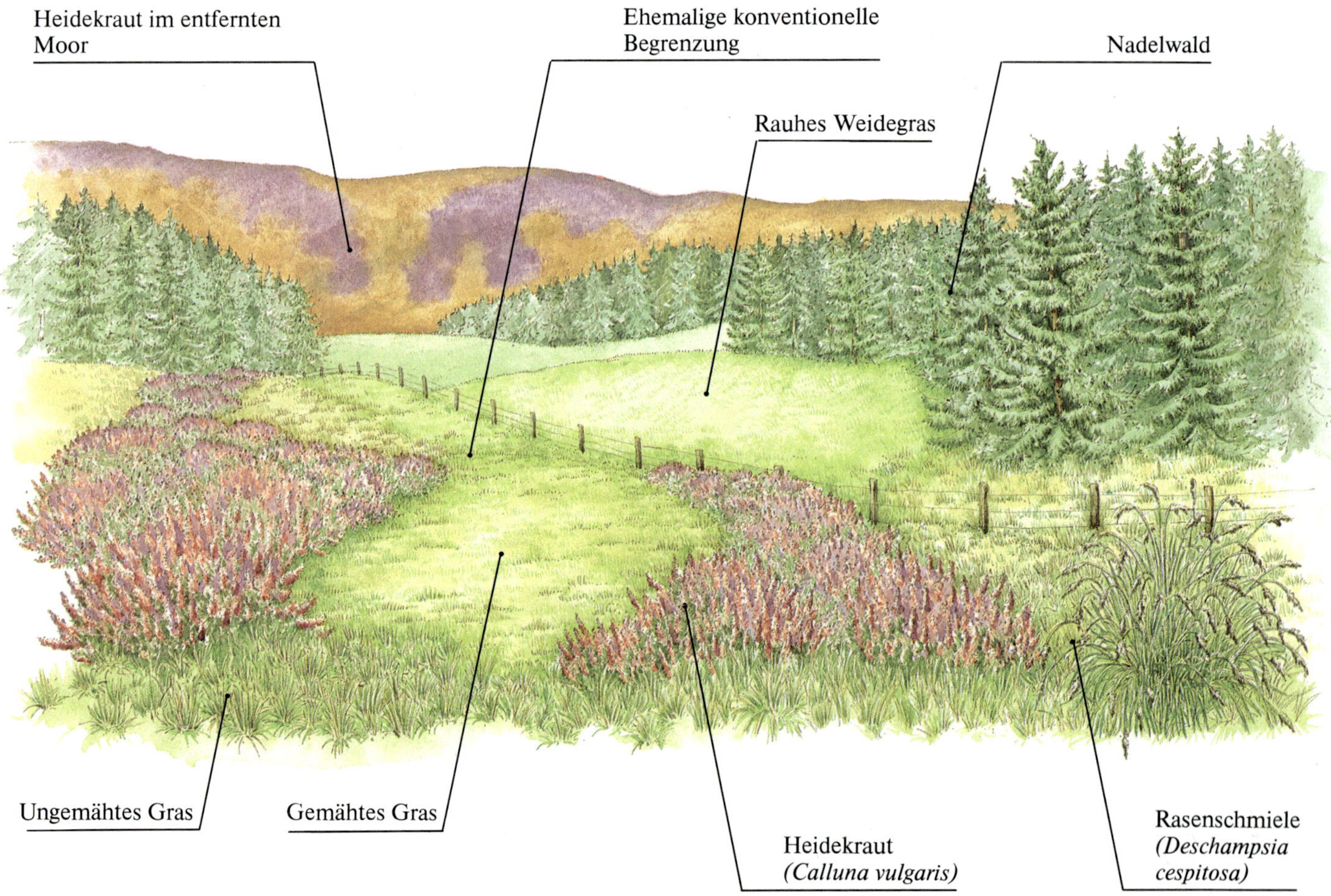

Mohn, findet man sie gewöhnlich zwischen Gras oder Getreide, wo ihre wundervollen Tönungen gedämpft oder zerstreut erscheinen. Aber gerade dieses Mosaik von Farbtupfern bestimmt den Charakter des bäuerlichen Gartens (s. S. 118).

Gertrude Jeckyll, eine englische Gärtnerin des frühen 20. Jahrhunderts, wird fälschlicherweise oft mit dieser Gartengestaltung in Verbindung gebracht. Zwar liebte sie Bauernblumen, doch setzte sie Farben und Strukturen, ähnlich wie ein Maler, stets großflächig ein. Für den Bereich ums Haus – den ich Zone A nenne (s. S. 28) – benutzte sie lebendige Farben, die sie mit weicheren Blautönen in der Randzone verband, wo sie mit dem kühlen, dunstigen Licht eines typischen edwardianischen Sommertages verschmolzen. Die Verwendung von Farben im Garten ist stark vom persönlichen Geschmack geprägt, und so wie sich verschiedene Menschen in bestimmten Farben kleiden, die von ihrem Typ, ihrer Statur und der Mode abhängig sind, wird die Farbwahl bei den Pflanzen durch Grundstück und Umgebung, der Bauart des Hauses wie der Gartennutzung bestimmt.

PFLANZSCHEMA FÜR GRÄSER
In dem hier gezeigten Beispiel kontrastiert die Farbe der im Garten sehr großzügig angepflanzten winterharten Stauden (Vordergrund) mit den gedämpften Grüntönen eingebürgerter Gräser. Die Gräser wurden als Ergänzung einer offenen (an ein Inlandgewässer oder eine schmale Bucht grenzende) Landschaft im Hintergrund eingeplant.

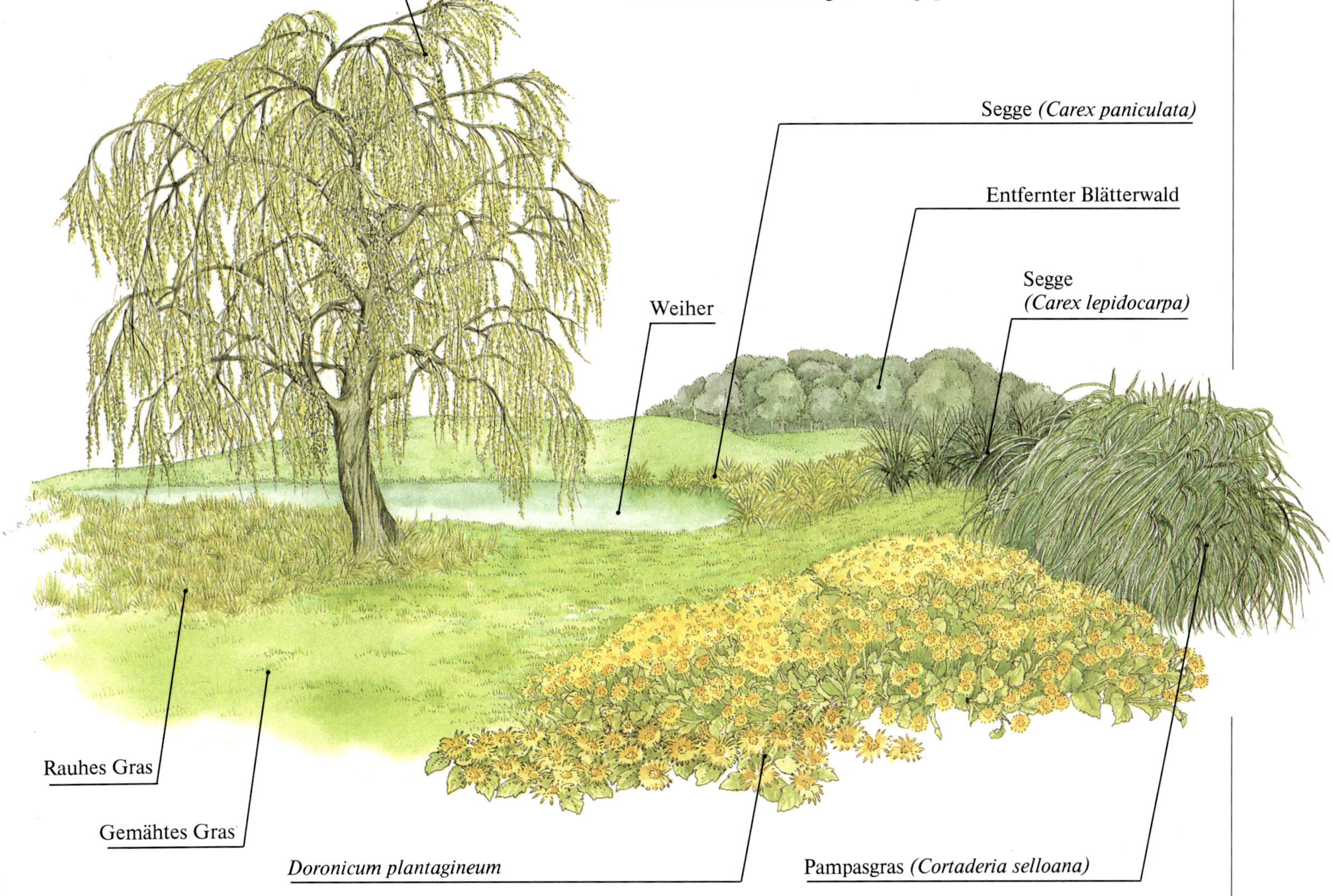

Gärten im Frühjahr

Als Browning schrieb: »... in England zu weilen, jetzt, da der April ins Land gezogen ist«, meinte er damit gewiß nicht das Wetter – der April kann in England und anderswo fürchterlich sein –, sondern jene herrliche Erwartung, die in der Luft liegt, wenn alles nach und nach zu neuem Leben erwacht. Nachdem es zwei, wenn nicht gar drei Monate schien, als würde der Winter nie zu Ende gehen, bestärken die kleinsten Frühlingsboten jene Hoffnung, die die vorwitzigen Winterblüten geweckt haben. Plötzlich entdeckt man, daß die Tage länger werden und überall Narzissen sprießen. Im Windschatten scheint sogar die Sonne schon recht warm, der Boden beginnt abzutrocknen, am Morgen zwitschern die Vögel, und dann ist auch schon ein Grasschnitt fällig.

Wenn ein weiterer Monat verstrichen ist, sind die meisten Bäume ergrünt und sogar die Tulpen gewachsen. Über die Felder tönt der Ruf eines Kuckucks, und in den Wäldern schieben sich durch einen Teppich aus Waldbingelkraut die ersten Hasenglöckchen. Es ist eine zauberhafte Zeit, und es verwundert wenig, daß die Heiden tanzten, um die Frühlings-Tagundnachtgleiche zu feiern und zum Ausdruck zu bringen, daß der Winter endgültig tot und begraben ist.

Muster der Natur

Wenn im Frühjahr die Wildblumen zu sprießen beginnen, dann achten Sie darauf, welche Kombinationen die Natur entstehen läßt. Betrachten Sie beispielsweise die willkürlich verstreuten Primeln an einer Böschung oder die wilden Zwiebelblumen, die sich über Jahre hinweg ausgebreitet haben. Diese Muster sollten Sie für Ihren Garten als Vorbild nehmen, wenn Sie Aussaaten oder Pflanzungen für die vor Ihnen liegende Wachstumsperiode und für das folgende Frühjahr vornehmen, wobei Sie vielleicht hier einen Effekt verstärken und dort etwas weniger Schönes ausmerzen.

Ein Hasenglöckchen-Wald (rechts) Dieser vor allem für England typische Maiwald mit zahllosen Hasenglöckchen (*Hyacinthoides nonscripta*) ist ein klassisches Vorbild für den Naturgärtner. Unter Buchen breitet sich ein Teppich aus leuchtenden Blüten aus.

Wilde Primeln (links) Die Kissenprimel (*Primula vulgaris*) wächst zu Frühjahrsbeginn an feuchten, bemoosten Böschungen. Ihre Farbe und ihr würziger Duft sind einzigartig.

Blütenfarben im Frühling

Der herkömmliche Frühjahrsgarten wird durch die Blütenfarben der Zwiebelblumen beherrscht, doch im ländlichen Naturgarten sollten diese lediglich eine Ergänzung zu den heimischen Frühlingsblumen bilden, so wie die Kombination von Narzissen, Löwenzahn (*Taraxacum officinale*) und blaßblauem Ehrenpreis (*Veronica officinalis*) auf dem Foto gegenüber. Leider hat die Pflanzenzüchtung zur Entwicklung auffälliger Formen geführt, die nur wenig Ähnlichkeit mit ihren Eltern haben.

Die natürlichen Farben des Frühjahrsgartens sind recht zart – wie etwa das junge Grün der Bäume und Gräser –, und man zerstört ihre Wirkung nur allzuleicht durch die grellen Farben von Kulturpflanzen. So kommt beispielsweise kräftiges Rosa während des Frühjahrs in der Natur nicht vor, es sind vielmehr die Gelbtöne, die dominieren. Und Blau wird im allgemeinen durch Grün gedämpft. Bunte Zwiebelblumen sollten deshalb in der Umgebung von Haus und Terrasse gepflanzt werden.

Rosa Tulpen Eine solch kräftige Farbkombination aus rosa Tulpen und Vergißmeinnicht kann, separat, vor einer Gebäudewand großartig wirken.

Narzissen Verwenden Sie zum Einbürgern kleinere Arten. Sie vertragen Wind besser und fügen sich im Naturgarten harmonisch ein.

Lilienblütige Tulpen Diese *Kaufmanniana*-Hybriden sind ein gelungener Kompromiß zwischen gezüchteten und wilden Formen.

Besenginster Gartenginster, wie hier *Cytisus scoparius* › Sulphureus ‹, sorgt im Frühjahr für warme, zarte Farbtupfer.

Günsel und Hasenglöckchen Zusammen bilden sie eine wunderschöne halbwilde Frühjahrspflanzung für schattige Ecken.

Papageientulpen Papageientulpen (*Greigii*-Hybriden) bilden in einer alten Steinmauer einen herrlichen Blickfang.

Zwiebelblumen im Frühling

Die ersten Frühlingsblumen entwickeln sich zumeist aus Zwiebeln. Man sieht sie immer gern, ob sie nun im letzten Herbst frisch gepflanzt wurden oder alte Bekannte sind, die in vertrauter Manier immer wieder erscheinen. Die hier gezeigte Zusammenstellung aus Narzissen, Anemonen und blaublühenden Zwiebelblumen sorgt in jedem ländlichen Garten für natürlichen Charme.

Narcissus ›Golden Ducat‹ (links) Die Knospen öffnen sich Mitte des Frühjahrs; die Blüten sind gefüllt.

Narcissus ›Blaris‹ Eine moderne Hybride.

Narcissus minor Möglicherweise eine Form von *N. pseudonarcissus,* aber nur 15 cm hoch.

Narcissus ›Telemonius Plenus‹ Eine im 17. Jahrhundert in Italien eingebürgerte gefüllte Form.

Narcissus ›Ice follies‹ Blüht Anfang oder Mitte des Frühjahrs.

Osterglocke *(Narcissus pseudonarcissus,* oben) Zu Frühjahrsbeginn ein vertrauter Anblick.

Narcissus pseudonarcissus ssp. moschatus Blasse Form aus den Pyrenäen.

Narcissus pseudonarcissus (oben) Wilde Form.

Narcissus ›Hawera‹
Kreuzung zwischen
N. triandus und
N. jonquilla.

Narcissus › Cragford ‹
Gartenform der Tazetta-
narzissen.

Narcissus ›Langwith‹
Eine Trompetennarzisse.

Narcissus ›Penvose‹
Moderne Hybride.

Tazette *(Narcissus tazetta)* Duftende
Gartenform.

Traubenhyazinthe
(Muscari armeniacum) Mag volle
Sonne und
gut drainierten
Boden.

Blausternchen
(Scilla sibirica)
In Wäldern,
Gebüsch und auf
Geröll heimisch.

Anemone blanda
Wächst am besten
in lichtem Schatten
unter Laubbäumen.

Anemone blanda
›White splendour ‹
Blüten haben bis zu
5 cm Durchmesser.

Schneestolz
(Chionodoxa luciliae)
Wächst in der Natur
an steinigen Hängen.

Pflanzungen für den Frühling

Die Mehrzahl der Gärtner beschränkt sich bei Frühjahrspflanzungen auf eine relativ begrenzte Auswahl von Zwiebelblumen, obgleich – insbesondere im ländlichen Garten – eine sehr viel größere Palette zur Verfügung steht. Nehmen wir beispielsweise die Gattung Allium, von der manche Arten am Ende des Frühjahrs zu blühen beginnen. Sie wachsen problemlos unter allen Lichtverhältnissen, brauchen gut drainierten Boden und stehen am liebsten sonnig. Vor allem kleinere Formen (etwa *A. moly* und *A. caeruleum*) vermehren sich rasch und eignen sich ausgezeichnet für gekieste Flächen (s. S. 104).

Einen großartigen halbwilden Eindruck lassen Anemonen entstehen. *Anemone apennia* und *A. blanda* (s. S. 97) gedeihen sowohl in der Sonne als auch im lichten Schatten und breiten sich auf hellen Waldflächen üppig aus. Die eigentliche Waldanemone ist aber *A. nemerosa*, die einen feuchten Standort bevorzugt.

Chionodoxa sp., der Schneestolz, trägt hübsche reinblaue

Gemischte Frühlingsblumen (links) Der durchbrochene Schatten unter niedrigen Bäumen ist ideal für Hundszahn *(Erythronium dens-canis), Arum pictum* und Traubenhyazinthen *(Muscari sp.).*

PFLANZSCHEMA FÜR EINE KIESOASE MIT FRÜHJAHRSBLÜHENDEN ZWIEBELBLUMEN

Ein Birkenhain bildet einen wunderschönen Übergang vom Garten zur umliegenden Landschaft und bietet im Frühjahr diversen eingebürgerten Zwiebelblumen eine ideale Heimat. Dieser Plan ist geeignet für großflächige Pflanzungen unter Weißbirken, die, wie in dem unten gezeigten Beispiel, zu beiden Seiten einen Kiesweg säumen.

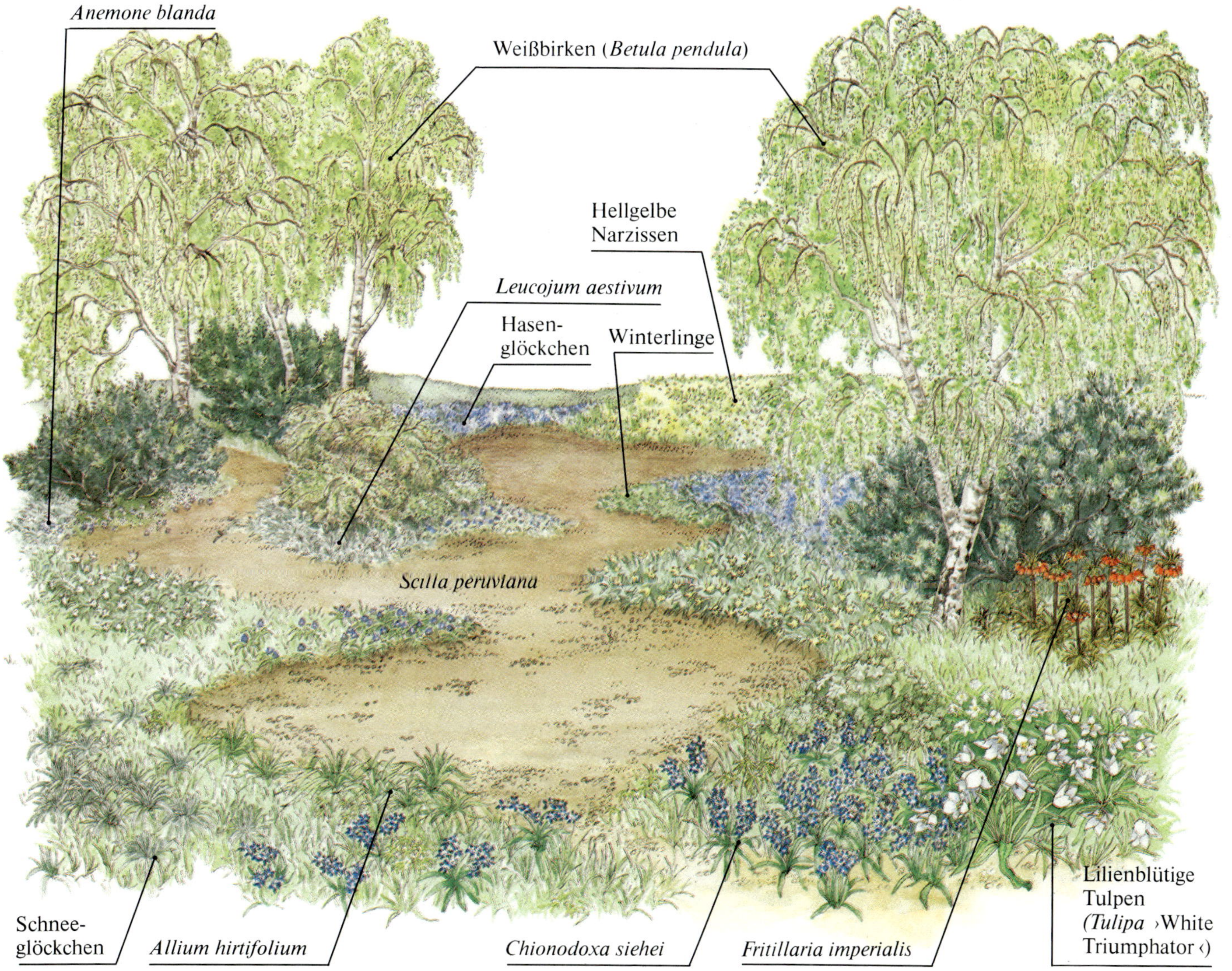

Blüten. Seinen Namen hat er erhalten, weil er blüht, wenn der Schnee in den Bergen der Türkei schmilzt. Er liebt die Sonne und eine gute Drainage und ist deshalb ideal für Kiesflächen. Am besten pflanzt man ihn zusammen mit den ihm ähnlichen blaublühenden Scilla-Arten, die sich rasch ausbreiten.

Hundszahnarten (*Erythronium*) gedeihen im feuchten Halbschatten und bieten einen herrlichen Anblick. Ihr Laub wie auch ihre ungewöhnlichen Blüten sehen großartig aus.

Die Fritillaria-Arten mit ihren Glockenblüten haben etwas Besonderes. Es gibt liebliche und anmutige Arten, wie die zarten kleinen Schachbrettblumen (*Fritillaria meleagris*), die, in Gras angesiedelt, viel Charme haben und am besten im Halbschatten gedeihen, aber auch majestätische, fast mystisch anmutende mit prachtvollen Blütenköpfen in Gelb oder Orangerot. Sie lieben Sonne und Lehmboden.

Tulpen

Wildtulpen, die in vielfältigen Formen vorkommen, blühen im allgemeinen früher als die allgegenwärtigen Beettulpen und sind sehr viel niedriger. Viele (zum Beispiel *Tulipa clusiana* und *T. tarda*) haben Blüten, die sich in der Sonne wie Lilien öffnen. Die *Greigii*-Hybriden besitzen darüber hinaus wunderschön gestreifte Blätter. Um Tulpen einzubürgern, steckt man die Zwiebeln mindestens 15 cm tief in einen gut drainierten Boden, vorzugsweise an einem sonnigen Platz. Im Lauf der Jahre werden die Pflanzen wie ihre Blüten kleiner, aber auch natürlicher und reizvoller.

Wenn die Zwiebelblumen welken

Wenn die Zwiebelblumen zu welken beginnen, richtet man die Aufmerksamkeit in ländlichen Gegenden auf die Lämmer, die sich hie und da unter blühenden Obstbäumen tummeln, unter dem zarten Rosa der Apfel- und Birnenblüten. Wilde Baumarten, unter ihnen Vogelkirsche (*Prunus avium*), Traubenkirsche (*Prunus padus*), Holzapfel (*Malus sylvestris*) und Schlehdorn (*Prunus spinosa*), tragen weiße Blüten, die sich manchmal auch cremeweiß verfärben. Wie bei den Zwiebelblumen wirken tiefrosa und rote Blüten unnatürlich und dürfen nur mit Vorsicht eingesetzt werden, insbesondere vor dem Hintergrund der umliegenden Landschaft. Am besten meidet man sie ganz oder pflanzt sie vor dunkelgrünen Koniferen, wo sie am besten zur Geltung kommen.

Tulpen für die Rabatte (rechts) Tulpen lassen sich sehr gut in eine gemischte Rabatte einbeziehen. Diese Kombination von Gelb und Rosa schließt Iris, Funkien und Bergenien mit ein.

Kirschblüte (unten) Die besonders schöne Kirsche *Prunus* › Ukon ‹, die hier den Blick über den Rasen meines Gartens einrahmt, trägt blaßgelbe halbgefüllte Blüten, die wunderbar mit dem frischgrünen Frühjahrslaub harmonieren.

Frühlingsblüten

Die Freude, die man empfindet, wenn die erste Knospe aufbricht, ist immer die gleiche, mag man es auch noch so viele Male erlebt haben. Die ersten Knospen sind ein Zeichen für die Gesundheit des Gartens, der aus dem Winterschlaf erwacht, und ihre flüchtige Schönheit und ihr Duft sind ein Versprechen auf die zukünftigen Früchte.

Birne *(Pyrus communis)* Die Kulturbirne unterscheidet sich kaum von ihrer wilden Schwester.

Flieder *(Syringa diversifolia)* Eine Hybride, deren wei Blüten sich besonders früh öffnen.

Schlehdorn *(Prunus spinosa)* Seine weißen Blüten erscheinen im allgemeinen vor den Blättern.

Wildapfel *(Malus baccata,* links) Diese eingebürgerte Art trägt zarte weiße Blüten.

Traubenkirsche *(Prunus padus)* Die duftenden Blüten stehen in breiten Trauben.

Kirschlorbeer *(Prunus laurocerasus)* Trauben aus winzigen cremeweißen Blüten heben sich vor glänzenden grünen Blättern ab.

Kirsche *(Prunus* › Ukon ‹, rechts) Trägt halbgefüllte, gelblichgrüne Blüten.

Kirsche *(Prunus* › Shirofugen ‹, oben) Die Knospen dieser gefülltblühenden Kirsche sind blaß-rosa, geöffnete Blüten weiß.

Maiglöckchenbaum *(Halesia carolina)* Stammt aus Nordamerika und trägt cremefarbene Glockenblüten.

Pflaume *(Prunus domestica* ›Plabtuerebsus ‹*)* Gefülltblühende Form mit cremeweißen Blüten.

Süßkirsche *(Prunus avium* › Plena ‹*)* Üppig blühende schneeweiße Form.

Kiesgärten

Kies wird als Bodenbelag immer häufiger verwendet, denn er hat eine ganze Reihe von Vorzügen. Von der Struktur her stellt er einen Kompromiß zwischen harten Belägen – Ziegeln, Stein und Beton – und weichem Gras dar. Bei der Gartengestaltung kann er als Übergangszone zwischen beiden dienen. Er läßt eine wetterfeste und praktische Fläche entstehen, die – wenn man sie bepflanzt – auch sehr dekorativ aussieht. Eine solche Kiesfläche kann als weiteres Element in der Gesamtplanung betrachtet werden (s. S. 40) und beispielsweise Haus und Außengebäude verbinden oder vielleicht eine danebenliegende Gartenmauer.

Sehr verbreitet sind heute fahrbare Rasenmäher, die einen großen Wendekreis haben und für enge Stellen zu groß sind, so daß in ländlichen Gärten so manche Ecke entsteht, für die sich Kies gut als Belag eignet.

Kiesflächen anlegen

Bei den Kiesflächen, die ich befürworte, handelt es sich nicht um weichen, knirschenden Morast, der wie Moor an den Schuhen klebt (wenngleich dies in bestimmten Situationen als Abschreckung für Einbrecher eine gute Idee wäre). Vielmehr sind sie fest, ähnlich französischen Marktplätzen, auf denen die Einheimischen Boules spielen. Falls notwendig, kann die Fläche durch eine Einfassung, etwa aus Ziegeln, befestigt werden.

Um eine solche Fläche zu schaffen, hebt man die Erde – entsprechend dem Untergrund – etwa 8 cm tief aus, bei Ton und Sand mehr, bei Gestein weniger. Dann verteilt man darauf 6 cm hoch ungewaschenen Kies oder Schotter. Wenn der daran haftende Ton feucht wird, verbindet er die Steinchen, und es entsteht eine harte Fläche. Auf diesem Untergrund wird die Deckschicht, und zwar vorzugsweise runder Erbskies – er wird in Gruben abgebaut und ist vom Wasser rundgeschliffen –, verteilt und verdichtet.

Auf dieser Fläche tun sich kleine Kinder auch nicht so weh, wenn sie stür-

Kies als Hintergrund (rechts) Gut verdichteter Kies ist nicht nur ein erstklassiger Oberflächenbelag, sondern auch ein schöner Hintergrund für Pflanzen mit ausgeprägten Formen.

Selbstaussaat (links) Der einjährige orangegelbe Goldmohn *(Eschscholtzia sp.)* sät sich in Kies selbst aus und harmoniert gut mit dem goldenen Mutterkraut *(Chrysanthemum parthenium).*

zen. Oder Sie verwenden eine Kiesart, die in Ihrer Gegend vorkommt. Er hat zwar schärfere Kanten, harmoniert aber perfekt mit den anderen heimischen Materialien. Die fertige, gewalzte Kiesfläche ist halbdurchlässig, und mit der Zeit wird sich zwischen den Steinchen staubfeine Erde sammeln, in der sich unweigerlich Wildkräuter ansiedeln. Und wo sie gedeihen, finden sich auch viele Gartenblumen ein, und es sind diese zufälligen, aufregenden Gruppen, die Kies als Oberflächenbelag so reizvoll machen.

Die Pflege ist sehr einfach. Wenn die Wildkräuter, das heißt die Spontanvegetation überhand zu nehmen droht, hackt man einfach an einem heißen sonnigen Tag die obere Kiesschicht, um alle unerwünschten Pflanzen abzuschlagen oder zu entwurzeln, die anschließend vertrocknen und absterben. Einzelne Sämlinge können mit der Hand ausgerissen werden, am besten nach einem Regen. Durch leichtes Harken und eine neue Schicht Kies lassen sich müde Flächen wiederbeleben.

Gekieste Ecke Die Elfenbeindistel *(Eryngium giganteum* ›Miss Wilmots's Ghost‹*)* vermehrt sich üppig durch Selbstaussaat. Hier wächst sie zusammen mit Stockrosen in Kies.

PFLANZSCHEMA FÜR EINEN LÄNDLICHEN HOF

In Gebäudenähe sehen bepflanzte Kiesflächen besonders hübsch aus. Hier eine scheinbar willkürlich zusammengestellte Pflanzung vor einer rosa Mauer.

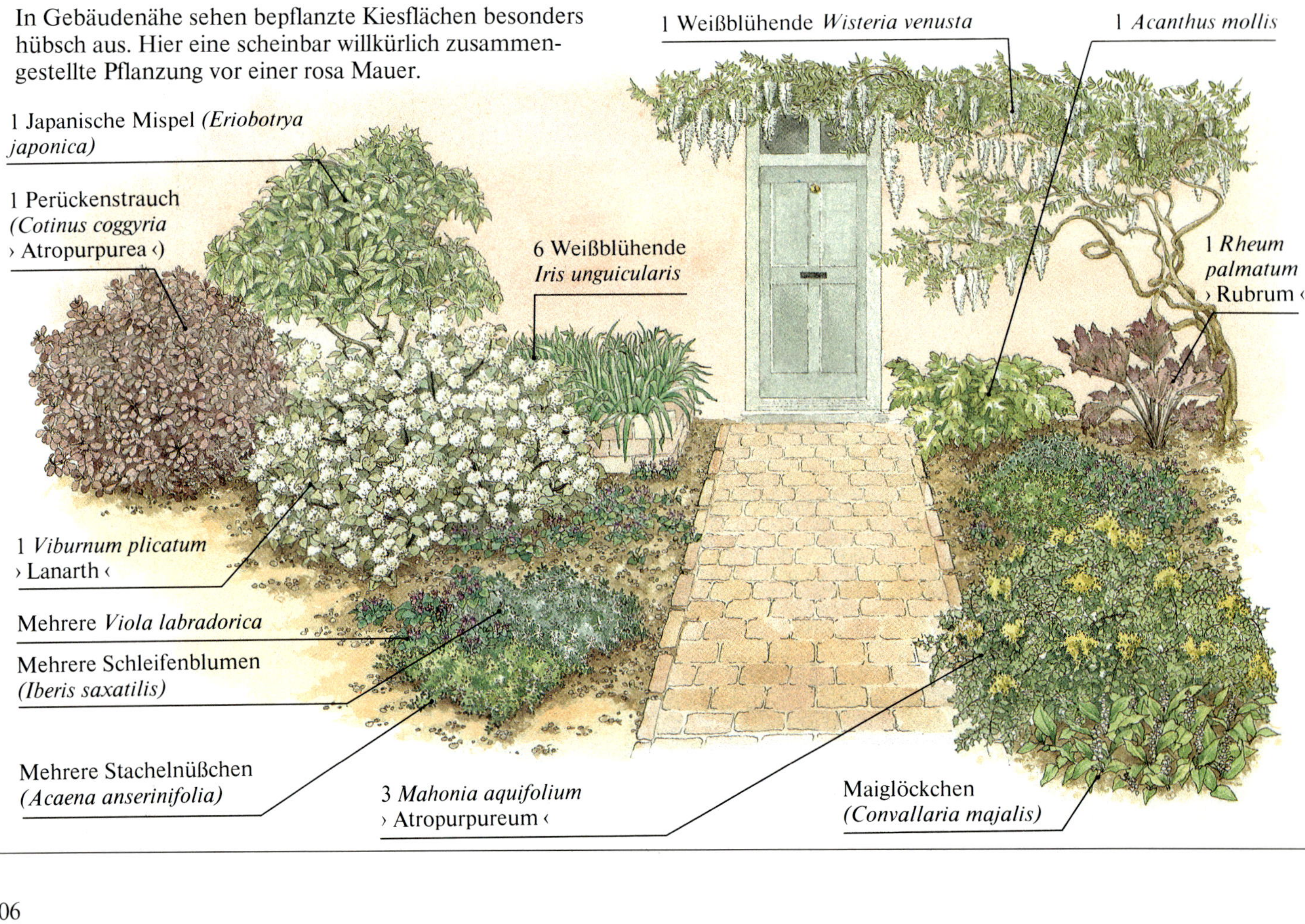

Bepflanzung von Kiesflächen

Entweder wartet man ab, bis sich auf einer Kiesfläche Erde gesammelt hat, in der sich dann schließlich von selbst Pflanzen ansiedeln, oder man schafft kleine Aussparungen zum Bepflanzen, um diesen natürlichen Vorgang zu beschleunigen. Zu diesem Zweck stemmen Sie ein Loch in die neu angelegte Kiesfläche, das anschließend mit einem Spaten vergrößert werden kann. Das Loch wird mit fruchtbarer Erde gefüllt, in die Sie gleichzeitig die vorgesehenen Gewächse setzen. Beziehen Sie dabei die eine oder andere Holzpflanze mit ein, die gern unter gut drainierten Bedingungen wächst, etwa eine Strauchrose oder eine Zistrose. Auch viele Kräuter und graublättrige Pflanzen gedeihen in Kies gut.

Wo der Kies durch eine Einfassung befestigt wird, damit er nicht auf bepflanzte Flächen rutscht, werden sich die Gewächse bald ganz natürlich ausbreiten und den Rand der Fläche verstecken. Er kann aber auch kaschiert werden, indem man außerhalb und dicht an der Einfassung da und dort eine Pflanze einsetzt.

Kapuzinerkresse Eine einjährige Zwergform der Gattung *Tropaeolum* in trockenem Kies. Sie samt sich selbst aus.

Stiefmütterchen Dieser winzige Vertreter der Gattung *Viola* eignet sich ausgezeichnet für Kies, wo er sich gern ausbreitet.

Lysimachia nummularia ›Aurea‹ Das Pfennigkraut ist eine hübsche Pflanze für Kies. Diese Sorte hat goldenes Laub.

Taxus repens ›Aurea‹ Diese niedrige goldpanaschierte Eibe ist ein schöner immergrüner Strauch für Kiesflächen.

Verbascum olympicum Im ersten Jahr entwickelt sich eine filzige Blattrosette, im zweiten erscheint ein gelber Blütenstand.

Ajuga reptans ›Atropurpurea‹ Ein im Frühsommer blaublühender Bodendecker für Halbschatten.

Blumengärten

Nachdem Sie sich mit den Farben im ländlichen Garten auseinandergesetzt haben (die Regeln gelten hier für Blätter ebenso wie für Blüten), wenden wir uns den verschiedenen Formen des reinen Blumengartens zu und prüfen, inwieweit sie für den ländlichen Garten aus heutiger Sicht geeignet sind. Für viele gelten in jedem Garten nach wie vor die Blumen als das Kriterium, nach dem die Schönheit des Gartens beurteilt wird. Doch dabei wird vieles andere übersehen. Die zahllosen Gartenzeitschriften, Gartenbücher, Experten und Kataloge von Pflanzenanbietern veranlassen viele Gärtner, immer noch zu glauben, endlose Massen wahllos kombinierter Blütenfarben seien das einzig Erstrebenswerte.

Eine solche Einstellung wird der natürlichen Schönheit der Blumen kaum gerecht, welche in ihren ursprünglichen oder kaum verzüchteten Formen eine Harmonie der Form, Struktur und Farbe zeigen, die kaum zu übertreffen ist. Darüber hinaus duften sie meist wunderbar. Die unbedachte Verwendung immer größerer und leuchtenderer Blüten lenkt lediglich von den Eigenschaften der einzelnen Exemplare ab und überschattet den sanfteren Charme heimischer Blumen.

Der Umgang mit Blütenfarben

In einem natürlich gestalteten ländlichen Garten müssen Blütenfarben so eingesetzt werden, daß leuchtendere Pflanzengruppen auf die Umgebung von Gebäuden beschränkt bleiben. An anderen Stellen des Gartens sollten sie die heimische Vegetation ergänzen, insbesondere dort, wo sie vor dem Hintergrund des ländlichen Umlandes wachsen. Eine Form der Gartengestaltung, die zur Zeit immer mehr Freunde gewinnt, ist die ausschließliche Verwendung von Wildblumen (s. S. 116).

Wo ein bunter, artenreicher Blumengarten unangemessen erscheint, aber Schnittblumen wachsen sollen, ist zu überlegen, ob man sie nicht in Reihen oder Blöcken in den Gemüsegarten pflanzt, in dem sie großartig wirken können.

Gelungene Massenpflanzungen (rechts) In großen Mengen gepflanzte Blumen wirken herrlich, solange man sich auf eine bestimmte Farbgebung beschränkt.

Blumen im Küchengarten (links) Gibt es eine schönere Arbeit, als an einem Sommermorgen Blumen zu schneiden? Hier wird blühender Rittersporn, der großflächig im Küchengarten angepflanzt wurde, zum Trocknen geschnitten.

Rosen

In keinem Klima haben Rosen eine längere Blühperiode als in Großbritannien, wo viele Arten den ganzen Sommer über in Blüte stehen. Das ist einzigartig! In den meisten anderen Ländern der Erde blühen die Rosen im Spätfrühjahr und zu Sommerbeginn, aber nicht mehr später.

Der Rosengarten an sich gehört heute der Vergangenheit an, denn eine Voraussetzung dafür ist, daß noch andere Gartenbereiche existieren, in denen man sich außerhalb der Rosensaison aufhalten kann. Heute erscheint es sinnvoller, sich auf solche Rosen zu beschränken, die mit anderen Pflanzen zusammen in einer gemischten Rabatte wachsen können.

Nostalgische Formen für neue Gärten

Die Rosen, die meiner Ansicht nach am besten in natürliche Gärten passen, sind zweifellos Strauchrosen. Sie bilden eine große Gruppe, in der sich so unterschiedliche Formen wie Wildrosen, traditionelle alte Gartenrosen und auch neue Typen finden, die ich aber alle zusammen als old-fashioned (altmodisch) bezeichnen würde. Die neueren Strauchrosen haben im Gegensatz zu den älteren eine längere Blühperiode, wenngleich diese »Verbesserung« mitunter zu Lasten ihres Duftes geht.

Am wichtigsten aber ist, daß alle Strauchrosen buschig wachsen, in einer Form, die Charakter hat, und außerdem im Herbst prächtige bunte Hagebutten entwickeln. Strauchrosen können als Solitärpflanzen in grobem Gras schön zur Geltung kommen, oder in einer Hecke; denn viele haben eine natürliche Anmut, nicht nur während, sondern auch außerhalb der Blütezeit. Diese Eigenschaften gelten ebenso für Kletter- und Schlingrosen, die wunderbar mit alten Mauern harmonieren oder an Obstbäumen emporranken.

Vor einem schattigen Hintergrund (rechts) Die Farbe der Strauchrose ›Cerise Bouquet‹ kommt vor dem dunklen, schattigen Hintergrund besonders gut zur Geltung. Diese Strauchrose hat eine offene, sehr anmutige Wuchsform.

Eine Rose für den Schnitt (unten) Die wunderschöne Teehybridrose ›Tamora‹ hat rosa Knospen, die sich zu weißen Blüten öffnen, und dunkles, glänzendes Laub. Sie eignet sich ausgezeichnet als Schnittblume.

Schnittblumen

Es ist doch merkwürdig, daß das Haus im Sommer von einem Blumenmeer umgeben sein kann, und man dennoch der Verlockung erliegt, dicke Blumensträuße wie den gegenüber gezeigten (mit Margeriten, Kugeldisteln und Lavendel) zu schneiden und im Haus in Vasen zu arrangieren.

Die meisten von uns bevorzugen ganz bestimmte Schnittblumen, die aufgrund persönlicher Erinnerungen, romantischer Assoziationen, der Wohnungseinrichtung und nicht zuletzt ihrer Haltbarkeit ausgewählt werden. Am besten schneidet man Blumen morgens, wenn der Tau verdunstet ist, die Sonne aber noch nicht heiß vom Himmel brennt. Dann enthalten die Stengel die meiste Feuchtigkeit, und die Blüten sind voll geöffnet, hängen jedoch noch nicht herab. Bevor man Blumen in einem geeigneten Gefäß arrangiert, sollte man sie zunächst an einem schattigen Platz in ein tiefes Gefäß mit kühlem Wasser stellen, wie rechts gezeigt.

Disteln Zu den schönsten Wildblumen (oder Fruchtständen) für den Schnitt gehört die Weberkarde (*Dipsacus sativus*).

Präriemalve Die hohen Blütenstände der rosa Präriemalve sind für jedes Arrangement eine großartige Ergänzung.

Salvia Staudenformen des Salbeis sind zuverlässige Lieferanten von Schnittblumen mit ländlichem Charme.

Margeriten und Astern Sommermargeriten und die malvenfarbene *Aster frikartii* eignen sich beide zum Schneiden.

Delphinium-Hybriden Die rosa Blütenstände des gefüllten einjährigen Rittersporns bereichern jeden Strauß.

Ausgefallene Schnittblumen Halten Sie Ausschau nach ungewöhnlichen Blütenständen, wie etwa diese von *Echinops.*

Wildblumengärtnerei

Die romantischen Assoziationen, die Wildblumen wecken, und die langsam ins Bewußtsein der Bevölkerung dringende Warnung vor deren Vernichtung durch moderne Landwirtschaftsmethoden sowie die Möglichkeit, mit ihrer Hilfe auf einem ungenutzten Flecken Land ein kleines Paradies entstehen zu lassen, haben die Wildblumengärtnerei über Nacht populär gemacht. Wenn man darüber hinaus bedenkt, daß man auf diese Weise hilft, den Fortbestand bedrohter Pflanzen- und Tierarten zu sichern, muß diese Idee für den Gärtner auf dem Lande einfach reizvoll sein.

Dennoch sieht die Wirklichkeit etwas anders aus. Wenn man sein Stück Land mit einer Motorhacke bearbeitet und dann sich selbst überläßt, wird sich dort stark wuchernde Spontanvegetation einstellen, die man bisher als Unkraut bezeichnet hat.

Wer ein oder zwei Wochen vergißt, seinen Rasen zu mähen (oder durch den Urlaub nicht dazu kommt), findet bald einen Wildblumenrasen vor, der einen sehr hübschen Kontrast zu gemähten Flächen bildet. Wenn dann noch Frühlingszwiebelblumen angepflanzt werden, entsteht die vermutlich dankbarste Form des Wildblumengartens.

Anlage einer Wildblumenwiese

Wildblumenfreunde möchten vermutlich eine echte Wildblumenwiese anlegen, doch sollten sie nicht vergessen, wieviel Arbeit das macht. Heimische Gräser sind im allgemeinen sehr wuchsfreudig und erlauben Wildblumensämlingen nicht, sich selbst anzusiedeln. Deshalb hat es wenig Sinn, einfach ein Päckchen Wildblumensamen in den Rasen zu streuen. Vielmehr müssen die existierenden ausdauernden Gräser und andere hartnäckige Pflanzen entfernt werden. Und dazu ist, auch wenn dies paradox erscheint, unter Umständen der Unkrautvernichter erforderlich, der die Wildblumen, die wir uns so sehnlich wünschen, einmal zerstört hat!

Auf diesen jungfräulichen Boden säen wir dann eine fertige Saatmischung aus feinen Gräsern und Wildblumen. Es ist wichtig, daß die Mischung auf den Bodentyp abgestimmt wird,

PFLANZSCHEMA FÜR EINE WILDBLUMENECKE

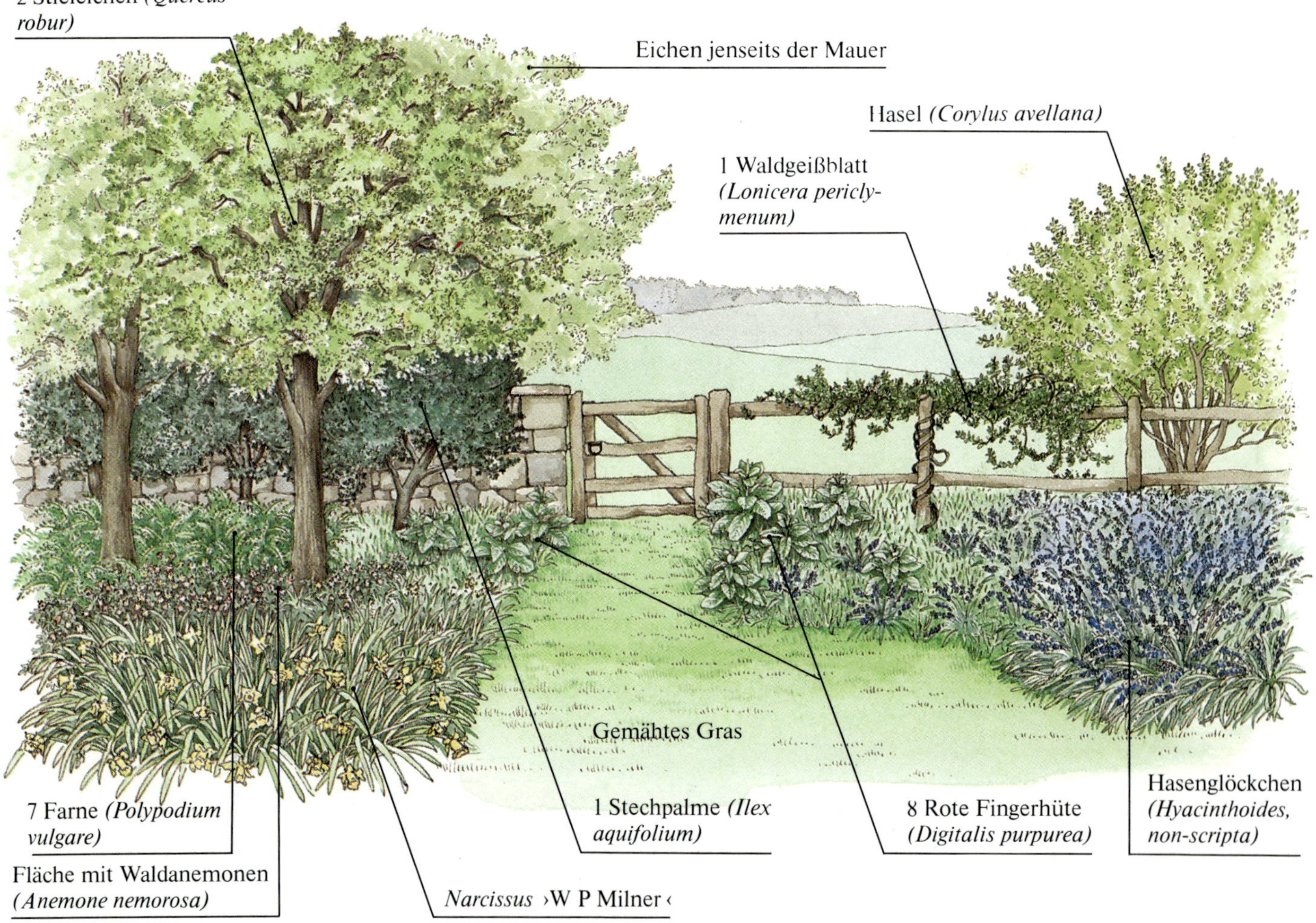

damit sie sich gut entwickelt. (Außerdem wäre es nicht im Sinne des Naturschutzes, auf einem Stück Land - wie klein es auch sein mag - Wildarten anzusiedeln, die dort nicht heimisch sind.) Bei einer solchen Wildblumenwiese kann es bis zu drei Jahre dauern, bevor jener Monetsche Teppich entsteht, der Ihnen vielleicht vor Augen schwebt.

Eine andere, etwas mühevollere Möglichkeit ist, junge Wildpflanzen bei einem Spezialanbieter zu kaufen (oder selbst zu ziehen) und sie - sobald sie groß genug sind - in die bereits existierende Wiese zu setzen. Bei ausreichender Pflege können es diese größeren Pflanzen mit den dort wachsenden Arten aufnehmen.

Alte Weide (rechts) Sät man eine Grasmischung zusammen mit Wiesenklee (*Trifolium pratense*), Gänseblümchen (*Bellis perennis*) und Butterblumen (*Ranunculus acris*), wächst eine Wiese, die einer alten Weide gleicht.

Blühende Grenze (unten) In der üppigen Blühperiode des Spätfrühjahrs können Wildblumen und Gräser am Rand des Gartens einen großartigen Hintergrund bilden, wie hier die Lichtnelken vor einem Meer von Wiesenkerbel.

Blumen zum Trocknen

Das Interesse, Blumen zu ziehen, die man trocknen und für dekorative Arrangements verwenden kann, wird immer größer. Zu den geeigneten Pflanzen gehören zahlreiche Stauden, die im ländlichen Garten ohnehin ihren Platz haben, wie etwa *Alchemilla mollis, Achillea, Sedum*, viele der Disteln und beinahe alle Gräser. Einjahresblumen (einschließlich Gräsern, *Helipterum sp.*, Kornblumen und *Tagetes*) können, insbesondere zum Trocknen, in großen Büscheln zwischen Stauden in der Rabatte oder im Küchengarten gezogen werden.

Landbewohner finden auf Feldern und in Hecken weiteres Pflanzenmaterial zum Trocknen – und zwar nicht nur Blumen, Samenstände, Zapfen, Farne und Moose, sondern auch die Triebe von Kletterpflanzen, wie Waldreben, oder Zweige und Äste, aus denen Kränze gewunden werden können.

Trockenverfahren

Es gibt zahlreiche Methoden, Pflanzenmaterial zu trocknen. Am einfachsten ist die Lufttrocknung. Dabei werden die Blumen lediglich in kleine Sträuße gebunden und ein bis zwei Wochen mit dem Kopf nach unten an einen trockenen luftigen Platz gehängt. Vorher streift man an den Stellen, an denen die Stengel zusammengebunden werden, die Blätter ab. Sofern die Stengel kräftig genug sind, kann man die Blumen auch zum Trocknen in Eimer oder alte Flaschen stellen. Zwischen Stengeln und Blüten muß jedoch Luft zirkulieren können. Manche Blumen, wie Rittersporn, trocknen besser, wenn man sie zunächst in Wasser stellt, das man langsam verdunsten läßt.

Pflanzen mit strukturierten Blättern, die auf andere Weise nicht erhalten werden können, konserviert man traditionsgemäß mit einer Mischung aus einem Teil Glyzerin und zwei Teilen heißem Wasser. Die Pflanzen saugen das Glyzerin auf, wodurch Blüten und Blätter eine beige Tönung erhalten. Stengel werden in die Mischung gestellt, große Einzelblätter sollte man eintauchen.

Mohnkapseln (rechts) Mohnkapseln können getrocknet, angedrahtet und für dekorative Arrangements verwendet werden. Hübsch sehen sie in Kombination mit Eicheln, Nüssen oder Tannenzapfen aus.

Zum Trocknen aufgehängte Sträuße (unten) Im Sommer kann man Blumen (wie diesen Lavendel) zum Trocknen an einen luftigen, schattigen Platz hängen.

SUFFERERS

Cottage-Gärten

Wer an einen typischen Cottage*-Garten denkt (der besonders charakteristisch ist für die englische Landschaft), wird sich darin eine weißhaarige alte Dame vorstellen, die geschäftig zwischen Blumen werkelt, und zu deren Füßen sich zwischen Teppichen aus Nelken eine Katze genüßlich räkelt. Und von Deckenbalken in der Küche oder guten Stube hängen Kräuter, jederzeit griffbereit, um aus ihnen Hausmittel zu bereiten.

Meist aber ist die liebenswerte alte Dame schon vor Jahren ausgezogen, und die jetzigen Besitzer halten sich vermutlich nur am Wochenende in dem Haus auf, zusammen mit ihren beiden Kindern und einem Hund. Dies sind heute im allgemeinen die neuen Cottage-Bewohner.

Nutzung im Wandel

Einst war der Cottage-Garten ein Ort, an dem ein buntes Allerlei herrlicher Blumen und ein kleines Gemüsegärtchen vorübergehend Erholung von der schweren Land- oder Fabrikarbeit boten. Die heutigen Besitzer sind ausschließlich wegen der reizvollen Landschaft hier und sehen in ihr einen Ort der Entspannung, selbst wenn es sich um landwirtschaftliche Nutzflächen handelt. Sie sind ökologisch orientiert, darauf bedacht, den Charakter ihres Häuschens zu erhalten, und möchten einen Garten haben, der dem landschaftlichen Stil entspricht.

Aber leider müssen sie feststellen, daß das Angebot des örtlichen Gartencenters darauf nicht zugeschnitten ist. Es finden sich dort die üblichen Zierpflanzen, aber sie wünschen sich Pflanzen, die mit der Vegetation der umliegenden Landschaft wie mit dem Gebäude harmonieren, das sie, meist mit Liebe, renoviert haben. Das einzige, was alte und neue Besitzer des Häuschens verbindet, ist der Wunsch, daß der Garten auch mit wenig Pflege gedeiht, damit man die kostbaren Stunden, die man dort verbringen kann, nicht ständig mit Gartenarbeiten beschäftigt ist.

* Ursprünglich in England nach einem bestimmten System errichtete Landhäuschen für Arbeiterfamilien.

Ländliche Gartenidylle (rechts) Hier wachsen Allium und Mohn vor einem Hintergrund aus Floribundarosen und einer weißen Schlingrose, die sich durch eine Hecke rankt.

Pelargonien auf dem Fensterbrett (links) Die klassische Pflanze für das Fensterbrett eines Wochenendhäuschens auf dem Land ist die pflegeleichte Pelargonie.

Und das ist der Punkt, der Gärtner in der Stadt veranlaßt, diese Gartengestaltung zu übernehmen, obwohl hier der Erfolg natürlich begrenzt ist.

Heute spielen in der Gestaltung von Cottage-Gärten Farben eine wichtige Rolle. Das Einhalten einer bestimmten Farbgebung gewährleistet, daß zwischen Garten und Haus beziehungsweise Garten und umliegender Landschaft optisch eine Verbindung entsteht. Die Farbe vom Holz oder Putz einer Häuserfront sollte harmonisch ergänzt werden. Ebenso die Farben von Mauern, Ziegeln oder Steinen, die eine Vielfalt an feinen Nuancen aufweisen. Darüber hinaus haben alle Häuser gestrichene Fensterrahmen und Türen, deren Farbe die Auswahl der Pflanzen mitbestimmen sollte.

Wer sich mit der Farbharmonie seines Gartens befaßt, muß auch bedenken, daß sich die Farben mit den Jahreszeiten verändern und beispielsweise die Farbe reifenden Korns dann die Landschaft dominieren kann, wenn im Cottage-Garten viele Pflanzen den Höhepunkt ihrer Pracht erreicht haben.

Überraschungselemente

Ein unerwartetes, originelles Element war immer ein wichtiger Bestandteil des ländlichen Gartens. Es kann skulpturhaften Charakter haben (wie etwa ein kunstvoll beschnittener Strauch oder Baum, der sich zwischen den umgebenden Pflanzen gut einfügt, beziehungsweise eine richtige Plastik), oder man bezieht in den Ziergarten einige Gemüse und/oder Früchte mit ein, wie beispielsweise Artischocken und Fenchel, etwas Spargel, Zuckermais und den einen oder anderen Stachelbeerstrauch. Und vergessen Sie auch Wintergemüse wie den Grünkohl oder die dekorativen Stiele der Kohlrabi nicht.

Ein unverzichtbarer Bestandteil des Cottage-Gartens sind die Kräuter, die sehr vielseitig verwendbar sind. Speziell erwähnen möchte ich hier Rosmarin, Lavendel sowie alle Salbei- und Thymianarten. Petersilie eignet sich ausgezeichnet als Einfassungspflanze.

Gärtnern ohne Zwang

Alle diese Pflanzen haben im neuen Cottage-Garten dekorativen wie auch kulinarischen Wert. Und da viele Landhausbesitzer die Woche über in der Stadt leben, ist es ein weiterer Vorteil, aus dem Wochenende Gemüse und Blumen mitnehmen zu können, ohne den Zwängen unterworfen zu sein, die ein ganzer Gemüsegarten auferlegt.

Für viele liegt gerade in diesem Aspekt der Reiz des Cottage-Gartens. Die pflegeintensiven Mustergärten und parkähnlichen Anlagen wirken auf denjenigen, der weder den Wunsch noch die Zeit hat, seinen Garten auf diesem Standard zu halten, eher abschreckend als ermutigend.

Eingang zu einem Cottage-Garten (rechts) Goldener Majoran, Salbei und Minze gehören zu den Pflanzen, die das Lattentor dieses traditionellen Cottage-Gartens einrahmen.

Cottage-Garten in Cornwall (unten links) Üppige Kräuter und Gräser umgeben dieses Häuschen in Cornwall und schaffen gleichzeitig eine Verbindung zu den Feldern jenseits der Naturhecke. Der Garten ist eine Oase für Bienen und Schmetterlinge.

Küchen- und Cottage-Garten (unten rechts) Dieses Foto zeigt den bekannten Gemüsegarten von Barnsley House in Gloucestershire. Hier wachsen herrliche Gemüse zusammen mit Lavendel und Rosen.

Planung eines Cottage-Gartens

Stellen Sie zunächst fest, welche Farben in der umliegenden Landschaft vorherrschen. Schroffe Hügel und Moorland bilden einen Hintergrund aus gedämpften Braun-, Grün- und Rosatönen, während bei vorwiegend landwirtschaftlich genutzten Flächen im Hochsommer frisches Grün und leuchtendes Gelb dominieren können. Berücksichtigen Sie auch die Baumaterialien Ihres Hauses, und insbesondere die Farbe von Stein, Schiefer oder Holz. Wenn Sie dann mit der Auswahl der Pflanzen beginnen, müssen Sie sich immer vorstellen, wie sie einmal vollentwickelt wirken. Berücksichtigen Sie dabei nicht nur die Blütenfarben, sondern auch das Laub sowie Höhe, Struktur, Form und Proportionen, die die Pflanzen nach einer gewissen Zeit, etwa fünf Jahren, haben werden.

Die beiden unten gezeigten Anlagen demonstrieren zwei verschiedene Möglichkeiten der Bepflanzung, die aber beide auf den jeweiligen Typ des Hauses abgestimmt sind. Da dieser

PFLANZPLAN FÜR NEUTRALE WÄNDE

Der unten gezeigte Pflanzplan ist gedacht für die traditionelle Fassade eines südenglischen Cottages, dessen Mauern unten braun und oben mit Holz verkleidet sind. Auch vor ähnlich neutralen Wänden sieht die Bepflanzung hübsch aus. Zu dem Grundbestand aus immergrünen Pflanzen gehören Eibe, Schneeball, *Choisya ternata* und die großartige goldenbelaubte *Lonicera nitida* »Baggesens Gold«. Diese ganzjährig schönen Pflanzen bilden einen robusten Rahmen für die traditionellen Stauden und Einjahresblumen, die für den Cottage-Garten typisch sind.

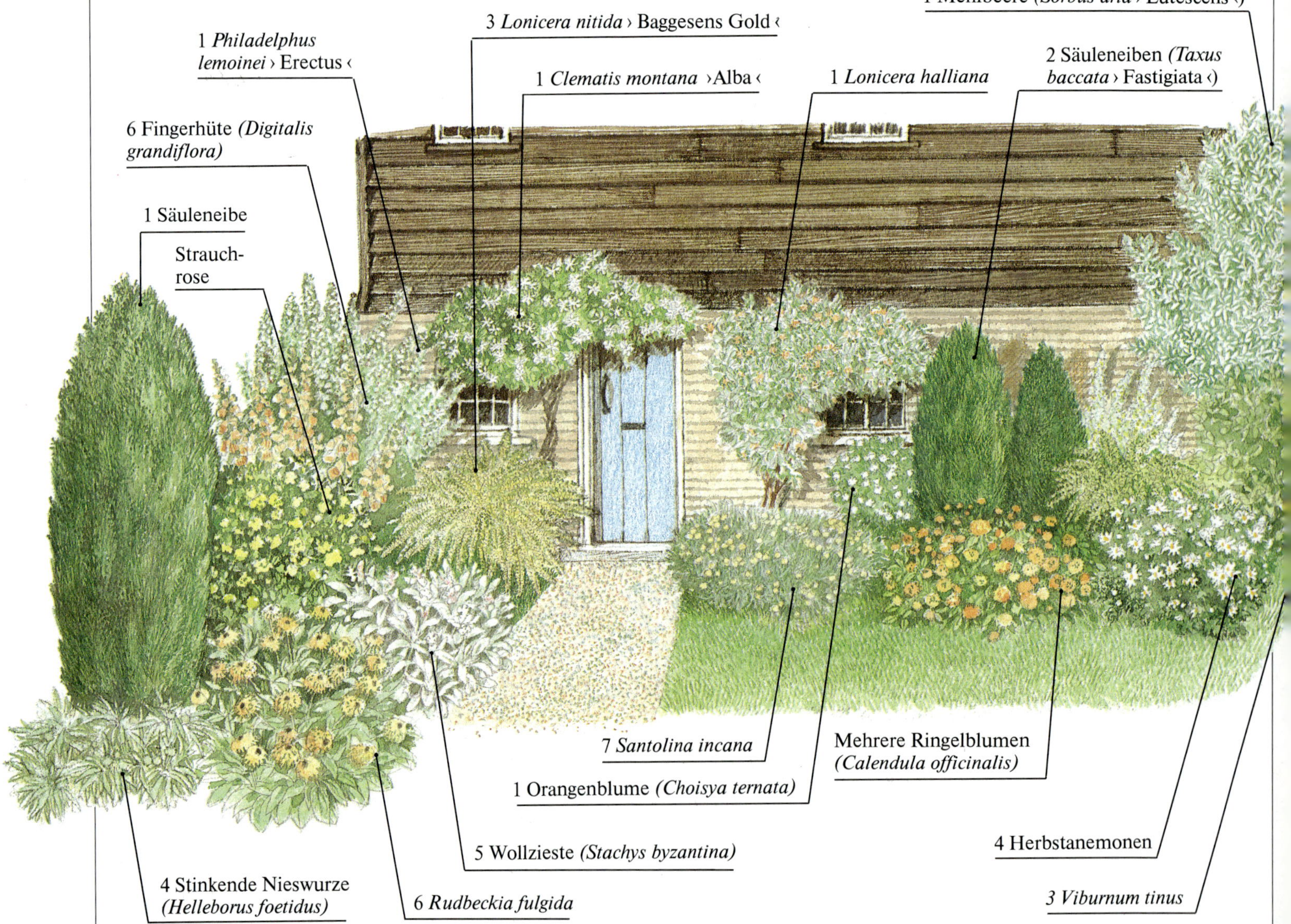

von der traditionellen Bauweise der Gegend und den dort zur Verfügung stehenden Materialien abhängig ist, wird gleichzeitig gewährleistet, daß der Garten auch mit seiner Umgebung harmoniert.

Der Plan links unten wurde für eine traditionelle Bauernkate im südenglischen Sussex angefertigt. Das Haus besteht aus Ziegeln und ist teilweise mit dunklem Holz verkleidet. Von solchen Häusern findet man in Großbritannien und den USA zahlreiche Variationen. Die Bepflanzung ist eine sehr urwüchsig anmutende Zusammenstellung von Sträuchern und Stauden, deren Farbskala Ziegelgelb, Zitronengelb und Grau umfaßt.

Der Plan unten rechts entstand für ein Bauernhaus in Nordengland, an das eine schöne Steinscheune grenzt. Das graue Haus hat alte, goldfarbene Fensterrahmen, eine Kombination, die die Farbgestaltung der Pflanzung mit Rosa, Malvenfarben und weichem Gold inspirierte. Die Farben wurden so ausgewählt, daß sie sowohl mit dem Haus als auch mit der wunderschönen Seenlandschaft harmonieren, doch würden sie, mit Einschränkungen, auch in einem eingefriedeten Garten gut zur Geltung kommen. Da das Grundstück exponiert liegt, sind als Schutz immergrüne Pflanzen erforderlich.

PLAN FÜR EINE HALBWILDE PFLANZUNG

Dieser Pflanzplan zeigt kräftige Farben in blaßlila, purpurnen, gelben und weißen Tönen. Er wurde auf die traditionelle aquamarinblaue Farbe der Hauswand im Hintergrund konzipiert. Die Pflanzung läßt einen halbwilden Eindruck entstehen, da sie heimische Pflanzen wie Stechpalme, Efeu und Ginster enthält. Die optische Wirkung von Bärenklau und Ginster ergänzt wunderbar die angrenzende Steinscheune.

Pflanzen für Cottage-Gärten

Unter den richtigen Bedingungen wächst im Cottage-Garten natürlich jede Pflanze, doch nicht alle haben die auf der gegenüberliegenden Seite gezeigte Wirkung, die nicht zuletzt auf die prächtigen Blütenstände der Winterzwiebel (*Allium fistulosum*) zurückzuführen ist. Dagegen würden hier von den modernen Hybriden mit ihren großen gefüllten Blüten und unruhigen Farben nur wenige hineinpassen. Zartere Wuchsformen und Blütenfarben sollten gegenüber auffallenderen, kräftiger strukturierten Pflanzen dominieren. Kletterpflanzen kommt eine wichtige Rolle zu, ebenso sollten Winterblüten und zahlreiche Zwiebelblumen vorhanden sein. Unentbehrlich sind Lilien, insbesondere die wunderschöne Madonnenlilie (*Lilium candidum*), die in traditionellen Cottage-Gärten stets in Reihen zu wachsen scheint. Pflanzen Sie darüber hinaus Kletter-, Schling- und Strauchrosen. Unnatürlich dagegen wirken Bäumchen, Buschformen und Teehybriden. Kräuter, zusammen mit einigen Gemüsen und Obstarten, vervollkommnen den Cottage-Garten.

Dekorative Gemüse Wie viele Nahrungspflanzen ist auch die Stangenbohne sehr dekorativ.

Strauchrosen Ein Cottage-Garten wäre nicht vollständig ohne Strauchrosen, wie diese *Rosa canina* ›Andersonii‹.

Üppige Stauden Typisch sind dicke Büschel von Veronika, rubinroten Astern und blauer *Campanula lactiflora.*

Margeriten An einen sonnigen Platz im Cottage-Garten gehört die einfachblühende Form von *Chrysanthemum maximum.*

Zwiebelblumen *(Allium giganteum)* Eine reizvolle Zwiebelblume, die auch für Trockenblumenarrangements geeignet ist.

Silberling Der winterharte Silberling (*Lunaria rediviva*) ist zweijährig und bevorzugt lichten Schatten.

Verzauberte Gärten

Wir haben jetzt gesehen, wie ein gut angelegter ländlicher Garten, vom Haus aus betrachtet, an den Grundstücksgrenzen mit der ihn umgebenden Landschaft verschmilzt, während er, aus der anderen Richtung gesehen, mit dem Baustil des Hauses harmoniert. Doch der dazwischenliegende Bereich (s. S. 28) kann ein weiteres Gestaltungselement enthalten, das mit den obengenannten Zonen in keiner Beziehung steht – beispielsweise einen geheimnisvollen oder verzauberten Gartenbereich. Häufig behält man solche Bereiche des Gartens besonders gut in Erinnerung.

Man braucht nicht unbedingt eine große Fläche, um eine solche Idee zu verwirklichen. Man kann eventuell den vorgesehenen Gartenteil mit einer Mauer versehen, aber es läßt sich ein verzauberter Eindruck auch durch kleines optisches Beiwerk erzeugen, wie kleine Skulpturen oder Objekte, die die Phantasie beflügeln. Pflanzen allein erfüllen diese Aufgabe nicht, ebensowenig ein Sitzplatz, der aber zweckmäßig sein kann, um den Reiz einer geheimnisvollen Gartenecke in Ruhe genießen zu können.

Schmuck für den ländlichen Garten

Die meisten Gartendekorationen sind zu imposant und wirken in einer schlichten Anlage schnell protzig. Klassische Skulpturen eignen sich nur für klassische Gärten, ausgenommen natürlich, sie werden mit einem Augenzwinkern verwendet. Sehr viel besser aber sind unaufdringlichere Objekte, wie beispielsweise ein paar schöne Bienenstöcke oder ein dekoratives Gartengerät beziehungsweise eine schlichte Plastik, die nicht abstrakt sein sollte, sondern klare Formen hat und aus Beton, Stein oder Ton besteht. Zusammen mit den richtigen Pflanzengruppen oder als Kontrast zu einer »wilden« Fläche hat diese Kombination in einem durchschnittlich großen Garten mehr Charme als ein Dutzend Tempelchen und Pflanzurnen.

Magisches Ambiente (rechts) Ein in Selbstvergessenheit versunkener Faun tanzt in einem Meer aus Bärenlauch und wilder Petersilie.

Faszinierende Kleinigkeiten (links) Dieser wasserspeiende Frosch im Garten von Barnsley House in Westengland ist Teil einer Plastik von Simon Verity.

Schmückende Elemente

Der aus fossilienhaltigem Gestein gehauene Torso (von Simon Verity) auf der gegenüberliegenden Seite wurde inmitten von Pflanzen aufgestellt, und zwar in diesem Fall ganz anders als die sonst üblichen klassischen Objekte. Letztere dienten als Blickfang im Garten, auf die durch Hecken oder Bäume die Sicht gelenkt wurde. Und dies allein schien der Zweck von Gartenskulpturen zu sein. Im ländlichen Garten mit seiner zwangloseren Anlage ist diese Verwendungsweise aber unangebracht. Skulpturen (und hier schließe ich jeden Schmuck mit skulpturhaftem Charakter ein) dienen heute häufiger als optisches Gegengewicht zu einem besonders dekorativen Baum, einer schönen Aussicht oder etwa als interessanter Blickfang auf einer Terrasse. Die Formen der unten gezeigten Dekorationen sind alle klar und einfach, und, am richtigen Platz aufgestellt, würden sie jeden Garten um ein außergewöhnliches, interessantes Element bereichern.

Steinente Diese steinerne Lockente sitzt auf einer Fetthenne *(Sedum sp.)* wie in einem Nest.

Steinerne Gestalt Die klaren Linien dieser Figur kommen vor dem bunten Laub besonders gut zur Geltung.

Ausgediente Wäschemangel Eine alte Wäschemangel bildet in diesem wilden Garten einen originellen Blickfang.

Fiberglasfigur Der Blick dieser in Gedanken versunkenen Gestalt (von Marion Smith) ruht auf einem Bach.

Betontauben Zwei Täubchen (von Marie Gill) sitzen auf einem von *Fatshedera lizei* umrahmten Ziegelsockel.

Dekorativer Bienenstock Bienenstöcke können schlichte, schöne und nützliche Elemente sein.

Charakteristische Elemente

Fehlt einem Garten der Zauber, nehmen das die Besitzer sofort zum Anlaß, noch mehr dekorative Elemente einzubeziehen, etwa eine weitere Pflanzenurne oder ein romantisches Sommerhaus. Aber durch all diese Anstrengungen wird meist alles noch schlimmer, weil die Ursache wahrscheinlich in einem sehr viel grundlegenderen Gestaltungsproblem liegt. Aufgesetzte Dekorationen sind selten eine Lösung für einen Garten, der nichts Geheimnisvolles zu bieten hat. Notwendig ist ein die Blicke auf sich ziehendes Element, das ganz in die Gartenanlage integriert ist. Und wenn es außerdem skulpturähnliche Qualitäten hat, um so besser.

Vielleicht hatten Sie das Glück, mit der Übernahme des Gartens bereits einen großartigen Blickfang zu erwerben. Beispiele dafür sind der unten gezeigte Taubenschlag, formierte Bäume und Sträucher oder auch ein traditioneller Teich. In solchen Fällen muß dieses Element in die von Ihnen gewünschte Gartenanlage einbezogen und mit harmonierenden Pflanzungen umgeben werden. Denken Sie daran, daß vermutlich einmal im Jahr Instandsetzungsarbeiten erforderlich sind. Was neue Elemente für den ländlichen Garten betrifft, schlage ich vor, auch hier die Maßstäbe des natürlichen Gartens anzulegen und nur lokale Materialien zu verwenden, die eine dekorative, aber auch funktionelle Ergänzung bilden, wie etwa die auf Seite 131 unten gezeigte Bootsanlegestelle. Eine harmonische Wirkung mit Garten und Umgebung ist sichergestellt, wenn man für die Stufen und den Zugang zum Wasser aus der Gegend stammendes Gestein verwendet. Natürlich gibt es auch noch zahlreiche andere Möglichkeiten. Sitzgelegenheiten sind in jedem Garten ein wichtiges Element und können einen Platz besonderer Art darstellen – eine Laube vielleicht, oder einen Aussichtspunkt.

Besondere Sitzgelegenheiten (rechts) Ein einfacher Sitzplatz oder kleiner Sitzbereich kann völlig ausreichen, um in einem Garten ein verzaubertes Ambiente zu schaffen. Die um den Baum gebaute Bank (S. 131 rechts) gewährt eine großartige Aussicht durch den Eisenzaun und bildet gleichzeitig ein in sich geschlossenes Element. Die Buchen dieser einladenden Laube (S. 131 links) wurden liebevoll an einem Eisengerüst erzogen.

Dekorativer Taubenschlag (unten) Dieser Taubenschlag wurde mit Bedacht gestaltet. Er krönt ein großes Gartengebäude und liegt über einer schattigen Loggia.

BOOTSANLEGESTELLE

Ein kleiner Anlegeplatz aus Stein mit einigen Stufen ist sehr schön an einem Bach oder Gartenteich und gleichzeitig ein Ort der Stille, an dem man an einem heißen Sommertag die Füße ins erfrischende Wasser hängen kann. Ein solches Element sollte von einer steinigen Fläche umgeben und aus Stein konstruiert werden.

Gärten im Sommer

Unsere Erinnerung an den Sommer ist meist sehr selektiv. Im allgemeinen kommen uns nur die angenehmen Seiten wieder in den Sinn, und die sind unweigerlich verbunden mit Sonne und schönem Wetter. Zeiten also, in denen man sich zu ausgedehnten Mahlzeiten draußen aufhält oder noch den späten Abend im Freien genießt, umgeben vom schweren Duft, den Geißblatt, Tabakpflanzen und Lilien verströmen. Der sommerliche Garten ist eine ausschließlich sinnliche Erfahrung mit seinen zahllosen Düften und Geräuschen, die die Freuden der Sommertage begleiten. Es ist die Zeit, in der man Sonnenbäder nimmt und herumwerkelt oder die Früchte der Frühjahrsmühen erntet und genießt und Arbeiten wie Grasmähen und Wässern auf die kühle Stille der Abendstunden verschiebt.

Rosenblüten kündigen jetzt den Frühsommer an und die wachsende Fülle im Garten, doch ist dies bei den heimischen Pflanzen keine wirklich blumenreiche Jahreszeit, denn die erste Blütenpracht des Frühjahrs ist bereits vergangen. Dennoch sind da – sofern man diese Blumen mag – nach Moschus riechender Phlox, Astern und Dahlien. Es ist die Landschaft jenseits der Grundstücksgrenzen, die sich im Hochsommer am stärksten ins Gedächtnis einprägt – goldenes Korn und Stoppelfelder, Picknicks und die merkwürdig stumpfe Schwere der umliegenden Laubbäume, die ihre Frühlingsfrische verlieren und mit ihrem dichten, kräftiggrünen Laub Flächen mit tiefem Schatten belegen.

Nach großer Hitze und Trockenheit wirkt die Landschaft ausgebleicht, aber die Blütenfarben gewinnen an Intensität. Bei ausreichender Feuchtigkeit haben sich die Gärten jetzt voll entfaltet, und alles, was sich selbst aussät, hat seine Samen verstreut. Die Gräser stehen hoch und üppig, die Kletterpflanzen wuchern.

Üppigkeit und eine Flut von Früchten charakterisiert weitgehend die Sommerstimmung. Schließlich müssen zu heftig wuchernde Pflanzen, in Erwartung der bevorstehenden herbstlichen Aufräumarbeiten, in Ordnung gebracht und zurückgeschnitten werden.

Sommerdüfte (rechts) Intensiv duftende Lilien wachsen hier in Töpfen, die leicht umgestellt werden können. Die blaue Kapaster *(Felicia sp.)* ist eine bedingt winterharte Einjahresblume.

Sommergeräusche (links) Das Summen der Bienen ist für den Sommer besonders typisch. Bienen sind große Liebhaber von Disteln. Hier laben sie sich an einer Elfenbeindistel *(Eryngium giganteum* › Miss Wilmot's Ghost ‹*)*.

Sommerfrüchte

Die Beeren- und Steinobstsorten, die während des Sommers in ländlichen Gärten heranreifen, sind paradiesische Köstlichkeiten – begonnen bei den ersten Stachelbeeren bis hin zu sonnengereiften Erdbeeren. Manche Früchte, wie etwa Kirschen, wachsen praktisch von allein, während Beeren in den Obstgarten gehören und eine besondere Pflege benötigen. Frühe, mittlere und späte Sorten dehnen die Erntesaison entsprechend den persönlichen Bedürfnissen aus.

Amerikanische Blaubeere *(Vaccinium corymbosum)* Der Strauch mit seinen hübschen Blüten und Blättern gedeiht auf sauren, feuchten Böden.

Stachelbeere *(Ribes uva-crispa var.)* Zum Kochen geeignete Sorten sind am widerstandsfähigsten.

Schwarze Johannisbeere *(Ribes nigrum)* Die Büsche benötigen Wärme und Schutz.

Stachelbeere *(Ribes uva-crispa var.)* Zum frischen Verzehr geeignete Sorten haben eine lange Reifezeit.

Rote Johannisbeere *(Ribes rubrum)* Braucht ähnliche Bedingungen wie Stachelbeeren, muß aber geschützt stehen.

Rubus idaeus fruticosus Eine reichtragende Kreuzung zwischen Brombeere und Himbeere.

Himbeere *(Rubus idaeus var.)* Muß sehr sonnig stehen und wird traditionell an Drähten gezogen.

Walderdbeere *(Fragaria vesca)* Kleine Pflanzen, die dekorativ aussehen und aromatische Früchte tragen.

Erdbeere *(Fragaria-Hybride)* Ihre Früchte sind unentbehrlich für Sommerdesserts. Sie braucht einen gut drainierten Platz im Obstgarten.

Süßkirschen *(Prunus avium,* zwei Sorten) Um eine gute Ernte zu erhalten, müssen mehrere Bäume zusammen blühen.

Den Sonnenschein genießen

Zu den großen Freuden eines ländlichen Gartens im Sommer gehört vor allem, daß man darin sitzen und seine Mahlzeiten einnehmen kann. Unbeständiges Sommerwetter oder auch Morgen- und Abendtau verhindern aber häufig eine *fête champêtre* – ein ländliches Fest oder ein Picknick auf der Wiese. Einen Ersatz bieten hier bequeme Sitzgelegenheiten, die auch über Nacht im Freien bleiben können und nicht gleich zu Bruch gehen, wenn einmal Kinder auf ihnen turnen. Darüber hinaus ist wichtig, daß der Sitzbereich ein eigenständiges Gestaltungselement darstellt, das nicht zu dominant wirkt und mit der Umgebung harmoniert.

Die idealen Möbel für den ländlichen Garten sind wahrscheinlich weder weiß gestrichen noch aus Metall und schon gar nicht schick. Meistens eignet sich Holz am besten, da es sich gut einfügt und widerstandsfähig ist. Der Handel bietet alle möglichen Arten von Holzmöbeln an, man kann sie aber auch selber entwerfen und bauen. Doch denken Sie daran, daß Sitzmöbel, die der Entspannung dienen, gemütlich und solide sein sollten.

Einfache Gartenmöbel

Ich persönlich bevorzuge schlichte Holzbänke. Heute sind überall Nachbildungen von Sir Edwin Lutyens' berühmten Bänken aus Teak, Eiche oder Zeder erhältlich, und passend zu ihnen gibt es auch Stühle und Tische, die ähnlich bequem, gemütlich und stabil sind, leider aber nicht billig.

In vielen Situationen sind schlichte Küchenstühle aus Holz und ein solider Kieferntisch ausreichend. In der Umgebung des Hauses aufgestellt, haben sie weit mehr Charakter als die eleganteste Terrassen-Sitzgruppe.

Halbe Fässer unterschiedlicher Größe, in denen leuchtende Einjahresblumen wachsen, kommen in Gebäudenähe zusammen mit Holzmöbeln besonders schön zur Geltung. Man sollte für diese Kübel komplementäre Farbkombinationen wählen und konsequent einhalten, denn ihre Wirkung ist sehr viel größer und reizvoller, als wenn Farben willkürlich zusammengewürfelt werden.

Ebenfalls eine Augenweide und vergnüglich dazu ist eine Hängematte. Zwischen den knorrigen Ästen von Apfelbäumen baumelnd, verbreitet sie die herrliche Stimmung eines heißen, faulen Hochsommertages.

Sommerliche Freuden (rechts) Frische Heidelbeeren und Blauschimmelkäse – Zutaten für ein sommerliches Mittagsmahl, das im Schatten einer *Clematis* ›Vyvyan Pennell‹ zum Teilnehmen einlädt.

Eine Bank im Schatten (unten links) Eine schlichte Holzbank und bepflanzte halbierte Fässer passen in jeden ländlichen Garten.

Arbeitstisch im Freien (unten rechts) Wenn es im Gewächshaus zu heiß wird, ist ein Arbeitstisch im Freien für den Gärtner eine große Wohltat.

Salatpflanzen

In jedem ländlichen Garten kann man während des Sommers phantastische Salatzutaten ziehen, die mit ihrer Frische und Würze den Gaumen verwöhnen. Darüber hinaus sind diese Pflanzen in jeder Wachstumsphase von besonders dekorativem Reiz.

Koriander *(Coriandrum sativum)* Wird sparsam in herzhaften Hochsommersalaten verwendet.

Schnittlauch *(Allium schoenoprasum)* Verleiht jedem Salat einen erfrischend würzigen Geschmack.

Kirschtomate *(Lycopersicon lycopersicum)* Klein, süßlich und sehr reich an Vitaminen.

Frühlingszwiebel *(Allium cepa)* Jung und frisch ernten und sowohl Zwiebeln als auch Grün verwenden.

Fenchel *(Foeniculum vulgare)* Wunderschöne Pflanze mit anisartigem Geschmack.

Zucchini *(Cucurbita pepo)* Früchte werden noch unreif gegessen. Zuvor die Blüte entfernen.

Radieschen *(Raphanus sativus)* Erfrischend und knackig; brauchen viel Feuchtigkeit.

Artischocke *(Cynara scolymus)* Ein köstliches Gemüse von einer herrlichen Pflanze.

Feldsalat *(Valerianella locusta)* Kleine Pflanze mit zahlreichen Blättern.

Eichblattsalat *(Lactuca sativa)* Einer der dekorativsten Blattsalate.

Radicchio *(Cichorium intybus)* Schmeckt, ebenso wie Chicorée, leicht bitter.

Endivie *(Cichorium endivia)* Schmeckt kräftiger als Kopfsalat und ist widerstandsfähiger.

Spargel *(Asparagus officinalis)* Fleischige, zarte Sprossen einer grünen Sorte.

Lollo *(Lactuca sativa)* Knackige krause Salatsorte mit schönen roten Blatträndern.

Die neue Rabatte

Obwohl eine Staudenrabatte großartig aussehen kann, so ist der Arbeitsaufwand, den sie erfordert, im Vergleich zu der Zeit, in der sie wirklich schön aussieht, ganz enorm. Bezieht man dagegen auch Holzpflanzen (Sträucher und/oder Kräuter) in die Pflanzung mit ein, entstehen viele interessante Blickfänge. Sind die Gewächse darüber hinaus immergrün, hat man auch zu anderen Jahreszeiten etwas von ihnen. Wer ferner die eine oder andere Kletterpflanze an die Mauer oder den Zaun hinter der Rabatte setzt, lockert deren starre Formen auf.

Die Anzahl der Arten in der neuen Rabatte sollte begrenzt sein. Dafür pflanzt man besser größere Mengen der verwendeten Arten, die auf diese Weise sehr viel besser zur Geltung kommen. Alle Ihre Bemühungen werden aber zunichte gemacht, wenn die Rabatte nicht breit genug ist. Wo Holzpflanzen einbezogen werden, ist eine Breite von mindestens 2 m erforderlich.

Ein typisches Merkmal einer solchen gemischten Rabatte ist, daß sie in ihrer Üppigkeit auszuufern scheint. Wo sie an einen Rasen angrenzt, macht man am besten etwas unterhalb der Rasenhöhe eine Einfassung (aus Ziegeln oder Bodenplatten), die beim Mähen nicht stört. Noch besser ist es, wenn Ihre gemischte Pflanzung an eine Kiesfläche anschließt, weil dort einige kleinere Gewächsarten eingesetzt werden können (s. S. 107), die die Üppigkeit der Vegetation noch verstärken. Gut eignen sich hier niedrige Formen von Stachys (etwa die blütenlose Sorte *Stachys byzantina* »Silver Carpet«), Mutterkraut und Iris. Ideal sind auch Günsel *(Ajuga spp.)* und Allium-Sorten.

Effektvoller Einsatz kräftiger Sommerfarben (rechts) In dieser gemischten Rabatte kommt das kräftige Sommergelb von Goldgarben und Königskerzen sowie das Rot von Dahlien und Kapuzinerkresse vor dem satten grünen Hintergrund optimal zur Geltung.

Wann ist eine Rabatte eine Rabatte (unten) Diese Pflanzungen, die aus Hortensie, Rosmarin und Frauenmantel (links) beziehungsweise Hebe, Rhabarber und Mutterkraut (rechts) bestehen, haben beide kaum Ähnlichkeit mit einer traditionellen Rabatte. Sie weisen ausgeprägte Formen und Strukturen auf und sind flächig angelegt.

Korbblütler

Blumen aus der Familie der Korbblütler sind während des Hoch- und Spätsommers im ländlichen Garten stets eine Augenweide. Meist handelt es sich um Stauden, die seit jeher ihren Platz in traditionellen Rabatten haben. Besonders stark vertreten ist dabei die Gattung Chrysanthemum.

Solidaster *(Callistephus chinensis)* Gefülltblühende Form dieser etwas empfindlichen Einjahresblume.

Strauchmargerite *(Chrysanthemum frutescens)* Gelb- oder weißblühende Staude; in kälteren Lagen einjährig.

Chrysanthemum indicum › Snapper ‹ Einfachblühende Form.

Chrysanthemum indicum › Penny Lane ‹ Einfachblühend.

Chrysanthemum indicum Form mit Zungenblüten.

santhemum sp. Ent-elt im Spätsommer Meer von winzigen en.

Chrysanthemum indicum ›Carra‹ Einfachblühend.

Chrysanthemum indicum ›Statesman‹ Winzige Pomponform.

Immortelle *(Xeranthemum annuum)* Einjahresblume, deren Blüten sich gut als Winterschmuck trocknen lassen.

Chrysanthemum parthenium Winterharte Staude, die sich üppig aussät.

Chrysanthemum indicum › Rejour ‹ Einfachblühend.

Solidaster *(Callistephus chinensis)* Trägt halbgefüllte Blüten.

Sommerfarben

Leider ist ein großer Teil der Farbenpracht in heimischen Gärten bereits vergangen, wenn der Sommer ins Land gezogen ist. Nur in Staudengärten kann noch ein lebendiges Schauspiel zu beobachten sein, aber selbst das ist im Hochsommer nicht selbstverständlich, wenn die Pflanzung tatsächlich gemischt ist oder auf einer begrenzten Fläche ein Farbthema eingehalten wurde. Die Planung einer Rabatte, in der sich ausschließlich Sommer- und Herbstblumen befinden, ist einfacher, doch eine Mischung zu finden, die zu allen Jahreszeiten hübsch aussieht, ist schwierig. Bestimmte Pflanzen sind hier aber eine große Hilfe, wie etwa die süßduftende *Hosta plantaginea*, die immer noch frisches grünes Laub trägt, wenn andere Hosta-Arten schon müde wirken, und bis in den Spätsommer große, weiße Trichterblüten entwickelt. Eng mit ihr verwandt ist auch die relativ neue Hosta-Sorte »Honeybells«.

In den großen traditionellen Gärten zu Beginn dieses Jahrhunderts wurde dieses Problem dadurch gelöst, daß man zeitweilig Töpfe mit besonderen Pflanzen in den Boden einließ und später austauschte oder aber zwischen den Stauden Einjahresblumen pflanzte. Letztere Methode bewährt sich auch im ländlichen Garten. Eine meiner Lieblingsblumen ist hier die hohe weiße *Nicotiana*, die nachts herrlichen Duft verströmt. Ebenfalls sehr schön ist ihre grünblühende Verwandte.

Hochsommerblumen für Trockensträuße (unten) Rittersporn, weißes Helipterum und Amaranthus lassen sich gut trocknen.

Kühle Farbflächen (rechts) Große Mengen Rittersporn und *Rosa glanca* bilden in dieser kühlen sommerlichen Farbenkomposition den Hintergrund für weiße Astern, gelben Felberich und Flockenblumen.

Rosen aus Großmutters Garten

Im Gegensatz zu den meisten modernen Rosensorten, die heute wegen ihrer auffälligen Blüten gezüchtet werden, sind die in früheren Zeiten bevorzugten Arten sowie Strauchrosen und einige Kletterrosen widerstandsfähige Pflanzen mit vielen Vorzügen.

Rosa filipes › Kiftsgate ‹ (links) Zarte Blütenstände schmücken diese starkwüchsige Schlingrose.

Ferdinand Pichard Öfterblühende Hybride mit gestreiften runden Blüten.

Chapeau de Napoleon Eine Zentifolie.

James Mitchell (unten) Die reizvollen Fruchtstände der kleinblütigen magentaroten Moosrose.

Baby Fauras Winzige Polyantharose, wird bis zu 30 cm hoch.

Gertrude Jekyll (oben) Neue Rose mit rosettenartigen Blüten und einem intensiven Duft.

Souvenir du Dr. Jamain (links) Öfterblühende Hybride mit gefüllten tiefen Blüten.

Portland Rose Damaszenerrose, die einen kleinen Busch bildet.

Rosa sericea pteracantha Rose mit großen, durchscheinenden Stacheln und farnartigem Laub.

Zéphirine Drouhin (links) Kletternde Bourbonrose, die außergewöhnlich duftet.

Rosa macrophylla › Master Hugh ‹ Natürlich auftretende Form mit besonders großen Hagebutten.

Louise Odier Großartige Bourbonrose mit intensivem Duft und buschiger Wuchsform.

Blush Noisette Kletterrose für warme Wände.

Madame Isaac Pereire Hohe, starkwüchsige Bourbonrose, die stark duftet. Sie kann kletternd wachsen.

Baroness Rothschild Wiederholtblühende Hybridrose mit intensiv duftenden, flachen Blüten und dichtem Laub.

Gloire de Dijon Ein Favorit des Cottage-Gartens mit offenen, gefüllten Blüten.

The Fairy Polyantharose, die bis zu 1 m hoch wird.

Sommerarbeiten

Der Sommer ist nicht nur eine Zeit, um sich draußen zu erholen. Was zu Frühjahrsende noch jungfräulich schien, beginnt jetzt schnell müde zu wirken, und die im Frühjahr blühenden Arten benötigen einen Rückschnitt, damit eine zweite Blüte im Herbst angeregt wird. Kletterpflanzen müssen aufgebunden werden, während sie in die Höhe wachsen. Viele jener scheinbar zufällig entstandenen Arrangements, durch die sich da oder dort Waldreben hindurchranken, brauchen tatsächlich von Zeit zu Zeit etwas Pflege und Lenkung. Doch dies sind kreative Arbeiten, die nur wenige Minuten erfordern, während Sie durch den Garten schlendern.

Ein wesentlicher Teil der Sommerarbeiten aber besteht einfach im Mähen. Es ist in einem Sommer mit etwas Sonne und etwas Regen erforderlich, weitgehend mit Gras bewachsene Flächen einmal wöchentlich zu mähen. Belohnt wird die Mühe durch den großartigen Duft frischgemähten Grases, und die Flächen machen einen frischeren Eindruck als alles andere, was sonst so sprießt. Gröberes Gras spart Arbeit, weil es seltener geschnitten werden muß. Auch Wässern kann erforderlich sein. Mit dem Gießen neugepflanzter Exemplare muß unter Umständen bereits Anfang Frühjahr begonnen werden, sofern anhaltende Trockenperioden auftreten. Leichte, kiesige oder sandige Böden können im Hochsommer monatelang austrocknen, und der Garten bleibt dann sehr viel länger schön, wenn man einmal in der Woche ordentlich gießt.

Mähen mit Phantasie (rechts) Eine Frühsommerwiese mit Margeriten und groben Gräsern, durch die ein gemähter Weg führt. Bei einer Neuanlage dauert es bis zu drei Jahre, bevor sich die Wiese soweit entwickelt hat.

Der immer greifbare Gartenschlauch (unten) Die abgebildete Vorrichtung vor der weißen Blütenpracht der *Crambe cordifolia* dient zur Aufbewahrung des Gartenschlauchs, der im Sommer im Garten unentbehrlich ist.

Gräser

In Bauerngärten gibt es neben gemähtem Rasen noch viele andere Gräser. Diese Auswahl von anmutigen Stengeln, Blättern und Samenständen wurde im Hochsommer in meinem Garten gesammelt und zeigt zarte Formen, Strukturen und Farben. Alle diese Arten lassen sich leicht ziehen und sind hinsichtlich des Bodens sehr anspruchslos.

Japansegge *(Carex morrowii variegata)* Steht ideal im Halbschatten an einem Teichrand.

Pfeifengras *(Molinia caerulea variegata,* rechts) Horstbildendes, ausdauerndes Gras.

Chinaschilf *(Miscanthus sinensis* › Zebrinus ‹*)* Ein dekorativ gestreiftes Schilfgras.

Schwingel *(Festuca glauca,* unten)

Weiches Honiggras *(Holcus mollis,* oben) Panaschierte Form dieser kalkfliehenden Pflanze.

Uncinia unciniata Auffallende dunkelbraune Art.

Segge *(Carex stricta* › Bowles Golden ‹*)* Goldgelbe Form dieser schlanken, feuchtigkeitsliebenden Pflanze.

Federgras *(Stipa variegata)* Meterhohe Form, deren Blütenstände purpurn schimmern.

Federgras *(Stipa arundinaria)* Bevorzugt einen trockenen, sonnigen Standort und eignet sich gut für Sträuße.

Strandroggen *(Elymus arenarius,* rechts) Wächst auf den meisten Böden üppig, ist aber auch auf Sand heimisch.

Wassergärten

Die Vorstellung von einem ländlichen Garten ist stets mit einem natürlichen Gewässer verbunden, einem Bach oder Teich mit Binsen, Lilien und Enten, der im tiefsten Bereich des Gartens liegt. Aber all diejenigen unter uns, die nicht mit einem solchen idyllischen Gartenelement gesegnet sind, müssen deshalb noch lange nicht auf diesen Anblick und die Geräusche des Wassers und auf all die Tiere, die es anlockt, verzichten. Das heißt, sofern sich der Garten nicht an einer Stelle befindet, wo die Bildung eines natürlichen Gewässers nie möglich wäre, wie etwa auf einem Hügel. Man kann in einem ländlichen Garten ohne weiteres einen künstlichen Naturteich anlegen, solange das Künstliche daran nicht offenbar wird. Keinen Platz haben formale Teiche, es sind vielmehr Elemente erwünscht, die in der einen oder anderen Weise natürliche Gewässer glaubwürdig nachempfinden.

Praktische Überlegungen

Man mag in Versuchung geraten, das aufregende Schauspiel eines bewegten natürlichen Gewässers im Garten nachzuahmen, einen Bach, der über Felsen rauscht und sowohl tiefe, ruhige Stellen als auch Strudel aufweist, oder einen sich in langsamen Schleifen dahinziehenden Bach. Solche Elemente lassen sich bestenfalls in kleinem Maßstab anlegen und machen einen Aufwand erforderlich, der dem lockeren, natürlichen Charakter des neuen ländlichen Gartens nicht entspricht. Ein stilles Gewässer, wie der auf Seite 156 beschriebene Teich, ist die weitaus praktikablere Lösung. Ein solches Element wirkt optisch überaus reizvoll und verleiht dem Garten ein geheimnisvolles Ambiente. Aus diesem Grund sollte man es, soweit möglich, in der mittleren Zone (s.S.126) anlegen, allerdings ist die wichtigste Voraussetzung ein natürlicher Standort in einer Senke.

Künstlich angelegt, aber großartig (rechts) Ein natürlich wirkender Teich wie dieser mit Lilien, Rohrkolben, Binsen, Hemerocallis und Eryngium verbreitet das Gefühl von vollkommener Ruhe.

Natürlicher Wasserlauf (links) Ein schnellfließender Bach im Garten ist ein dominantes Element, das wenig Schmuck bedarf. Hier reichen Farne und Iris vollkommen aus.

Natürliche Gewässer

Befindet sich ein Naturteich in Ihrem Garten oder grenzt dieser an ein natürliches Gewässer, werden Sie nur schwer der Versuchung widerstehen können, die Ufer dekorativ zu gestalten. Einen solchen Schritt sollten Sie sich aber gut überlegen, denn einerseits wird die natürliche Schönheit des Bachs oder Teichs die künstliche Wirkung von Ergänzungen unangenehm hervorheben, und andererseits mindert der fremdartige Schmuck den natürlichen Charme des Ursprünglichen. Aber wie dem auch sei - Sie besitzen ein besonderes Element im Garten und möchten es mitgestalten.

Stellen Sie zunächst einmal den Grundcharakter des Gewässers fest - ob es felsig und schnellfließend oder träge und schlammig ist. Achten Sie darauf, wie die Kraft des Wassers das Bachbett formt, wie sich das Wasser an Biegungen außen in das Ufer frißt und an der Innenseite Boden anschwemmt. Dann, wie sieht dieser Boden aus - sind die vorhandenen Kiesel rund oder flach? Hinten werden die größten Pflanzen wachsen und vorn zum neu entstandenen trockeneren Grund hin sind sie dann kleiner. Diese natürliche Wirkung kann betont werden, indem man schlichte Gruppen mit kräftigen Pflanzenformen und Blattstrukturen pflanzt. Vor diesem einfachen Hintergrund lassen sich weitere, von Menschenhand geschaffene Elemente einfügen, wie zum Beispiel eine Brücke. Wählen Sie eine einfache Form. Weder der Grundform noch der Verzierungen wegen sind irgendwelche romantischen, japanischen oder was auch immer für Stilelemente erforderlich.

Kreideboden als Untergrund (rechts) In Kreidegebieten plätschern Wasserläufe gegen die mit Gänseblümchen bewachsenen Ufer. Die üppige weiße Rose › Kiftsgate ‹ ist hier ein gutes Beispiel, wie sich Zierpflanzen integrieren lassen.

Bach mit steinigem Bett (unten) In Gegenden mit hartem Gestein fließen Bäche in schmalen, steinigen Betten, an deren Biegungen kleine Kiesbänke entstehen. Die Schönheit eines solchen Bachs bedarf keiner Eingriffe.

Künstliche Gewässer

In einem Stadtgarten kann man das Geräusch von fließendem Wasser mit Hilfe einer kleinen elektrischen Pumpe und einem kleinen Wasserbehälter sehr gut nachahmen, indem man Wasser beispielsweise aus einem Schlauch durch eine Wand tropfen läßt. Im ländlichen Garten dagegen erfordert ein solches Element sehr viel größere Ausmaße. Möglichkeiten sind hier etwa Kaskaden eines Mühlteichs oder das großartige Schauspiel eines natürlichen Wasserfalls. Es ist sogar denkbar, wenn auch schwierig, in der abgeschlossenen Welt eines Stadtgartens einen kleinen Bach nachzuempfinden, der über Felsen fließt. Wie unscheinbar und deplaziert aber würde das in einem ländlichen Garten wirken.

Anlage eines Teichs

Für den ländlichen Garten gibt es ein entwicklungsfähiges Ersatzmodell zum herkömmlichen städtischen Gartenteich, wie der unten im Plan gezeigte naturnahe Weiher. Er ist ein Kompromiß zwischen einem vollkommen natürlichen Weiher und einem gepflegten Gartenteich. Ungefähr eine Hälfte seines Ufers wird von einer niedrigen Ziegelmauer gesäumt, die andere von Erdwällen und einer mit runden Steinen gepflasterten Fläche. Um einen Teich von dieser Größe auszuheben – er ist 27,5 m lang und in der Mitte 1,5 m tief – ist ein Bagger erforderlich. Abgedichtet wird er mit Sand und dicker schwarzer Folie. Die Stützmauer sollte auf der Folie errichtet werden. Ein Teil des Aushubs kann wieder in den Teich (auf die Folie) geschüttet werden, damit eine Schlammfläche entsteht. Die im Schlamm und an der dahinterliegenden Böschung wachsenden Pflanzen bilden zusammen mit dem Bodenbelag und der stillen Wasserfläche ein sehr wirkungsvolles Gartenelement.

Ländliche Dimensionen (rechts) Das Wasser, das sich aus diesem Mühlteich über eine robuste steinerne Stützmauer ergießt, erfüllt heute rein dekorative Zwecke.

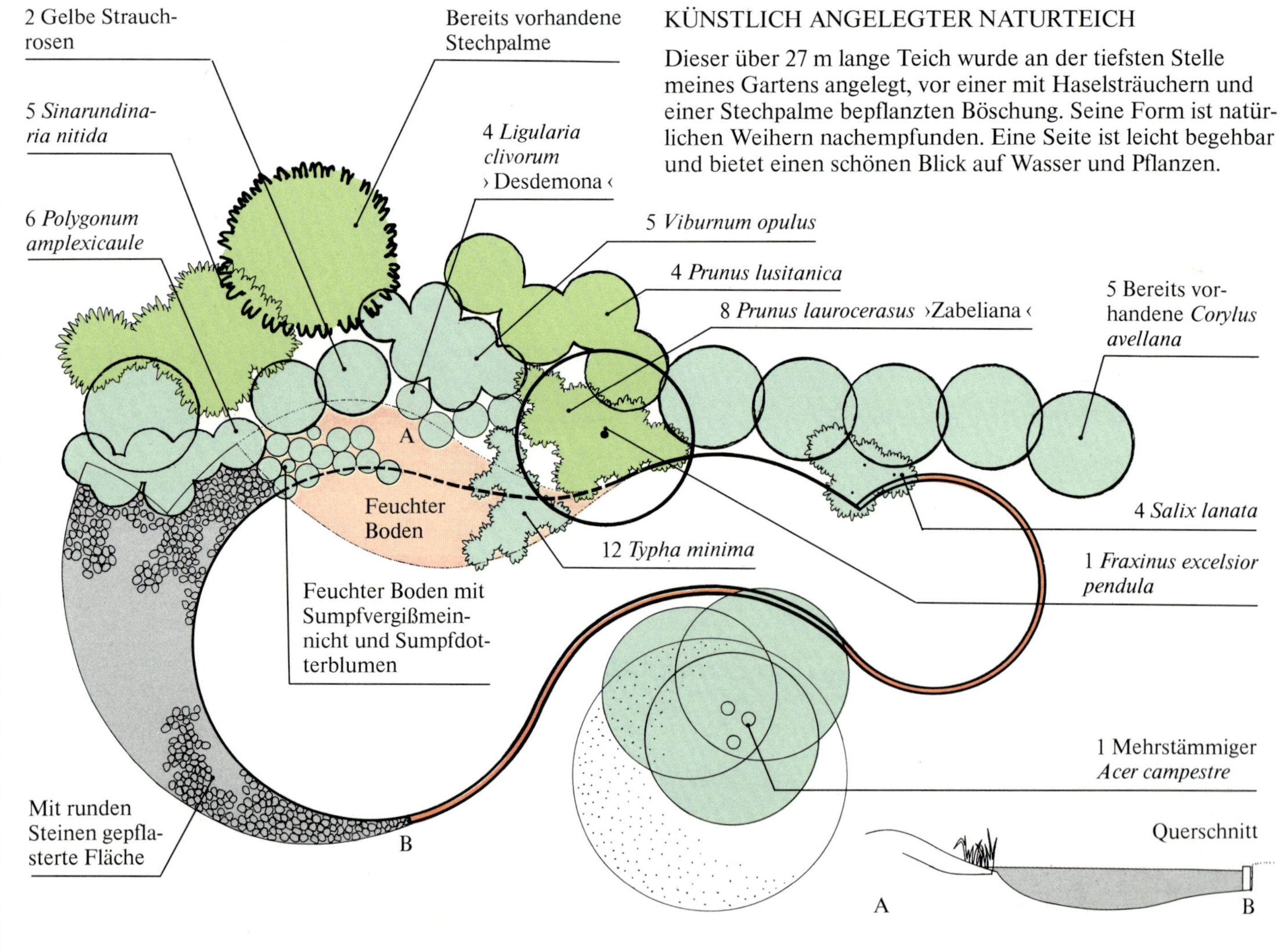

KÜNSTLICH ANGELEGTER NATURTEICH

Dieser über 27 m lange Teich wurde an der tiefsten Stelle meines Gartens angelegt, vor einer mit Haselsträuchern und einer Stechpalme bepflanzten Böschung. Seine Form ist natürlichen Weihern nachempfunden. Eine Seite ist leicht begehbar und bietet einen schönen Blick auf Wasser und Pflanzen.

Wasserpflanzen

Die Faszination einer gemischten Pflanzengruppe in Verbindung mit Wasser liegt in der Kombination der kräftigen, häufig senkrecht stehenden Blattformen zur waagrechten Wasserfläche. Zusätzliche Reize, wie etwa Farben und Insekten, die angelockt werden, stellen im ländlichen Garten eine großartige Bereicherung dar.

Einmal angewachsene Sumpf- und Uferzonenpflanzen gedeihen prächtig und sind leicht zu pflegen. Allerdings haben sie im allgemeinen sehr individuelle Feuchtigkeitsansprüche; einige fühlen sich in jedem feuchten Boden wohl, andere dagegen müssen bis zu 15 cm tief in Wasser stehen. Ein großer Nachteil ist, daß nur wenige immergrün sind und der Teich im Winter sehr kahl wirken kann.

Die Hauptblütezeit liegt zwischen Frühjahr und Frühsommer, danach kann die Vegetation etwas erschöpft und eintönig aussehen. Deshalb ist es wichtig, durch eine sorgfältige Auswahl der Wasserpflanzen die dekorative Phase über den Sommer auszudehnen.

Zu den Pflanzen, die am frühesten blühen, gehören Sumpfdotterblume (*Caltha palustris*) und Sumpfvergißmeinnicht (*Myosotis palustris*). Dann erscheinen Wasserschwertlilien (*Iris pseudacorus*), und ihnen folgen im Frühsommer *Iris laevigata*. Es schließt sich eine große Palette von Primeln an, bis im Spätsommer die Rohrkolben (*Typha sp.*) ihre charakteristischen dunklen Blütenstände entwickeln. Seerosen blühen während der ganzen Periode, bis sie den ersten Frösten zum Opfer fallen.

Um einen naturnahen Eindruck zu wahren, dürfen Teichbepflanzungen nicht wie eine Staudenrabatte aussehen. Am natürlichsten wirkt es, wenn nur eine Pflanzenart in großen Mengen wächst.

Es gibt auch eine Vielzahl von Stauden und Sträuchern, die gut in der Nähe von Wasser gedeihen, obwohl es nicht ihr ursprünglicher Lebensraum ist. Ich habe eine große Vorliebe für strauchigwachsende Weiden und Hartriegel (siehe S. 58 bis 59), denn ihre Stämme zeigen im Winter großartige Farben.

Zimmerkalla (rechts) Die weißen Spathen der Zimmerkalla (*Zantedeschia aethiopica*) kommen vor den riesigen Blättern des Mammutblatts (*Gunnera manicata*) gut zur Geltung. Vorn im Wasser wächst Pfeilkraut (*Sagittaria sp.*), das wegen seiner Blätter in keiner naturgetreuen Pflanzung fehlen darf.

Schwertlilien und Felberich (unten links) Die weiße Wasserschwertlilie (*Iris pseudacorus alba*), Felberich (*Lysimachia punctata*) und *Rodgersia sp.* bieten neben dem Teich einen reizvollen, farbenfrohen Anblick.

Frühblühende Sumpfdotterblumen (unten) Die einfachblühende Sumpfdotterblume (*Caltha palustris*) gehört zu den ersten Wasserpflanzen, die Blüten entwickeln. Es gibt noch viele andere Formen, darunter gefüllte und weiße.

Schattige Gärten

Auch wenn in vielen Ländern während des Sommers Schatten hochgeschätzt ist, klagen unter den Gärtnern viele, dort würde kaum etwas gedeihen. Und diese Meinung findet man in der Stadt und auf dem Land gleichermaßen. Gewiß gibt es einige Waldbäume, unter denen wenig wächst – insbesondere Buchen, Roßkastanien und vollentwickelte Koniferen –, doch der Schatten, den die Gärtner beklagen, entsteht häufiger durch ein Gebäude oder eine Mauer, oder es handelt sich um durchbrochenen Schatten unter kleineren Bäumen und Sträuchern. Die Tiefe des Schattens, der durch Baumlaub verursacht wird, kann verringert werden, indem man die Kronen leicht oder stark auslichtet und es dann nur noch mit leichtem oder Halbschatten zu tun hat. Auslichten ist etwas ganz anderes als ein Schnitt, denn hier soll die Gesamtgröße des Baumes erhalten bleiben, und lediglich die Dichte seiner Krone wird vermindert. Dabei werden Äste entfernt, die man im Winter auswählt (am besten läßt man diese Arbeit von einem Fachmann durchführen). Leichter Schatten läßt sich vorteilhaft nutzen, da es zahlreiche Pflanzen gibt, die unter diesen Bedingungen gut gedeihen.

Schattenpflanzen

Viele Pflanzen, die gern schattig stehen, haben sich nach und nach dem Leben in schlechten Lichtverhältnissen angepaßt, indem sie große Blätter entwickelten. Diese Eigenschaft hat sie zu reizvollen Gartenpflanzen werden lassen. Die vielen Formen der Funkie geben hier ein gutes Beispiel. Allerdings sind die Blütenfarben schattenliebender Pflanzen oft blaß.

Ferner gibt es eine ganze Palette bodendeckender Gewächse, welche sich ausgezeichnet für halbschattige Bedingungen eignen, wie etwa Immergrün *(Vinca sp.)* oder *Rubus tricolor*, die mitunter sogar zu stark wuchern. Ein schattiger Bereich muß daher keineswegs von Nachteil sein, sondern kann sehr reizvoll gestaltet werden.

Pracht im Halbschatten (rechts) *Alchemilla mollis, Polygonum* und *Angelica sp.* lassen in diesem halbschattigen Bereich einen dauerhaften, üppigen Pflanzenteppich entstehen.

Herbstlicher Schatten (links) *Cyclamen hederifolium* bildet kleine Polster. Seine marmorierten Blätter sind ebenso attraktiv wie seine Blüten.

Schattenpflanzen

Schatten und Feuchtigkeit bieten vielen Pflanzen ideale Wachstumsbedingungen, wobei durchbrochener Schatten am günstigsten ist. Solange der Boden nicht zu alkalisch ist, entsprechen diese Bedingungen dem natürlichen Lebensraum aller Rhododendren und Azaleen wie auch Kamelien und Ahorne. Schattenpflanzen, die auf Kalkböden wachsen, sind seltener, doch *Aucuba japonica* (eine oft verunglimpfte Pflanze) und ihr Verwandter *Prunus laurocerasus*, Lorbeer, sowie zahlreiche Viburnum-Arten gedeihen unter solchen Bedingungen gut. Kleinere Sträucher, die im Schatten und auf den meisten Bodentypen gedeihen, finden sich in den Gattungen *Rhus, Elaeagnus, Hamamelis, Helleborus* und *Hydrangea.* Holunder

Wasserbecken (rechts) Der zarte Frauenfarn *(Athyrium filix-femina)* bildet im Schatten dieses von Fabeltieren bewachten Beckens einen reizvollen Schmuck.

Bunte Blüten für den Schatten (gegenüberliegende Seite) Das leuchtende Orange der Montbretienblüten setzt vor dem tiefen Grün der Farne ein effektvolles Gegengewicht zum Blau der eingebürgerten Hortensien. Die Pflanzen wachsen auf feuchtem, saurem Boden.

Himmelsleiter (unten) Die Vielblütige Weißwurz *(Polygonatum multiflorum)* hat anmutig geschwungene, belaubte Stengel und duftende Blüten, die von den Blattachseln herabhängen.

(Sambucus sp.) sind ausgezeichnete schnellwüchsige Sträucher, die eine sehr natürliche Wirkung haben. Das Angebot umfaßt Formen mit panaschierten und gesägten Blättern. Als Bodendecker eignen sich Vinca-Arten, besonders *Vinca minor*.

Pflanzen für schattige und trockene Plätze

Eine trockene, schattige Fläche stellt den Gärtner vor ein noch größeres Problem als feuchter Schatten. Trockenheit und Schatten findet man im allgemeinen bei Gebäuden, wo der Boden oft tonig ist, weil dieser sich gut als Untergrund für Fundamente eignet. Hier wächst Bambusgras *(Arundinaria sp.)* ausgezeichnet; Wind mag es aber nicht. Sehr zu empfehlen sind auch Berberitzen, Mahonien und Cotoneaster. Skimmia-Arten sind ebenfalls Sträucher, die trockenen Schatten tolerieren und sich ausgezeichnet als Grundgerüst einer Pflanzung eignen. Als Bodendecker empfehlen sich Günsel (der sowohl trocken als auch feucht stehen kann), Bergenia und Euonymus.

Schattiges Ufer (rechts) Im Schatten von Ahornbäumen wachsen hier dicht beieinander schuppige Wurmfarne *(Dryopteris affinis)*. Die blassen Farbtupfer sind Blüten wilder Balsamine und einer niedrigen *Hydrangea quercifolia*.

Weiße Anemonen (unten) Die weiße Herbstanemone *(Anemone*-Hybriden) ist eine bezaubernde Pflanze, die im Spätsommer in lichtem Schatten gedeiht.

Nutzgärten

Für viele Gärtner ist der wahre ländliche Garten ein Nutzgarten. Sie genießen nicht nur die Befriedigung, Obst und Gemüse für den Eigenbedarf zu produzieren, sondern vor allem auch die Kunst des Kultivierens, wobei die Vorteile der Selbstversorgung verlockend erscheinen.

Dabei sollte man bedenken, daß die selbst gehegten Früchte zur selben Zeit reifen, wie die der Bauern der Umgebung. Deshalb kann es sinnvoller sein, in dem neuen Nutzgarten nur eine kleine, aber besondere Auswahl an Gemüsen und Obst zu ziehen – eine Auswahl, die sich an der persönlichen Vorliebe orientiert und Pflanzen beinhaltet, die stets ein Gaumengenuß sind, wie etwa Spargel und Artischocken.

Der Boden

In einem reinen Ziergarten nutzt man das Grundstück und seinen Boden am besten, wenn man die Pflanzenauswahl genau darauf abstimmt, egal ob es exponiert und sandig oder aber trocken und feucht ist. Im Nutzgarten dagegen spielen Bodentyp und Lichtverhältnisse eine besonders wichtige Rolle.

Ein leichter, sandiger Boden ist am problemlosesten, denn im Frühjahr erwärmt er sich rasch und trocknet schnell ab. Darüber hinaus läßt er sich relativ einfach bearbeiten. Seine offene, durchlässige Struktur erfordert andererseits aber auch regelmäßiges Düngen, weil er sonst schnell unfruchtbar wird. Kalkböden, die über einem Kiesuntergrund liegen, sind häufig alkalisch und bringen bei Gemüsen gute Ernteerträge. Schwere Tonböden sind kalt und lassen sich nicht leicht aufbrechen, weil sie nach dem Winter erst sehr spät abtrocknen. Gut gedüngt und bearbeitet, erbringen aber auch sie großartige Erträge.

Gesund und schön (rechts) Der berühmte Gemüsegarten von Barnsley House in Gloucestershire enthält alle Elemente eines vollkommenen Nutzgartens von ungewöhnlichem Reiz.

Attraktive Nahrungspflanzen (links) Zu der großen Vielfalt dekorativer Kohlsorten gehören der langsam wachsende krause Wirsing und Kopfkohlsorten mit rosa Blattrippen.

Dekorative Gartenfrüchte

Bei der Bepflanzung des unten gezeigten wunderbaren Gartens, der direkt neben einer Kirche liegt, handelt es sich ausschließlich um Gemüse. Vor dem großartigen Laub der Artischocken wächst krause Petersilie, und dahinter steht ein Meer fedriger Spargelpflanzen. Immer häufiger erkennen Gärtner, wie dekorativ Gemüse und Obstarten wirken können und beziehen sie in gemischte Pflanzungen aus Sträuchern und Stauden ein. Zunehmend findet man dies auch in kleineren Gärten, in denen kein Platz für separate Küchengärten ist.

Die Idee ist allerdings gar nicht so neu, wenn man bedenkt, wie lange schon Küchenkräuter aus dekorativen Gründen gepflanzt werden. Die Kräuterbeete kann man dann noch mit Mais, Zierkohl – der im Winter für phantastische Farben und Formen sorgt – und Rubusarten (Brombeere) ergänzen.

Schwarze Johannisbeere Sie ist weniger auffallend als die Rote, doch eine schöne Ergänzung für jeden Obstgarten.

Erzogene Obstbäumchen Hier bilden an Stützen erzogene fruchttragende Bäume einen Bogengang.

Rote Johannisbeere Die meiste Zeit des Jahres ist sie unscheinbar, sorgt aber im Sommer für leuchtendrote Farbtupfer.

Salatsorten Verschiedene Salatsorten ergeben geschmacklich wie optisch eine gute Mischung.

Zwiebeln Ein Beet mit Zwiebelreihen weist kurz vor der Ernte im Spätsommer ein originelles abstraktes Muster auf.

Helles Grün Die verschiedenen Grüntöne von Buschbohnen, Salat und Lauch bieten einen großartigen Anblick.

Gemüsefenchel Die fächerförmigen Stengel des Fenchels werden von Büscheln farnartigen Laubes geschmückt.

Winterkohl Die Kohlgewächse sind mit vielen Formen vertreten, aber keine ist prächtiger als der alte Winterkohl.

Mangold Die scharlachroten Stengel dieser Mangoldsorte sorgen im Spätsommer für spektakuläre Farben.

Tiere

Wer einen sehr großen Garten besitzt, dem mag es als die einfachste Lösung erscheinen, in ihm einige Schafe, einen Esel oder ein paar Gänse zu halten, damit das Gras niedrig bleibt. Aber allzuleicht tauscht man auf diese Weise das eine Problem gegen ein anderes mit zwei oder vier Beinen ein. Alle Tiere brauchen einen Zaun, müssen gehütet und gepflegt werden. Deshalb ist es vermutlich am sinnvollsten, wenn Sie einen netten Bauern fragen, ob er nicht seine Tiere auf Ihrem Grund weiden lassen möchte. Er ist vielleicht sogar froh, wenn er auf diese Weise ein Stück zusätzliche Wiese für seine Schafe erhält. Natürlich muß gewährleistet sein, daß Ihr Zaun stabil genug ist, um die Tiere von der Straße fernzuhalten, doch die Verantwortung für das Vieh bleibt beim Bauern.

Viele Eltern haben dem Drängen ihrer Kinder nachgegeben und ein Pony angeschafft, und nun tragen sie eine große Verantwortung, nicht nur gegenüber dem armen Tier, sondern auch gegenüber der Gemeinde. In den Randgebieten der meisten großen Städte finden sich heute viele Hektar zerstückeltes minderwertiges Weideland, das schlecht eingezäunt, ungepflegt und mit baufälligen Gebäuden bestückt ist, in denen unglückliche Tiere dahinvegetieren, die, vielleicht sogar geliebt, aber aus Unkenntnis vernachlässigt werden. Doch es gibt auch andere Menschen, die sich gut informieren, deren Interesse an Tieren echt ist und die um ihr Wohl besorgt sind. Viele von ihnen leisten sogar wertvolle Arbeit, da sie seltene Rassen von Rindern, Schweinen, Schafen oder Geflügel vor dem Aussterben bewahren. Diese Tiere besitzen heute zwar keinen großen finanziellen Wert, doch ihre einzigartigen Genmuster sind ein wertvoller Besitz, der unbedingt erhalten werden sollte.

Wer Tiere hält, möchte auch Freude an ihnen haben und sie beobachten. Eventuell müssen Zäune umgesetzt oder Sträucher entfernt werden, damit Schutz und Weiden in das Gartenkonzept integriert werden können. Man kann das Konzept vor dem Hintergrund der umgebenden Landschaft betrachten (deren Atmosphäre es vielleicht sogar fortsetzt), oder es auf irgendeine Weise in die Übergangszone der Gartenanlage einbeziehen (s. S. 38).

Jedes Tier stellt in vielerlei Hinsicht eine große Verantwortung dar, und seine Pflege sollte man sich nicht zu einfach vorstellen.

INTEGRIERTES TIERGEHEGE

Meine Vorliebe für Tiere, die sich für ein Gehege eignen, gilt den lebhaften und in ihrer Art sehr einnehmenden Pygmyziegen. Ich habe genau den richtigen Platz für sie, mit einem Zugang zu einem kleinen Stall und einem geräumigen Lagerplatz abseits einer gepflasterten Parkfläche. Der Ziegenauslauf ist nieder eingezäunt und umfaßt etwa 20 m^2. Ein paar zum Schutz vor den Tieren umzäunte einheimische Bäume bieten den Ziegen Schatten und Unterstand. Verdeckt hinter dem Gehege wird der Mist kompostiert.

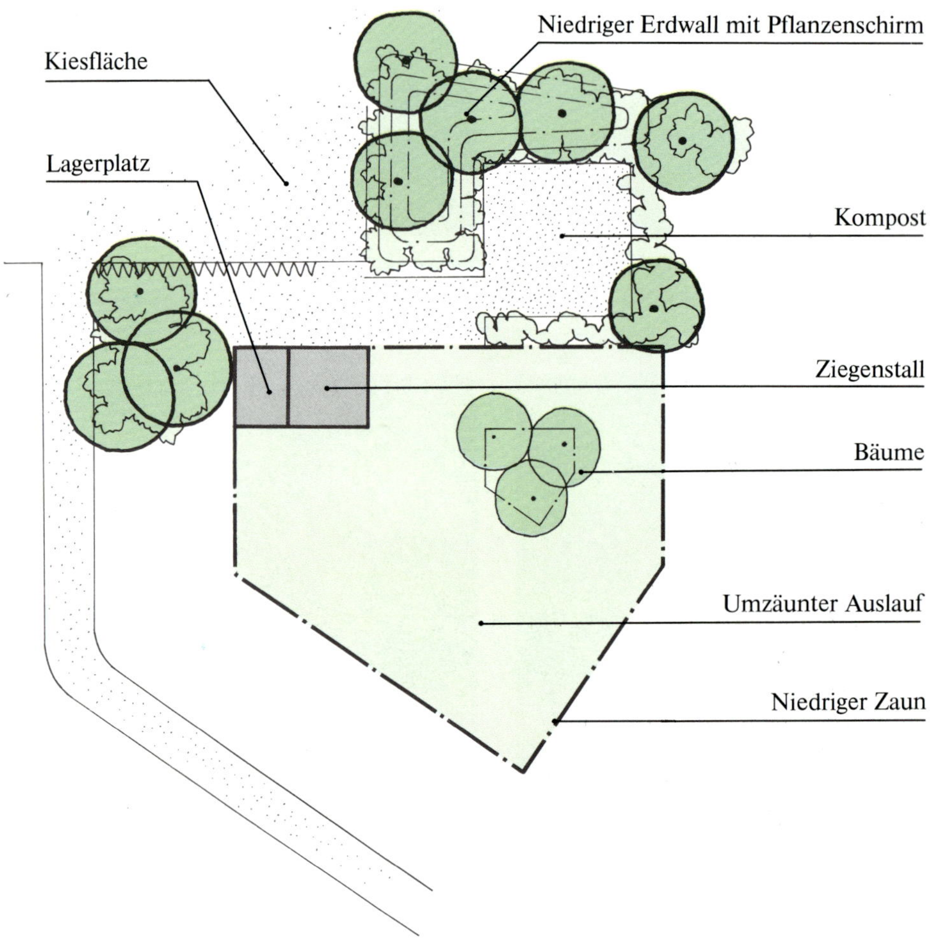

Ziegen Ziegen haben viel Charakter. Sie brauchen einen stabilen, wetterfesten Stall und Aufsicht, weil sie bei Kälte, Regen und nachts nicht im Freien bleiben sollten.

Enten Enten wie diese Buff Orpingtons sind nicht nur hübsch anzusehen auf einer Wiese, einem Teich oder Bach, sie liefern auch Eier und Fleisch.

Hühner Frei herumlaufende Hühner haben etwas Beruhigendes. Dennoch sollte der Auslauf der Tiere grundsätzlich durch Drahtgeflecht begrenzt werden.

Kühe Vielleicht ist ein benachbarter Bauer bereit, Ihr Land als zusätzliche Weide zu nutzen. Wertvolle Jerseys wie diese werden Sie aber vermutlich jenseits Ihres Zauns bewundern müssen.

Lagerschuppen

Für einen ambitionierten Gärtner auf dem Land ist der Lagerschuppen das, was für die Hausfrau die Küche. Es ist wichtig, ihn in Ordnung zu halten, damit er seine Funktion als zweckmäßiger trockener Aufbewahrungsort für teure Werkzeuge erfüllt. Geräte müssen nach Gebrauch gesäubert und gepflegt werden. Besonders der Rasenmäher bedarf ständiger Pflege, wenn er Sie nicht im Stich lassen soll.

Dinge wie Schläuche, Bambusrohre und andere Stützen füllen einen Lagerraum schnell aus. Ich hege eine besondere Abneigung gegen den neuen Schlauch aus Kunststoff, der sich dreht und nicht mehr ordentlich aufrollen läßt. Daneben werden sich Pflanzgefäße ansammeln, von denen sie sich nicht trennen können. Dann sind da die angebrochenen Tüten von diesem und jenem, wie etwa Erde oder Knochenmehl. Im Idealfall befindet sich jede in einem eigenen Behälter. Aber noch wichtiger ist, daß giftige Spritzmittel und Unkrautvernichter (wenn schon nicht darauf verzichtet werden kann) außerhalb der Reichweite von Kindern und/oder Haustieren verschlossen gelagert werden!

Brennholz

Der kluge Landbewohner kauft oder sammelt sein Holz ein Jahr im voraus und lagert es bis zum folgenden Winter sauber und trocken. Darüber hinaus besorgt er Anmachholz, mittelgroße Scheite sowie große Stammstücke, die er getrennt aufbewahrt. Man sollte sich die folgenden Zeilen (englischer Volksmund) merken, die etwas über die Qualität der verschiedenen Hölzer verraten, die man verfeuern kann.

Buchenholzfeuer sind hell und klar, lagern die Scheite übers Jahr.
Eichenscheite brennen gleichmäßig, wenn sie trocken und alt.
Kastanie taugt nur, so sagen sie, wenn sie lange gelegen.
Doch Esche, ob jung oder alt, geziemt einer Königin.

Birken- und Tannenscheite brennen kurz und lodern hell.
Machst du ein Feuer aus Holunderholz, kehrt der Tod bei dir ein.
Es sind die Iren, die sagen, Weißdorn backe das süßeste Brot.
Aber Esche, grün oder braun, geziemt einer Königin.

Ulmenholz brennt wie Friedhofsmoder – selbst die Flammen sind kalt.
Pappel erzeugt bitteren Rauch, der in den Augen brennt und die Luft zum Atmen nimmt.
Apfelholz erfüllt den Raum mit weihrauchartigem Wohlgeruch.
Doch Esche, naß oder trocken, wärmt einer Königin die Pantoffeln.

(Verfasser unbekannt)

Ein offener Schutz (rechts) Traditionelle Geräte sind sehr schön, und in diesem Lagerschuppen kommen sie besonders gut zur Geltung.

Geräteschuppenanbau (unten) Diese kleine offene Scheune, die an einen Geräteschuppen angebaut wurde, ist als Lagerplatz für vielerlei Dinge geeignet.

Kräutergärten

Über Kräuter, insbesondere über ihre Heilwirkung, haben bereits Römer und Griechen des Altertums geschrieben, dennoch beginnt man erst heute, ihnen die verdiente Aufmerksamkeit zu schenken. Möglicherweise ist dies eine Reaktion auf die Ablehnung, die sie im 19. und zu Beginn des 20. Jahrhunderts erfahren haben, als man den in Labors neuentwickelten Medikamenten den Vorzug gab. Die seit Generationen geschätzten Eigenschaften der Kräuter haben sich nicht geändert, aber da wir heute befürchten, unserem Körper zu viele synthetische Chemikalien zuzuführen, ist erneut das Interesse erwacht, wie wir Kräuter in Medizin, Küche und Kosmetik nutzen können.

Natürliche Pflanzungen

Wer an einen Kräutergarten denkt, läßt sich häufig vom traditionellen Bild formaler Anlagen faszinieren, in denen die Kräuter ununterbrochen gepflegt und gestutzt werden müssen, um kunstvolle Arrangements zu erhalten. Obgleich solche Gärten bei herrschaftlichen Häusern sehr schön wirken können, müssen Kräuter nicht auf diese Weise verwendet werden. Diese Tradition stammt aus der Zeit, als die Gärtner der Natur den Rücken kehrten.

Viele Gärtner beziehen in ihre Pflanzungen ganz unbewußt Kräuter mit ein, beispielsweise Rosmarin, Lavendel, Weinraute oder viele der graublättrigen Pflanzen. Im neuen ländlichen Garten finden sich jedoch keine arbeitsaufwendigen Elemente wie Staudenrabatten. Statt dessen werden hier alle Pflanzen, darunter auch die Kräuter, in weitaus unbefangener Weise verwendet. Da gibt es Duftpflanzen, die man im Vorübergehen streift, einen Rasen aus Römischer Kamille, und Pflanzgruppen, die Insekten und Schmetterlinge anlocken. Und dann gibt es noch eine Auswahl an Küchenkräutern, die in reizvollen Kombinationen vor dem Küchenfenster zwischen den Gemüsen wachsen.

Kräutergarten in Shropshire (rechts) Hier wächst in großen Mengen Schnittlauch *(Allium schoenoprasum),* eines der kleinsten Mitglieder der Zwiebelfamilie.

Fensterbrett mit Kräutern (links) Unter diesen Küchenkräutern befinden sich Knoblauch, Rosmarin und Thymian, daneben stehen zwei Flaschen mit Kräuteressig. Auf der Fensterbank liegen selbstgebundene Gewürzsträußchen.

Die Vielseitigkeit der Kräuter

Wenn Kräuter in Gesellschaft anderer Nahrungspflanzen wachsen, kann sich das positiv auf letztere auswirken. Wie es heißt, halten bestimmte Gerüche, Wurzelabsonderungen und andere Ausscheidungen von Kräutern Schadinsekten ab. Fest steht, daß Kräuter selbst selten befallen werden. Kapuzinerkresse beispielsweise soll Blattläuse fernhalten, während Rainfarn und Eberraute Fruchtfliegen vertreiben. Auch Knoblauch und andere Zwiebelgewächse schützen einen großen Teil der Gartenpflanzen vor einer ganzen Reihe von Schädlingen. Wermut und Weinraute sollen sogar Nacktschnecken und Maulwürfe abschrecken. Wer also die Pflanzengemeinschaften sorgfältig zusammenstellt, kann damit ein gesundes Wachstum fördern und eine vollkommen natürliche Form der Schädlingskontrolle durchführen.

Natürliche Färbemittel

Es gibt eine Palette von Kräutern, aus denen natürliche Färbemittel hergestellt werden. Die daraus gewonnenen Farben übertreffen in Intensität und Leuchtkraft bei weitem die synthetischen. Aus Waid wird zum Beispiel blaue, aus Färberröte rote und aus Römischer Kamille gelbe Farbe hergestellt. Am besten läßt sich Wolle mit Naturfarben färben, weil sie sie gleichmäßig annimmt. Aber auch andere Naturfasern, wie Baumwolle und Leinen, eignen sich dafür, deshalb ist die Kultur von Färbepflanzen lohnend.

Zweijährige Kräuter Färberwaid *(Isatis tinctoria,* vorn) ist eine altbekannte Färbepflanze für Blau. Hier wächst er zusammen mit Engelwurz *(Angelica archangelica)*, einem Gewürz für Fischgerichte.

Süßdolde *(Myrrhis odorata)* Die Stengel der Süßdolde werden gehackt und als Zuckerersatz mit Früchten gedämpft. Die Samen sind ein Gewürz mit lakritzeartigem Geschmack.

Thymian *(Thymus sp.)* Thymian ist vor allem für die mediterrane Küche typisch. Sein intensiver Geschmack harmoniert gut mit Knoblauch, Oliven, Tomaten und südländischen Weinen.

Petersilie *(Petroselinum crispum)* Es gibt viele Formen der Petersilie - die hier abgebildete krause ist im Geschmack weniger intensiv und für Garnierungen und Salate geeignet (s. S. 183).

Dill *(Anethum graveolens)* Dill ist eine winterharte einjährige Pflanze. Das Laub wird frisch und getrocknet verwendet. Auch seine kümmelartig schmeckenden Samen dienen als Gewürz.

Gartensalbei *(Salvia officinalis)* Richtig dosiert, ist Salbei ein herrliches Gewürz. Salbeiaufguß ist ein ausgezeichnetes Gurgelmittel gegen Halsschmerzen.

Römische Kamille *(Chamaemelum nobile)* Diese Kamille ist ein nützlicher Grasersatz. Am besten eignet sich die blütenlose Form *C.h.* ›Treneague‹.

Kräuterpflanzungen

Kräuter gedeihen in fast allen Böden, sofern sie volle Sonne erhalten. Begrenzt wird die Auswahl jedoch, wenn der Boden extrem sauer oder alkalisch ist. Ein magerer Boden schafft dagegen keine Probleme, da Kräuter hier lieber wachsen als in nährstoffreicher Erde. Eine kleine Zahl gedeiht auch an feuchten, schattigen Standorten.

Zum Kochen sollten die Kräuter stets greifbar sein. Von einigen Pflanzen braucht man große Mengen, von anderen wiederum sehr wenig. Welche das sind, hängt von der Küche ab, die sie bevorzugen. Ich komme mit ein wenig Salbei lange aus, während ich große Mengen an Schnittlauch, Ampfer, Basilikum, Estragon, Petersilie und Minze verbrauche.

Man kann die Kräuter in Blöcken oder durcheinander pflanzen. Da und dort sollte ein Rosmarin oder sogar eine Strauchrose dazwischenstehen, dann wirkt das Küchenbeet sofort dekorativ. Will man es besonders reizvoll gestalten, bezieht man kontrastierende Blattfärbungen mit ein. Von Majoran, Mutterkraut, Thymian und Salbei gibt es goldfarbene Formen, und noch viel größer ist die Palette an silber- und graublättrigen Pflanzen, wie Beifuß, Lavendel, Minze, Salbei, Raute oder Heiligenkraut. Eine weitere Belebung sind Gewächse mit purpurrotem Laub, etwa Sorten von Fenchel, Salbei, Minze oder Basilikum.

Der Kräutergarten im Herbst (rechts) Im Herbst ist die beste Zeit des Kräutergartens vorbei, aber das Licht der Spätsommersonne bringt die Tönung der Blätter und die Strukturen des Purpursalbeis schön zur Geltung. Rechts im Hintergrund bildet Rosmarin einen hübschen Kontrast.

PFLANZSCHEMA FÜR KRÄUTER

Dies ist ein Beispiel für einen kleinen Kräutergarten vor der Küchentür, gleich neben der sonnigsten Ecke des Hauses. Die Terrasse besteht aus Steinplatten und Ziegeln, und im Garten wurden da und dort Platten gelegt, um die Ernte zu erleichtern. Große Mengen nützlicher Küchenkräuter mischen sich hier mit besonders dekorativen strauchigen Gewächsen, so daß die Pflanzung das ganze Jahr hindurch schön wirkt. Die Kräuter breiten sich bis in den Kies hinein aus, der den Garten umgibt. Die Minze wächst in Gefäßen, weil sie zu stark wuchert.

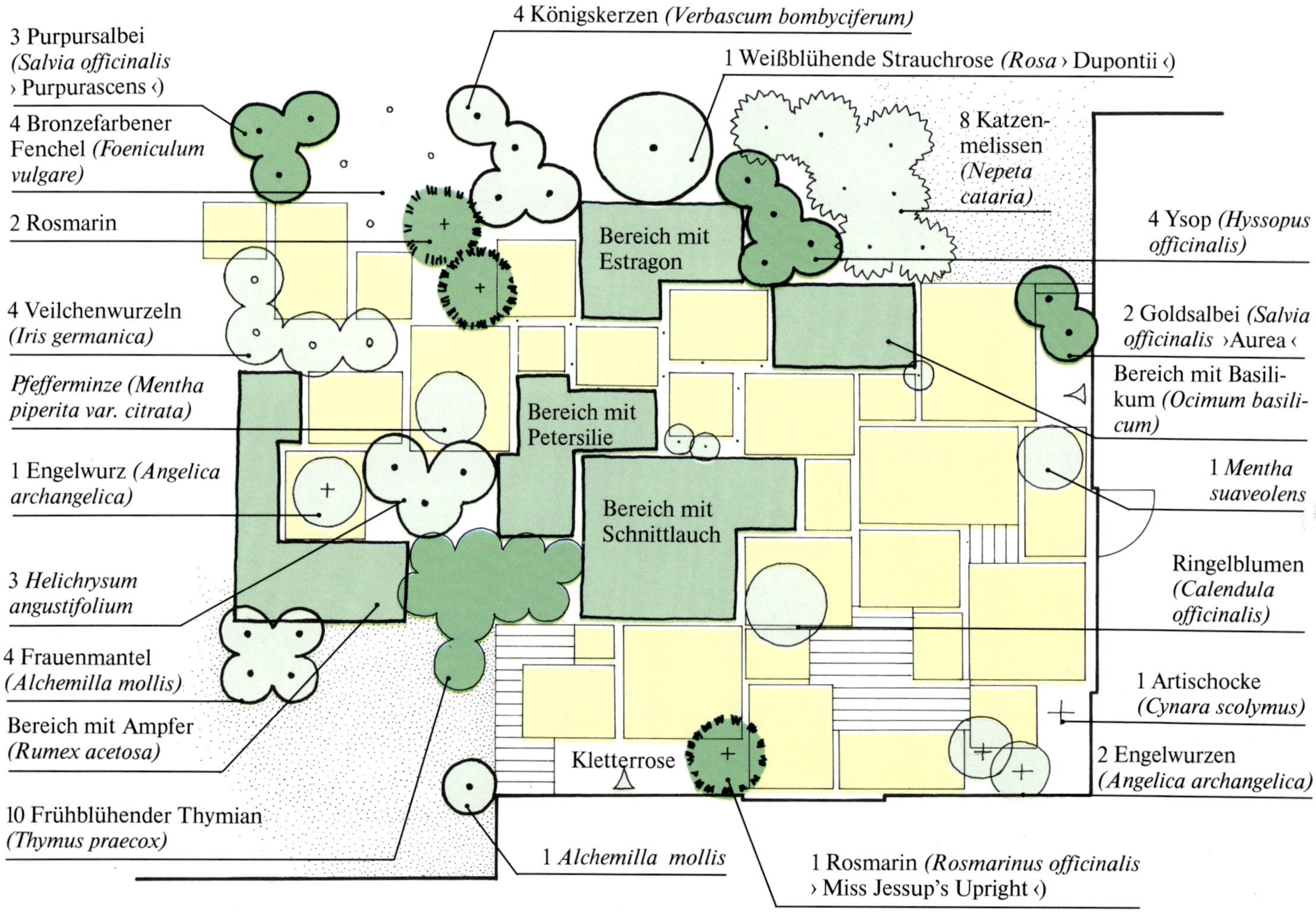

Gärten im Herbst

Der Herbst ist eine arbeitsreiche Zeit im ländlichen Garten. So wie in der Natur alles damit beschäftigt ist, für den Winter Vorräte anzulegen, bringt man im Garten die Sommerernte ein und hängt Blumen zum Trocknen auf. Holz wird gesägt, Marmelade gekocht und der Garten aufgeräumt und für die Winterruhe vorbereitet. Dann folgt die Zeit der Zufriedenheit nach vollbrachter Arbeit.

Der Gärtner auf dem Land muß, genau wie der Bauer auf dem Feld, nach der Ernte umgraben, damit der Frost auf den Boden einwirken kann, und Kompost um die Sträucher verteilen, um sie zu düngen und ihre Wurzeln für die kommenden Wintermonate zu schützen.

Planen und Pflanzen

Der Herbst ist auch die Zeit des Planens und Pflanzens – nicht nur bei den Frühlingszwiebelblumen, sondern auch bei Bäumen und Sträuchern. Da wir heute neue Pflanzen meist in Containern kaufen und zu jeder beliebigen Jahreszeit pflanzen können, solange der Boden nicht hartgefroren oder ausgetrocknet ist, vergessen wir leicht, daß der Herbst die traditionelle Pflanzzeit für Bäume und Sträucher ist.

Früher wurden während dieser Jahreszeit vom Gärtner größere Exemplare für den Kunden ausgegraben (bei Bäumen ist dies manchmal heute noch so), weil dann die freigelegten und beschädigten Wurzeln die größte Chance hatten, sich wieder zu erholen. Aus dem gleichen Grund ist der Herbst auch nach wie vor die beste Zeit zum Umsetzen junger Sträucher oder sogar Bäume, vor allem wenn man dies etwa einen Monat zuvor vorbereitet. Dazu isoliert man nach und nach so viel Erde wie möglich, und zwar Erde, die mit der Pflanze bewegt werden kann.

Das Gärtnern ist eine Kunst, die ständig im Wandel begriffen ist und der Phantasie einen großen Spielraum läßt. Im Herbst mag die Erwartung auf die Pracht des nächsten Jahres ein Anreiz dafür sein, das, was vom letzten Sommer blieb, noch zu verbessern.

Herbstarbeiten (links) Der Herbst ist die Zeit, in der man Pflanzen zurückschneidet, Abfälle verbrennt oder kompostiert und eine Bestandsaufnahme im Garten macht.

Die letzten Blüten des Sommers (rechts) Im einzigartigen Licht der Herbstsonne kommt hier Bartfaden vor den kräftig strukturierten Blättern von *Viburnum rhytidophyllum* herrlich zur Geltung.

Kräuter zum Trocknen

Von den hier abgebildeten Kräutern sind einige frisch gepflückt, andere getrocknet. Alle können im ländlichen Garten gezogen werden. Es sind wunderhübsche Gewächse für gemischte Pflanzungen, aber auch im Haus sind sie von unschätzbarem Wert. Ihre Kultur ist sehr einfach – die meisten mögen es heiß und trocken.

Lorbeer *(Laurus nobilis)* Wird, getrocknet, als Gewürz verwendet; einzeln oder in einem Bouquet garni.

Estragon *(Artemisia dracunculus)*

Basilikum *(Ocimum basilicum ›* Minimum *‹)* Für Salate, Saucen und Käse geeignet.

Schnittlauch *(Allium shoenoprasum)* Wichtiger Bestandteil von feinen Kräutermischungen (fines herbes).

Rosmarin *(Rosmarinus officinalis)* Herrliches Gewürz für Fleisch, Fisch und Gemüse.

Gartensalbei *(Salvia officinalis)* Vielseitig zu verwendendes Gewürz. Ein Aufguß von Purpursalbei *(S. o. ›* Purpurascens *‹)* kann zum Gurgeln benutzt werden.

Thymian *(Thymus sp.)* Die Blätter des holzigen Thymians eignen sich für Gewürzsträußchen und viele andere Zwecke.

Dill *(Anethum graveolens)* Die gefiederten Blätter passen zu Salaten, Eingelegtem, Fisch und Geflügel.

Suppenmajoran *(Origanum onites)* Blätter zum Würzen von Fleisch und Gemüse verwenden.

Echte Kamille *(Matricaria chamomilla)* Die getrockneten Blüten eignen sich für Beruhigungstees.

Schildsauerampfer *(Rumex scutatus)* Für Suppen, Salate und Saucen geeignet.

Kerbel *(Anthriscus cerefolium)* Guter Ersatz für Petersilie und köstlich in Eiergerichten.

Carum petroselinum Schmeckt wie Petersilie, nur intensiver.

Bouquet garni Eingewickelt in Musselin, Petersilienstengel, Thymian, Majoran und ein Lorbeerblatt.

Koriander *(Coriandrum sativum)* Traditionelles Gewürz für Suppen und Eintöpfe.

Das Fluidum des Herbstes

Zu Beginn des Herbstes, in der Zeit der Tagundnachtgleiche, fällt das intensive Sonnenlicht in einem immer flacher werdenden Winkel in den Garten; Details treten reliefartig hervor. Schatten werden länger und Blätter und Stämme von hinten beleuchtet. Da die Temperaturunterschiede zwischen Tag und Nacht immer größer werden, schlägt sich starker Tau nieder, der alles mit kristallenen Tröpfchen überzieht. Graue Rauchschwaden steigen jetzt aus den Gärten empor, denn es ist Zeit, Abfälle und das erste Fallaub zu verbrennen. Astern glühen in der tiefstehenden Sonne, und die Dahlienblüten scheinen den sich ankündigenden Nachtfrost zu ignorieren. Mit etwas Wehmut registriert man, daß der Sommer vorbei ist. Andererseits ist dies die Zeit der Brombeerernte, des rostbraunen Adlerfarns und der blühenden Heide in den Mooren.

Dicker Tau und lange Schatten Der Herbst ist die Zeit, in der morgens Tauperlen auf feinen Spinnengeweben glitzern (rechts) und Bäume und Sträucher am Nachmittag lange Schatten werfen.

Aufräumarbeiten im Obstgarten (gegenüber) Wenn die Üppigkeit des Sommergartens zu welken beginnt, kann mit dem Aufräumen begonnen werden.

Äpfel

Der Apfelbaum (*Malus sylvestris*) mit seinen zahllosen Sorten trägt Früchte, die sowohl das Auge als auch den Gaumen erfreuen. In keinem ländlichen Garten wirkt er deplaziert. Die Pflege junger Bäumchen bereitet große Freude, und knorrige alte Schönheiten sollten gut gehütet werden.

Baker's Delicious Er wird geerntet, sobald er sich orangerot gefärbt hat und bleibt etwa drei Wochen schmackhaft. Er muß vorsichtig behandelt werden.

Red Ellison Bleibt vierzehn Tage knackig, dann wird er weich und entwickelt einen strengen anisartigen Geschmack und Duft.

St. Edmund's Russet Der knackige, saftige Apfel behält seinen typischen Geschmack etwa drei Wochen.

Worcester Pearmain Ein reifer Worchester ist süß, bißfest und auf einer Seite leuchtendrot. Am besten bei Bedarf ernten.

Queen Cox Intensiv gefärbte, aromatische Sorte, die sich nach dem Pflücken drei Monate hält.

Lobo Die tiefrote Schale bildet einen Kontrast zu dem saftigen weißen Fleisch. Ideal für Salat, Kuchen und Kompott.

Sunset Saftiger, aber fester Apfel mit einem kräftigen säuerlichen Aroma und einer typischen Färbung.

Ribston Pippin Soll der Vorfahre des Cox sein und hat einen kräftigen, würzigen Geschmack, der sich mit den ziegelroten Bäckchen entwickelt. Während des Winters reift er nach.

Orleans Reinette Großer, würziger Russet-Apfel, der beim Reifen im Spätherbst orange anläuft. Intensiver, nussiger Geschmack und eine mehlige Beschaffenheit.

Cornish Gilliflower Auffällig gerippt; Ernte erfolgt, wenn er bräunlich anläuft. Köstlich, knackig und süß.

Michaelmas Red Tiefrote Haut und weiches Fleisch, das saftig und leicht süß ist. Klein, sofern im Frühsommer nicht ausgedünnt.

Warner's King (Kochapfel) Im Frühwinter ist er am besten. Gut geeignet für Apfelklöße.

Arthur Turner (Kochapfel) Vom Hochsommer bis zum Frühwinter wöchentlich die größten Exemplare ernten. Ausgezeichnet zum Backen geeignet.

Merton Joy Schöner, Mitte der Saison reifender Apfel. Knackig und recht sauer, wird aber schnell weicher und entwickelt ein unverwechselbares würziges Aroma.

Monarch (Kochapfel) Oberfläche glänzend und leicht »eingedrückt«. Ausgezeichnet für Hackfleisch und gut zum Braten geeignet.

Woolbrook Russet (Kochapfel) Mattgrün, säuerlich und so vielseitig verwendbar wie Bramley. Die Haut wird im Winter schrumpelig.

Bramley (Kochapfel) Die Sorte ist nicht einheitlich grün, sondern manchmal hübsch karminrot überlaufen. Wird leicht durch Frost geschädigt.

Herbstliche Farben

Die Intensität der Herbstfarben ist – je nach Witterung – von Jahr zu Jahr unterschiedlich (ein kräftiger Temperatursturz läßt zwar flüchtigere, aber leuchtendere Töne entstehen) und auch von Gegend zu Gegend, abhängig von Landesnatur und vom Bodentyp. Auf sauren Böden sind beispielsweise Rottöne besonders tief, während auf Kalkböden die Blätter von Feldahorn und *Sorbus sp.* ein kräftiges Gelb aufweisen. Allgemein sind die Herbstfarben im Norden weitaus subtiler, und in den Mooren dominieren die zarten Goldtöne der Birken und violette Flecken.

Farbenprächtige Früchte

Die prächtigen Farben im Herbst sind nicht zuletzt Früchten zu verdanken, die nicht unbedingt eßbar sein müssen, obwohl ein Garten mit reichtragenden Apfelbäumen in der Herbstsonne einen wunderbaren Anblick bietet. Unter den kleineren Zierbäumen entwickeln verschiedene Sorten der Eberesche (*Sorbus aucuparia*) eine ganze Palette von bunten Beeren. Sie reichen von den rosaweißen Früchten des *S. a.* › Cashmiriana ‹ über Gelb und Amber des *S. a.* ›Joseph Rock ‹ bis hin zum Scharlachrot des *S. a.* › Matsumurana ‹. Dann sind da die reizvollen Früchte der Holzäpfel, der Gattung *Malus*. *Malus* › Gold Hornet ‹ bleibt bis zur Wintermitte dekorativ, und aus den scharlachorangen kegeligen Früchten des *Malus* › John Downie ‹ läßt sich herrliches Gelee bereiten. *Malus* › Red Sentinel ‹ entwickelt dicke Büschel purpurroter Früchte, die bis zum folgenden Frühjahr schwer an den Ästen hängen.

Viburnum, Pyracantha und Cotoneaster liefern zusammen eine riesige Vielfalt an Beeren in Blau-, Orange-, Rot- und Gelbtönen. Diese Sträucher oder Kletterpflanzen harmonieren fast immer mit ihrer Umgebung.

Seitenlicht (unten links) Das intensive Licht der Herbstsonne unterstreicht die Konturen und Farben im tiefen Schatten. Hier eine alte Buche, und im Hintergrund vom Sonnenlicht durchflutetes dichtes Strauchwerk.

Orangefarbene Beeren des Feuerdorns (unten) *Pyracantha sp.* ist ein naher Verwandter vieler Cotoneaster-Sorten. Im Frühsommer entwickeln sie ein Meer weißer Blüten und im Herbst großartig gefärbte Beeren.

Sonnenlicht im Spätherbst (gegenüber) Hier fällt die spätherbstliche Sonne auf eine Reihe von Pappeln und eine Hainbuchenhecke (*Carpinus sp.*), die rot erglüht. Wie Buchen behalten auch Hainbuchen ihr Laub im Winter.

Gemüseernte

Wenn irgend etwas den Gourmet in uns anspricht, so ist es eine solche Auswahl an Gartengemüsen. Sie sind zur Erntezeit, während des Wachstums und im Kochtopf gleichermaßen verlockend.

Topinambur *(Helianthus tuberosus)* Köstliche Knollen für feine Suppen.

Haferwurzel *(Tragopogon porrifolius)* Hat gegart einen austernartigen Geschmack.

Zuckermais *(Zea mays)* Wird aus Gründen der Optik und Befruchtung in Reihen oder Blöcken gepflanzt.

Rote Rübe *(Beta vulgaris)* Vielseitig verwendbare Gemüse- oder Salatpflanze.

Speiserübe *(Brassica rapa)* Violett überlaufene Sorte, die jung am zartesten ist.

Wiesenchampignon *(Psalliota campestris)* Köstlicher Begleiter nebliger Herbstmorgen.

Möhre *(Daucus carota)* Schlanke Sorte, die roh oder gegart gegessen werden kann.

Zwiebel *(Allium cepa)* Zwei Sorten aus der Vielzahl von Typen eines unverzichtbaren Gemüses.

Kohlrabi *(Brassica oleracea caulorapa)* Braucht während des Wachstums Feuchtigkeit.

Violetter Brokkoli *(Brassica oleracea italica)* Die Ernte erfolgt im Herbst und Winter.

Grüner Brokkoli *(Brassica oleracea italica)* Empfindlicher als der violette, hat aber einen intensiveren Geschmack.

Runde Zucchini *(Cucurbita pepo)* In der Küche vielseitig verwendbares Gemüse.

Knollensellerie *(Apium graveolens rapaceum)* Besitzt schmackhaftes weißes Fleisch.

Riesenkürbis *(Cucurbita maxima,* rechts) und **Gartenkürbis** *(C. pepo.)* Schmecken jung am besten.

Markkürbis *(Cucurbita pepo)* Am besten klein oder mittelgroß ernten.

Aufräumarbeiten

Lange bevor der Herbst auf dem Kalender zu Ende geht, müssen wir Laub und Abfall zusammenrechen, beiseite räumen, verbrennen und Kompost oder gut verrotteten Stallmist ausstreuen. Jetzt ist die beste Gelegenheit, viele Pflanzen in Ordnung zu bringen oder zu versetzen und, wenn notwendig, auch zu teilen. Oft gerät man in Versuchung, diese Arbeiten bis zum Frühjahr aufzuschieben, doch dann sind die einzelnen Stauden nicht zu erkennen beziehungsweise gar nicht sichtbar.

Zurückgeschnitten werden nur jene Sträucher, die tatsächlich winterhart sind. Lange, dünne Triebe des vergangenen Jahres schützen manche Pflanzen im Winter auch vor schweren Frösten, wie beispielsweise bei Lavendel.

Stauden (rechts) Um Stauden zu teilen, schiebt man zwei Mistgabeln in den Wurzelballen und drückt sie auseinander. Funktioniert diese Methode nicht oder hat die Pflanze ein Rhizom, nimmt man einen Spaten und schlägt die Wurzeln entzwei.

Herbstfeuer (unten) Feuer machen im Obstgarten gehört zu den herbstlichen Aufräumarbeiten, mit denen der Garten für die Winterruhe vorbereitet wird.

Beispiele für Gartengestaltung

Die auf den folgenden Seiten gezeigten Pläne repräsentieren einige meiner Gestaltungsvorschläge für ländliche Gärten. Einer davon (s. S. 195) ist ein Beispiel dafür, wie man mit dem neuen ländlichen Stil einen Garten auf einem Stadtgrundstück ungezwungen und pflegeleicht gestalten kann. Die übrigen für ländliche Gegenden gemachten Vorschläge veranschaulichen eine Vielzahl von Problemen, die häufig auftreten und auf vielerleiweise – entsprechend den Bedürfnissen des Gartenbenutzers – gelöst werden können. Vielleicht finden Sie hier einige Inspirationen für die Planung Ihres Gartens.

Eine private Atmosphäre schaffen

Ein Problem dieses großen Gartens war der Mangel an Intimität. Auf der Nordseite des Hauses hat man einen reizvollen Ausblick auf einen Fluß, an dessen gegenüberliegendem Ufer sich ein der Öffentlichkeit zugänglicher Grund befindet. Die Südseite des Hauses liegt an einer Straße. Die Vordertür wurde selten benutzt, weil man sie nur über einen kleinen, von der Straße abzweigenden Weg erreichen konnte. Statt dessen betrat man das Haus durch die Küchentür auf der Ostseite. Der Garten wurde neu ausgerichtet, und zwar weg vom Fluß und hin zu einer wunderschönen Wiese voller Blumen. Eine neue Eibenhecke schirmt den Garten von Straße und Vorhof ab, während die Nordseite durch

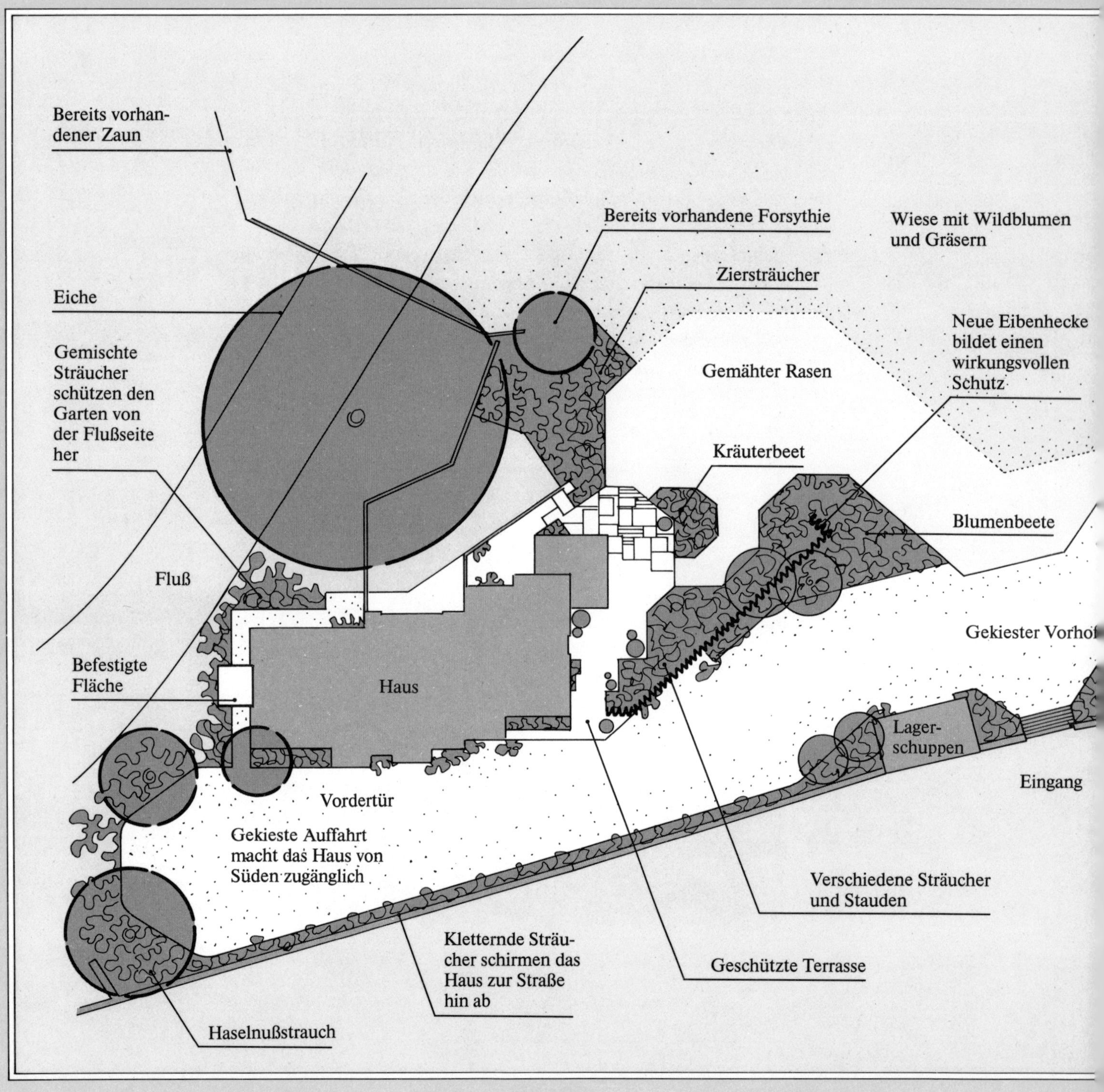

Sträucher vor Einblicken geschützt wird. Auf der Südseite des Hauses führt jetzt eine gekieste Auffahrt zur Vordertür. Der Gemüsegarten liegt weiter vom Haus entfernt und wird durch eine Buchsbaumhecke abgeschirmt.

Stadtgarten

Dieser kleine Stadtgarten wurde mit der Absicht neu konzipiert, daß er wenig Pflege erfordert und weitläufig wirkt. Trotz der Neugestaltung erhielt die Anlage das Erscheinungsbild eines alten, sich selbst überlassenen Gartens.

Der Rasen ist durch eine mit Steinen gepflasterte Terrasse und verschiedene Kiesebenen mit Pflanzen ersetzt worden. Große Trittsteine verbinden die Flächen. Am Gartenende entstand eine Spielwiese, die teilweise verdeckt ist.

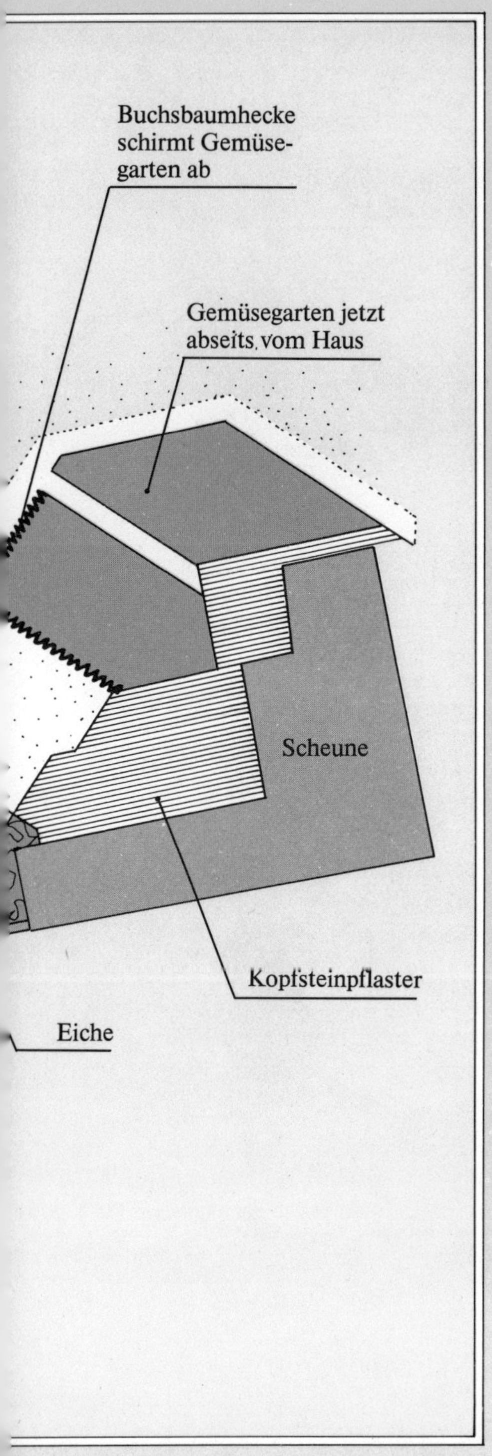

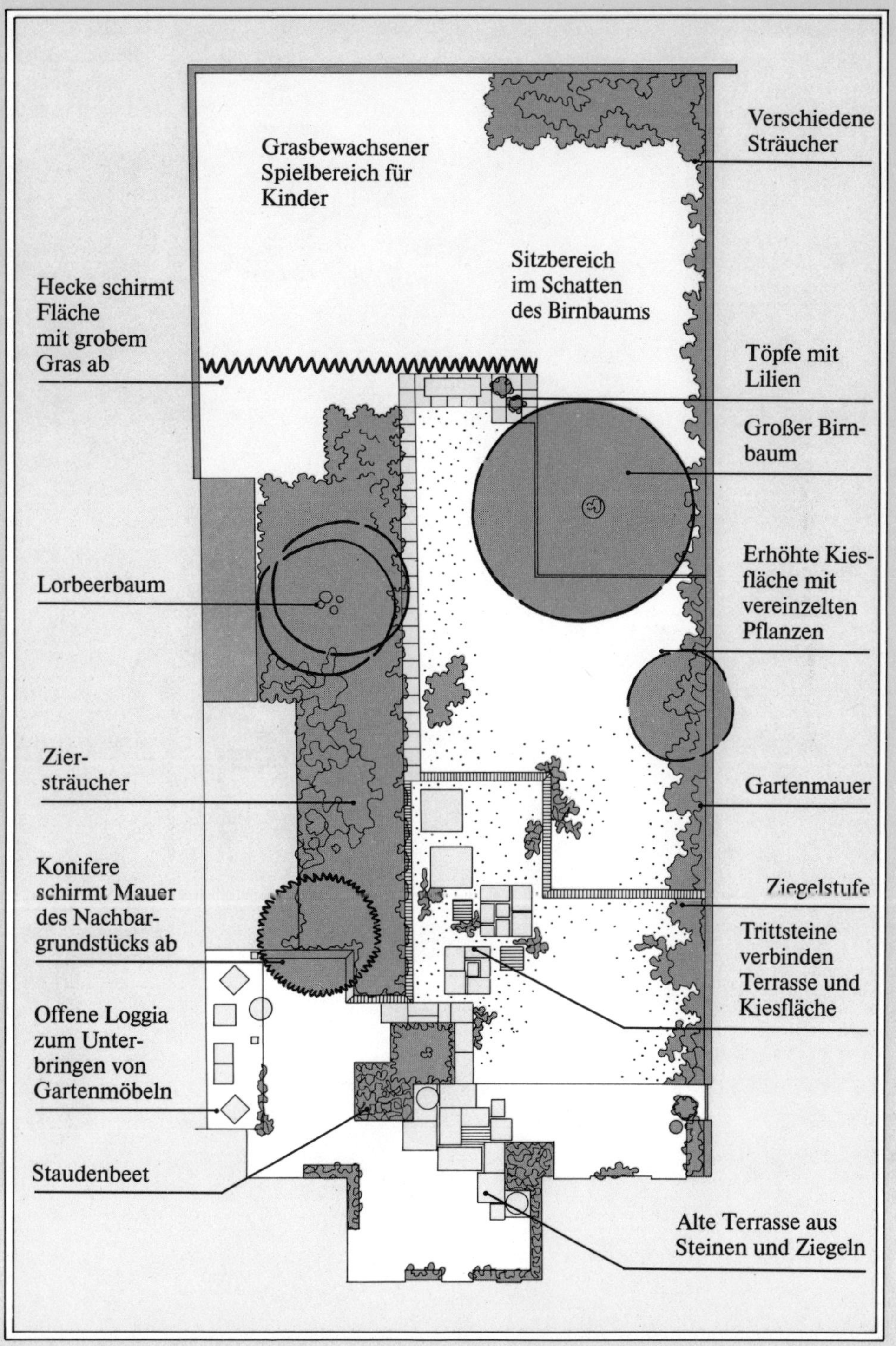

Zweckmäßige und natürliche Anlage

Die Besitzer dieses Grundstücks wünschten sich einen Garten, der wenig Aufmerksamkeit und Pflege erfordert. Er wurde daher etwas wild konzipiert, was in einer Anlage von fast 4000 m² sehr hübsch aussieht. Dicht beim Haus entstand eine Ziegelterrasse, die durch Blumentöpfe aufgelockert wird. Sie führt zu einem gemähten Rasen, hinter dem der Blick auf einige bereits vorhandene alte Obstbäume und Flächen mit üppigen groben Gräsern und Zwiebelblumen gelenkt wird. Reizvoll ist vor allem ein grasbewachsener Hügel, an dessen Rand immergrüne Pflanzen wachsen. Neben dem Haus liegt ein Spielbereich mit pflegeleichten, ganzjährig schönen Sträuchern.

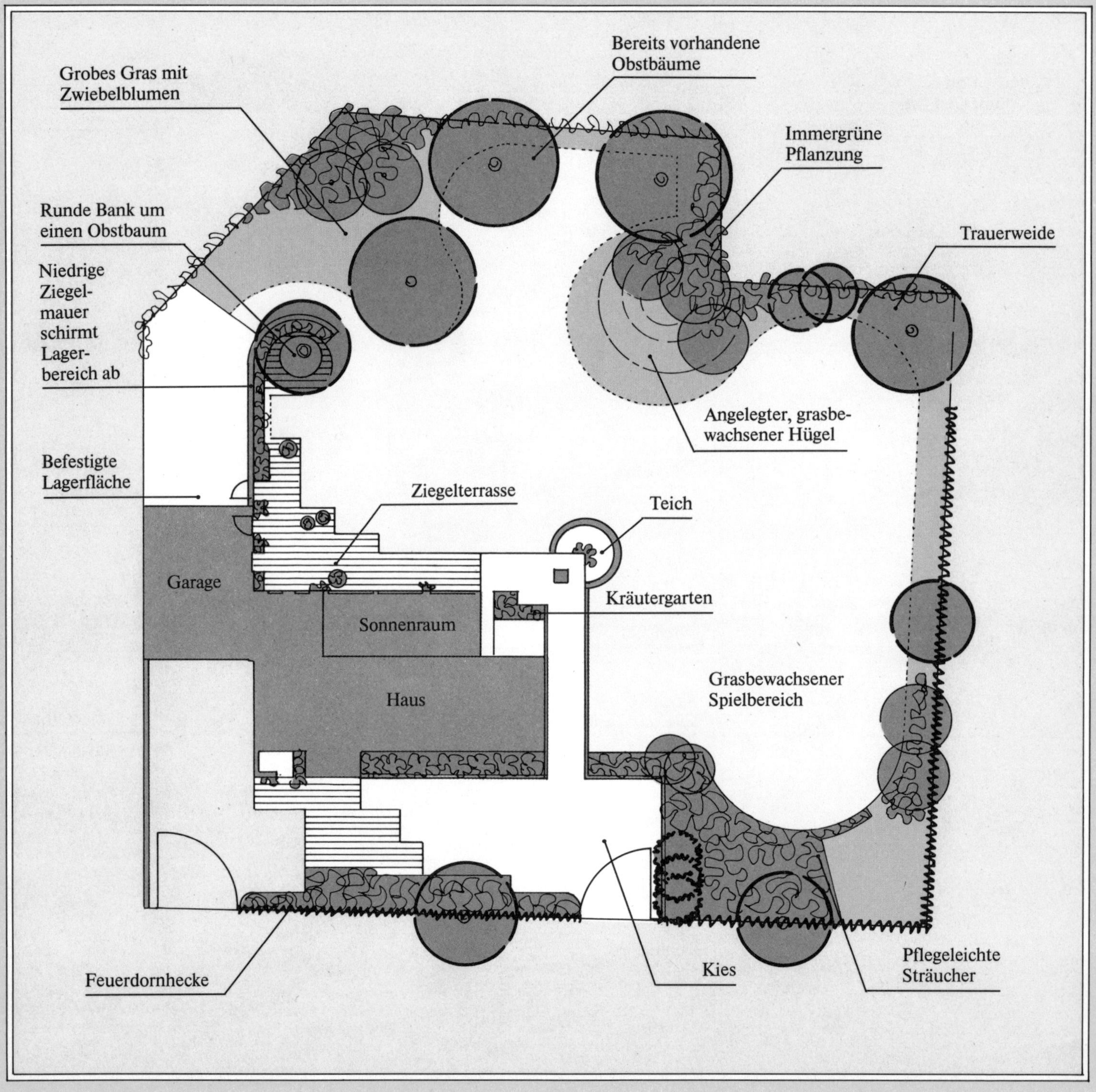

Nutzung des vorhandenen Raums

Zu diesem Haus gehört ein großes Grundstück, doch nur ein kleiner Teil wurde als Garten genutzt. Der Garten befand sich hinter dem Haus und lag etwa 1,5 m erhöht. Er war von einengenden Mauern und hohen Bäumen der Nachbarschaft umgeben. Südlich vom Haus befand sich eine Parkfläche, die die Aussicht auf eine schöne Scheune versperrte. Jetzt ist der Garten erweitert worden. Von einer Terrasse aus schaut man über einen Rasen und direkt auf die Scheune. Es entstand ein Hintereingang, und Autos stehen am anderen Ende des Hofes. Im mauerumgebenen Garten wachsen jetzt Strauchrosen und zwischen hohem Gras Zwiebelblumen.

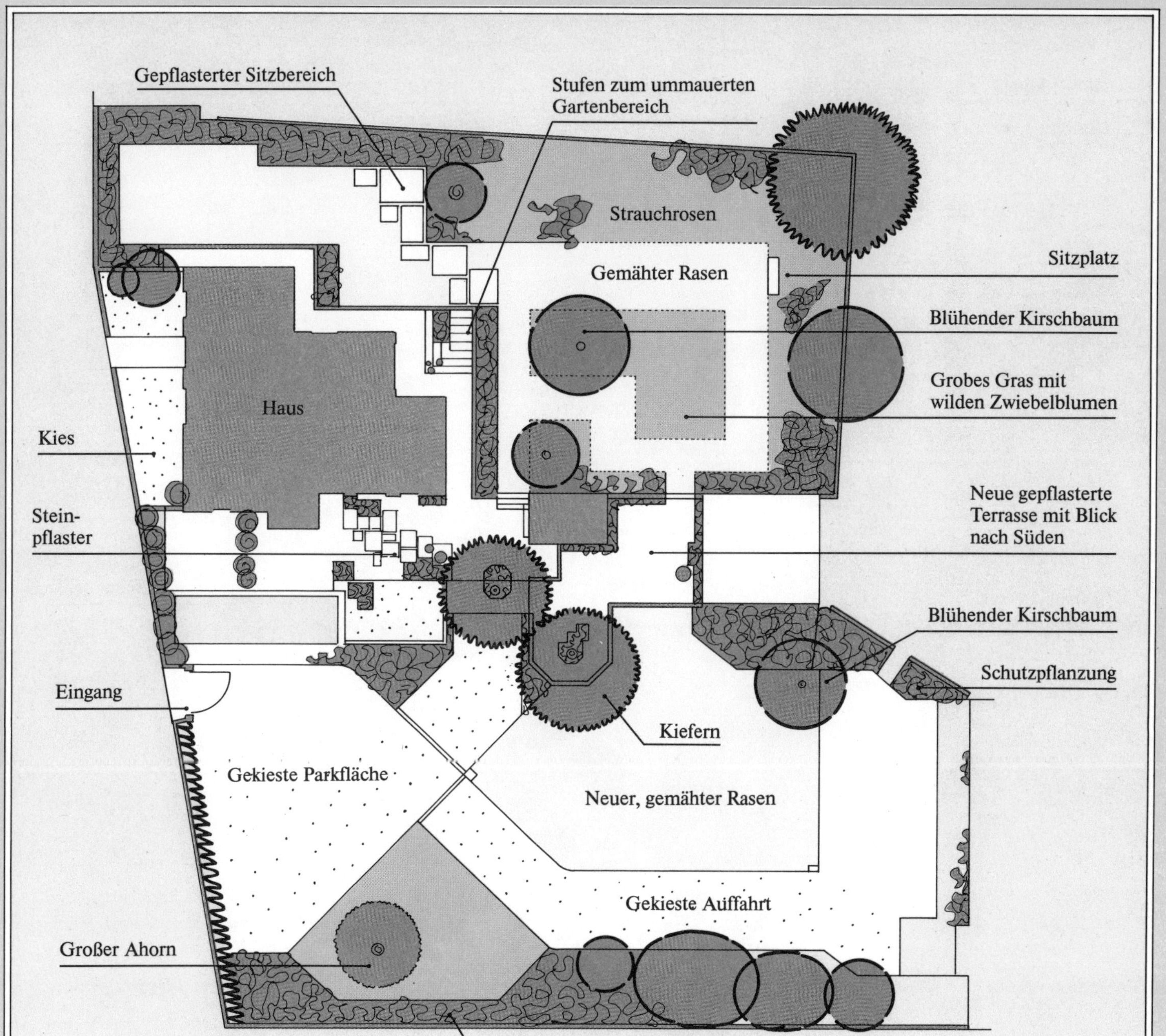

Eine Aussicht öffnen

Dieses Herrenhaus hat einen großen Garten, dessen Anlage sehr steif und konstruiert wirkte. Ziel war, die Gartengestaltung in harmonischeren Einklang mit der umgebenden Landschaft zu bringen. Bei dem Zugang zum Herrenhaus blieb der Stil erhalten: Hier stehen in einem gekiesten Vorhof Platanen. Hinter dem Haus erlaubt ein neuer L-förmiger Graben eine uneingeschränkte Aussicht vom Haus auf eine Parklandschaft. Es wurden Flächen mit gröberen Gräsern einbezogen, um das Haus einzurahmen und das Schwimmbecken am Rand des Gartens abzuschirmen. Die Anlage um das Haus ist klarer und einfacher geworden, mit breiten Steinterrassen und Sträuchern.

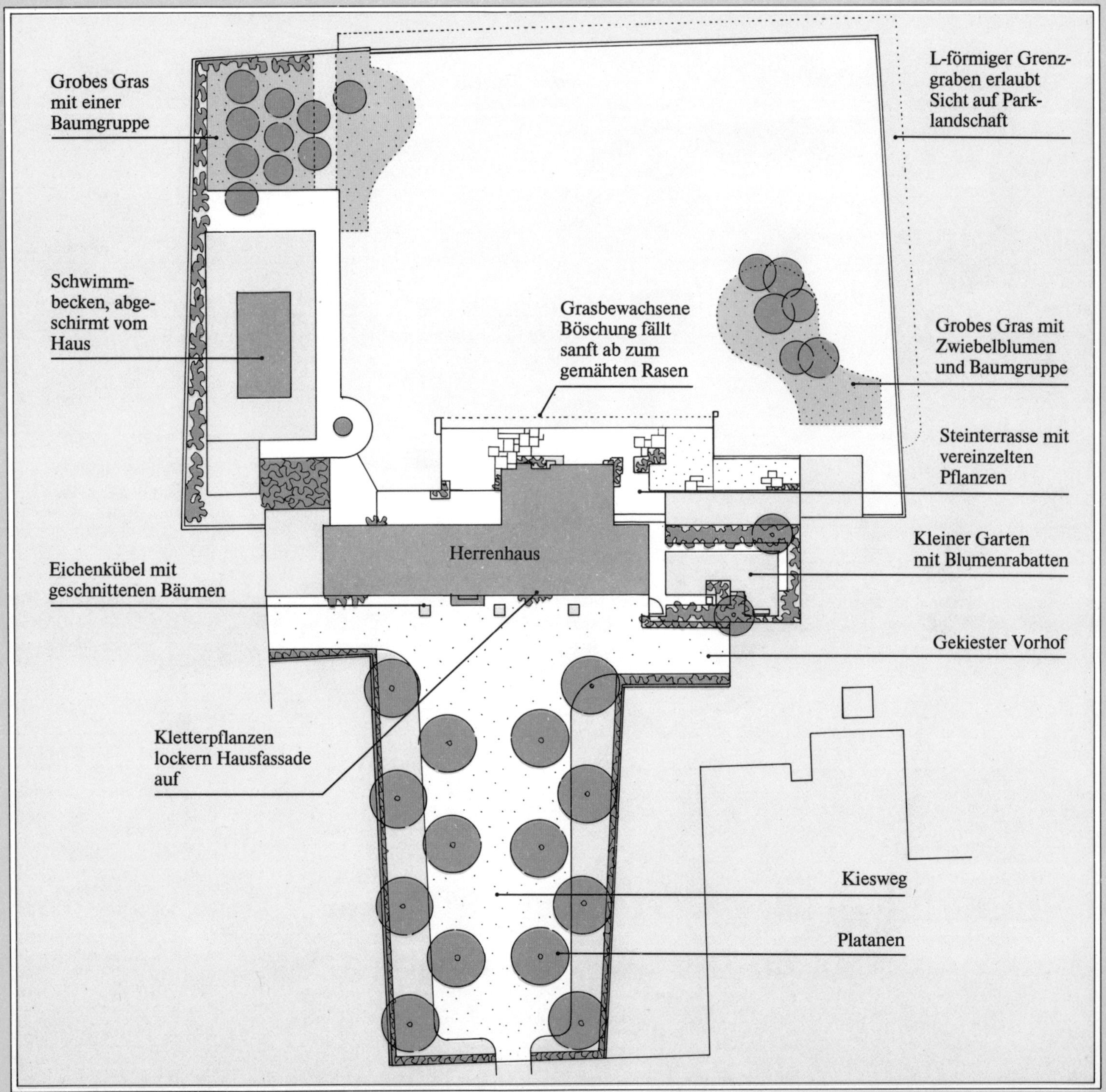

Umwandlung eines Gartens

Dieses Haus hat im Süden eine schöne Aussicht über kultivierte Felder. Zwischen Haus und Feldern befand sich jedoch ein Zaun und ein häßlicher gekiester Wendeplatz für Autos, so daß man den Blick nicht genießen konnte. Deshalb sollte der Garten umgestaltet werden. An der Rückseite des Hauses entstand ein zweckmäßiger gekiester Hof, während der alte Wendeplatz in einen Rasen umgewandelt wurde. Nach Entfernen des Grenzzaunes ist vom Haus die Sicht auf die Felder frei, die man von der neuen Ziegelterrasse aus genießen kann. Eine Gruppe von Weißbirken ersetzt die ehemalige gekieste Auffahrt. Die Kanten des Rasens wurden mit grobem Gras und Zwiebelblumen gestaltet.

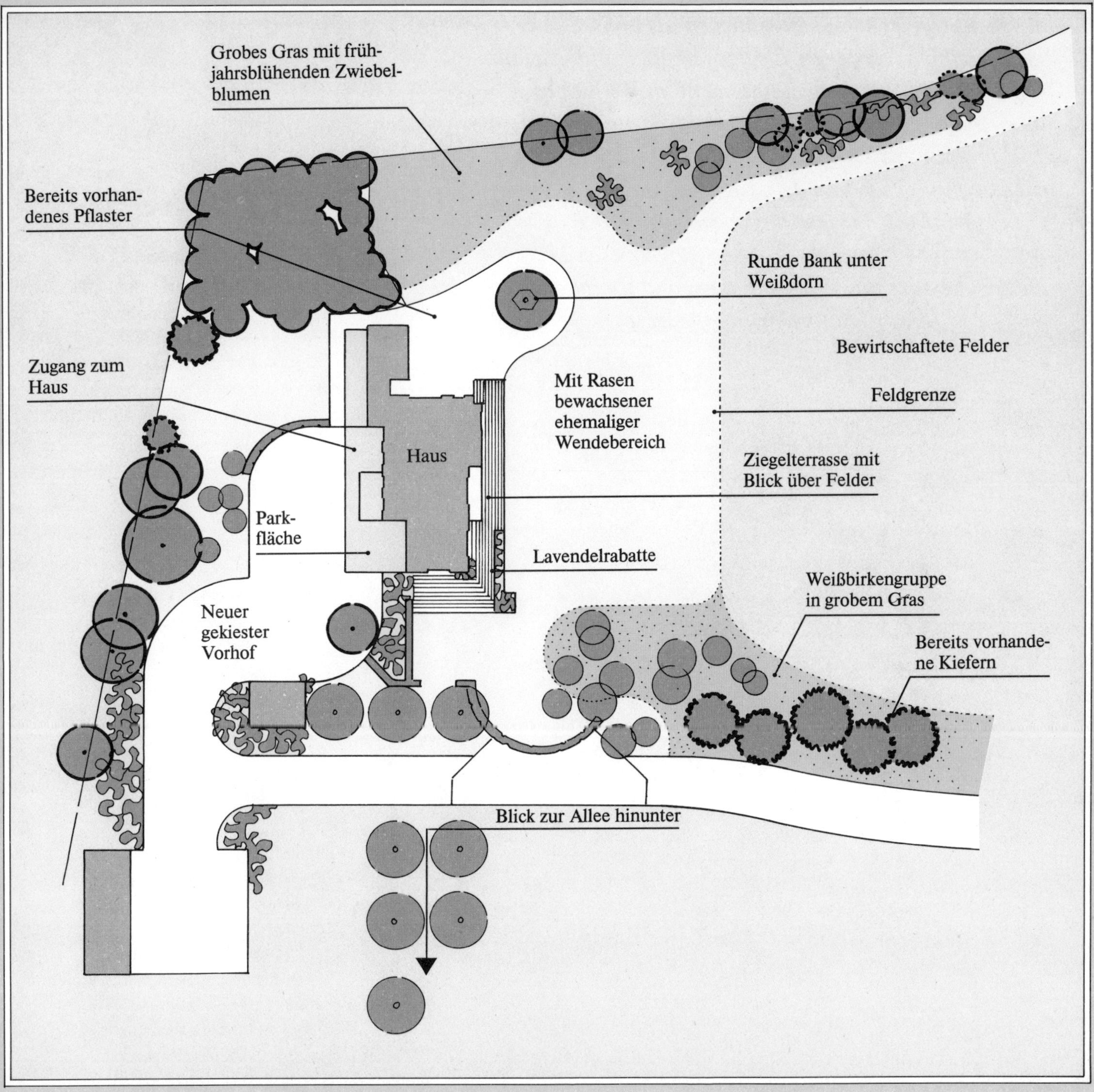

Pflanzen für natürliche Gärten

Die nachfolgenden Listen dienen als Führer, um Pflanzen wählen zu können, die den jeweiligen Landschaftsbedingungen entsprechen und nicht im Widerspruch zu ihnen stehen. Bei sorgfältiger Auswahl kann eine reizvolle Harmonie zwischen den Pflanzen innerhalb Ihrer Grundstücksgrenzen und denen jenseits davon geschaffen werden. Die Pflanzen setzen sich zusammen aus heimischen Gewächsen sowie Arten aus anderen Ländern, die sich bei uns eingebürgert haben, und Zierpflanzen, die in ländliche Gärten passen.

Juglans regia
Walnußbaum

HEIMISCHE BÄUME

Acer campestre Feldahorn
Acer platanoides Spitzahorn
Acer pseudoplatanus Bergahorn
Aesculus hippocastanum Gemeine Roßkastanie
Alnus cordata Neapolitanische Erle
Alnus glutinosa Schwarzerle
Alnus incana Grauerle
Betula pendula Weißbirke
Betula pubescens Moorbirke
Carpinus betulus Hainbuche
Castanea sativa Eßkastanie
Corylus avellana Gemeine Haselnuß
Crataegus monogyna Eingriffliger Weißdorn
Fagus sylvatica Rotbuche
Fraxinus excelsior Gemeine Esche
Ilex aquifolium Stechpalme
Juglans regia Walnußbaum
Malus sylvestris Holzapfel
Pinus sylvestris Gemeine Kiefer
Populus candicans ›Aurora‹
Populus canescens Graupappel
Populus nigra italica Pyramidenpappel
Populus tremula Zitterpappel
Prunus avium Süßkirsche, Vogelkirsche
Prunus padus Traubenkirsche
Pyrus communis Kulturbirne
Pyrus pyraster Wildbirne
Quercus cerris Zerreiche

Quercus petraea Traubeneiche
Quercus robur Stieleiche
Quercus rubra Amerikanische Roteiche
Salix alba Silberweide
Salix alba › Britzensis ‹
Salix alba › Caerulea ‹
Salix alba var. vitellina Dotterweide
Salix caprea Salweide
Salix cinerea Grauweide
Salix daphnoides Reifweide
Salix fragilis Knackweide
Salix pentandra Lorbeerweide
Salix viminalis Korbweide
Sorbus aria Mehlbeere
Sorbus aucuparia Eberesche
Sorbus intermedia Oxelbeere
Sorbus torminalis Elsbeere
Taxus baccata Gemeine Eibe
Taxus baccata ›Fastigiata‹ Säuleneibe
Tilia cordata Winterlinde
Tilia platyphyllos Sommerlinde
Ulmus glabra Bergulme
Ulmus procera Englische Ulme
Viburnum lantana Wolliger Schneeball

HEIMISCHE STRÄUCHER

Buxus sempervirens Buchsbaum
Calluna vulgaris Heidekraut, Besenheide
Clematis vitalba Waldrebe
Cornus alba Weißer Hartriegel
Cornus sanguinea Blutroter Hartriegel
Corylus avellana Gemeine Haselnuß

Lonicera periclymenum
Waldgeißblatt

Crataegus laevigata Zweigriffliger Weißdorn
Crataegus monogyna Eingriffliger Weißdorn
Cytisus scoparius Besenginster
Daphne laureola Lorbeerseidelbast
Erica cinerea Grauheide
Erica tetralix Moorheide
Euonymus europaea Pfaffenhütchen
Hippophae rhamnoides Sanddorn
Hypericum androsaemum Hartheu
Juniperus communis Gemeiner Wacholder
Ligustrum vulgare Gemeiner Liguster
Lonicera periclymenum Waldgeißblatt
Myrica gale Gagelstrauch
Prunus spinosa Schlehdorn
Rhamnus catharticus Kreuzdorn
Rhamnus frangula Faulbaum
Rosa arvensis Kriechrose, Feldrose
Rosa canina Hundsrose
Rubus fruticosus Echte Brombeere
Ruscus aculeatus Stechender Mäusedorn
Salix cinerea Grauweide
Salix purpurea Purpurweide
Salix viminalis Korbweide
Sambucus nigra Schwarzer Holunder
Symphoricarpos albus Schneebeere
Ulex europaeus Stechginster
Vaccinium myrtillus Heidelbeere
Viburnum opulus Gemeiner Schneeball

STRAUCHROSEN FÜR GROSSE PFLANZUNGEN

Rosa ›Dunwich Rose‹
Rosa nitida
Rosa ›Nozomi‹
Rosa ›Paulii‹
Rosa ›Red Blanket‹
Rosa ›Rosa Cushion‹
Rosa rugosa ›Frau Dagmar Hartopp‹
Rosa rugosa ›Max Graf‹
Rosa rugosa ›Smarty‹
Rosa rugosa ›Swany‹

BAMBUS UND GRÄSER

BAMBUSGRAS
Arundinaria variegata
Arundinaria viridistriata

Rosa rugosa
›Frau Dagmar Hartopp‹

Phyllostachys aurea Goldbambus
Phyllostachys flexuosa
Phyllostachys nigra Schwarzer Bambus
Phyllostachys nigra henonis
Phyllostachys viridiglaucescens
Sasa palmata Zwergbambus
Sasa tesselata
Semiarundinaria fastuosa
Sinarundinaria nitida
Thamnocalamus spathaceus

GRÄSER
Achnatherum calamargrostis Raugras, Ränkgras
Agrostis capillaris Rotes Straußgras
Agrostis stolonifera Weißes Straußgras
Alopecurus pratensis aureus Wiesenfuchsschwanz
Arundo donax Pfahlrohr, Riesenschilf
Avenella flexuosa Drahtschmiele
Bouteloua gracilis Moskitogras
Brachypodium pinnatum Fiederzwenke
Brachypodium sylvaticum Waldzwenke
Briza media Gemeines Zittergras
Calamagrostis acutiflora Gartensandrohr
Carex morrowii alba
Carex morrowii variegata Japansegge
Carex pendula Hängesegge, Riesensegge
Carex riparia variegata Ufersegge
Cortaderia fulvida
Cortaderia pulmila

Briza media
Gemeines Zittergras

Cortaderia rendatlevi
Cortaderia richardii
Cortaderia richardii ›Sunningdale Silver‹
Cortaderia selloana monstrosa Pampasgras
Cynosurus cristatus Weidekammgras
Cyperus vegetus Zypergras
Deschampsia cespitosa Rasenschmiele
Elymus arenarius Strandroggen
Eriophorum angustifolium Schmalblättriges Wollgras
Festuca amethystina Amethystschwanzgras
Festuca arundinacea Rohrschwingel
Festuca filiformis Feinschwingel
Festuca glacialis Gletscherschwingel
Festuca ovina ›Glauca‹ Schafschwingel
Festuca punctola
Festuca rubra Rotschwingel
Glyceria fluitans Flutender Schwaden
Glyceria maxima Wasserschwaden
Glyceria maxima ›Variegata‹ Weißbunter Wasserschwaden
Glyceria plicata Faltschwaden
Hakonechloa macra ›Albo-aurea‹
Helictotrichon sempervirens Blaustrahlhafer
Holcus mollis ›Variegatus‹ Weiches Honiggras
Hordeum murinum Mäusegerste
Koeleria sp. Kammschmiele, Schillergras
Lolium perenne Deutsches Weidelgras
Melica uniflora Einblütiges Perlgras
Milium effusum Waldflattergras
Milium effusum aureum
Miscanthus sacchariflorus Silberfahnengras
Miscanthus sinensis ›Gracillimus‹ Chinaschilf
Miscanthus sinensis ›Silver Feather‹
Miscanthus sinensis variegata
Miscanthus sinensis ›Zebrinus‹
Molinia altissima Hohes Pfeifengras
Molinia coerulea ›Variegata‹ Pfeifengras, Besenried
Pennisetum orientale Federborstengras
Pennisetum setaceum
Phalaris arundinacea ›Picta‹ Rohrglanzgras
Phleum pratense Wiesenlieschgras
Poa pratensis Wiesenrispengras
Poa trivialis Gemeines Rispengras
Scirpus tabernaemontani Salzteichbinse
Spartina pectinata ›Aureo-marginata‹ Goldleistengras
Stipa arundinacea Federgras
Stipa gigantea Pyrenäenfedergras
Uniola latifolia Plattährengras

WILDBLUMEN

WALD
Digitalis purpurea Roter Fingerhut
Hypericum hirsutum Rauhhaariges Hartheu
Lychnis flos-cuculi Kuckucksblume
Myosotis arvensis Ackervergißmeinnicht
Silene dioica Rotes Leimkraut
Stachys sylvaticus Waldziest

HECKE
Achillea millefolium Schafgarbe
Campanula rotundifolia Rundblättrige Glockenblume
Chrysanthemum leucanthemum Wiesenmargerite
Digitalis purpurea Roter Fingerhut
Hypericum perforatum Johanniskraut
Myosotis arvensis Ackervergißmeinnicht
Petroselinum crispum Petersilie
Prunella vulgaris Gemeine Braunelle
Silene dioica Rotes Leimkraut
Stachys sylvatica Waldziest

KÜSTE
Achillea millefolium Schafgarbe
Anthyllis vulneraria Wundklee
Campanula rotundifolia Rundblättrige Glockenblume
Galium verum Echtes Labkraut
Lotus corniculatus Gemeiner Hornklee
Myosotis arvensis Ackervergißmeinnicht

SAURER BODEN
Campanula rotundifolia Rundblättrige Glockenblume
Cichorium intybus Zichorie, Wegwarte
Digitalis purpurea Roter Fingerhut
Dipsacus sativus Weberkarde
Hypericum perforatum Johanniskraut
Hypericum pulchrum Schönes Hartheu

KALKBODEN
Achillea millefolium Schafgarbe
Anthyllis vulneraria Wundklee
Campanula rotundifolia Rundblättrige Glockenblume
Chrysanthemum leucanthemum Wiesenmargerite
Cichorium intybus Zichorie, Wegwarte
Galium verum Echtes Labkraut
Hypericum perforatum Johanniskraut
Lotus corniculatus Gemeiner Hornklee

Myosotis arvensis
Ackervergißmeinnicht

Medicago lupulina Hopfenklee
Plantago lanceolata Spitzwegerich
Prunella vulgaris Gemeine Braunelle
Sanguisorba minor Pimpernell

TONBODEN
Achillea millefolium Schafgarbe
Anthyllis vulneraria Wundklee
Chrysanthemum leucanthemum Wiesenmargerite
Galium verum Echtes Labkraut
Lotus corniculatus Gemeiner Hornklee
Medicago lupulina Hopfenklee
Plantago lanceolata Spitzwegerich
Prunella vulgaris Gemeine Braunelle
Silene alba Weißes Leimkraut

LEHMBODEN
Chrysanthemum leucanthemum Wiesenmargerite
Galium verum Echtes Labkraut
Lotus corniculatus Gemeiner Hornklee
Lychnis flos-cuculi Kuckucksblume
Medicado lupulina Hopfenklee
Petroselinum crispum Petersilie
Plantago lanceolata Spitzwegerich
Prunella vulgaris Gemeine Braunelle
Sanguisorba minor Pimpernell

BODENDECKENDE PFLANZEN

TROCKENER SCHATTEN
Acanthus longifolius Stachelähre
Acanthus mollis
Alchemilla mollis Weicher Frauenmantel
Anaphalis triplinervis Perlpfötchen
Artemisia sp. Beifuß
Berberis sp. Berberitze
Brunnera macrophylla Kaukasusvergißmeinnicht
Cornus canadensis Büschelbeere
Epimedium perralderianum Elfenblume
Euphorbia sp. Wolfsmilch
Festuca glauca Blauschwingel
Geranium sp. Storchschnabel
Hedera sp. Efeu
Heuchera sp. Purpurglöckchen
Hypericum sp. Hartheu, Johanniskraut
Iris foetidissima Schwertlilie
Lamium sp. Taubnessel

Viola canina
Hundsveilchen

Lavandula sp. Lavendel
Liriope muscari
Mahonia aquifolium Mahonie
Omphalodes cappadocica Gedenkemein
Pachysandra terminalis Ysander
Polygonatum sp. Salomonssiegel
Polygonum sp. Knöterich
Prunus zabeliana
Pulmonaria sp. Lungenkraut
Sarcococca humilis Schleimbeerenstrauch
Stachys sp. Ziest
Symphoricarpus sp. Schneebeere
Tiarella cordifolia Schaumblüte
Vinca minor Kleines Immergrün
Waldsteinia sp.

FEUCHTER SCHATTEN
Ajuga sp. Günsel
Alchemilla sp. Frauenmantel
Astrantia sp. Sterndolde
Bergenia sp. Bergenie
Caltha sp. Dotterblume
Cornus canadensis Büschelbeere
Epimedium sp. Elfenblume
Hosta sp. Funkie
Leucothoe walteri
Lysimachia sp. Felberich
Polygonatum sp. Salomonssiegel
Polygonum sp. Knöterich
Primula sp. Primel
Pulmonaria sp. Lungenkraut
Salix sp. Weide

NAHRUNGSPFLANZEN FÜR TIERE

BÄUME UND STRÄUCHER
Amelanchier lamarckii Kupferfelsenbirne
Arbutus sp. Erdbeerbaum
Arctostaphylos uva-ursi Echte Bärentraube
Aucuba japonica Aukube
Berberis sp. Berberitze
Buddleia sp. Schmetterlingsstrauch
Callicarpa ›Profusuion‹ Schönfrucht
Chaenomeles sp. Zierquitte
Clerodendrum trichotomum Losbaum
Colutea arborescens Gemeiner Blasenstrauch
Cornus sp. Hartriegel
Corylus avellana Gemeine Haselnuß
Corylus maxima ›Purpurea‹ Bluthasel
Cotoneaster sp. Zwergmispel
Crataegus monogyna Eingriffliger Weißdorn
Daphne mezereum Gemeiner Seidelbast
Decaisnea fargesii Blauschote
Dorycnium sp. Backenklee
Euonymus europaeas ›Intermedius‹ Pfaffenhütchen
Euonymus europaeas ›Red Cascade‹
Euonymus hamiltoniana var. yedoensis
Euonymus planipes
Gaultheria procumbens Scheinbeere
Hebe sp. Strauchveronika
Hippophae rhamnoides Sanddorn
Hypericum androseamum Hartheu, Johanniskraut
Hypericum forestii
Hypericum inodorum ›Elstead‹
Ilex sp. Stechpalme
Lonicera periclymenum Waldgeißblatt
Mahonia sp. Mahonie
Malus sp. Apfelbaum
Nandina domestica
Osmanthus decorus Duftblüte
Pernettya mucronata ›Bell's Seedling‹ Torfmyrte
Poncirus trifoliata Bitterorange
Populus nigra Schwarzpappel
Prunus sp. Kirsche
Pyracantha sp. Feuerdorn
Rhamnus frangula Faulbaum
Rhus typhina Essigbaum

Papaver rhoeas
Klatschmohn

Ribes odoratum Wohlriechende Johannisbeere
Rosa sp. Rose
Rubus sp. Brombeere
Ruscus aculeatus Stechender Mäusedorn
Salix sp. Weide
Sambucus sp. Holunder
Skimmia sp.
Sorbus sp. Eberesche
Staphylea sp. Pimpernuß
Stranvaesia sp. Stranvaesie
Symphoricarpus sp. Schneebeere
Syringa sp. Flieder
Taxus sp. Eibe
Vaccinium myrtillus Heidelbeere
Viburnum davidii
Viburnum lantana Wolliger Schneeball
Viburnum opulus Gemeiner Schneeball
Vitis sp. Rebe

GARTENBLUMEN
Antirrhinum sp. Löwenmäulchen
Aster novi-belgii Glattblattaster
Cosmos sp. Schmuckkörbchen, Kosmee
Helianthus sp. Sonnenblume
Scabiosa sp. Skabiose

WILDPFLANZEN
Carlina vulgaris Gemeine Eberwurz
Centaurea nigra Schwarze Flockenblume
Dipsacus sativus Weberkarde
Papaver rhoeas Klatschmohn
Senecio jacobaea Jakobskraut
Urtica dioica Große Brennessel

NAHRUNGSPFLANZEN FÜR SCHMETTERLINGE

Achillea millefolium Schafgarbe
Alliaria petiolata Knoblauchskraut
Aloysia triphylla Zitronenstrauch
Alyssum sp. Steinkraut
Anthyllis vulneraria Wundklee
Armeria maritima Gemeine Grasnelke
Aster novi-belgii Glattblattaster
Buddleja davidii Schmetterlingsstrauch
Cardamine pratensis Wiesenschaumkraut
Centaurea cyanus Kornblume
Cirsium vulgare Lanzettkratzdistel
Cytisus scoparius Besenginster
Dactylis glomerata Wiesenknäuelgras
Dianthus sp. Nelke
Erigeron acer Berufkraut
Erodium cicutarium Gemeiner Reiherschnabel
Eupatorium cannabinum Gemeiner Wasserdost
Fragaria vesca Walderdbeere
Helenium sp. Sonnenbraut
Helianthemum nummularium Gemeines Sonnenröschen
Heliotropium sp. Heliotrop
Hesperis matronalis Gemeine Nachtviole

Trifolium repens
Weißklee

Hippocrepis comosa Hufeisenklee
Hyssopus officinalis Ysop
Iberis umbellata Doldige Schleifenblume
Lavandula angustifolia Echter Lavendel
Lonicera periclymenum Waldgeißblatt
Lotus corniculatus Gemeiner Hornklee
Lunaria annua Judassilberling
Lychnis flos-cuculi Kuckucksblume
Lythrum salicaria Blutweiderich
Myosotis arvensis Ackervergißmeinnicht
Nepeta cataria Katzenmelisse
Ononis repens Kriechende Hauhechel
Origanum sp. Dost
Plantago lanceolata Spitzwegerich
Poa trivialis Gemeines Rispengras
Primula sp. Primel
Prunus spinosa Schlehdorn
Reseda odorata Gartenreseda
Rhamnus frangula Faulbaum
Rubus fruticosus Echte Brombeere
Rumex acetosa Wiesensauerampfer
Salix caprea Salweide
Scabiosa sp. Skabiose
Sedum spectabile Fetthenne
Solidago virgaurea Gemeine Goldrute
Succisa pratensis Teufelsabbiß
Syringa sp. Flieder
Thymus sp. Thymian
Trifolium repens Weißklee
Tussilago farfara Huflattich
Ulex europaeus Stechginster
Urtica dioica Große Brennessel
Valeriana sp. Baldrian
Viola sp. Veilchen

NAHRUNGSPFLANZEN FÜR BIENEN

BÄUME
Acer sp. Ahorn
Aesculus sp. Roßkastanie
Ailanthus altissima Götterbaum
Alnus glutinosa Schwarzerle
Alnus incana Grauerle
Caragana arborescens Gemeiner Erbsenstrauch
Castanea sativa Eßkastanie
Catalpa bignonioides Trompetenbaum
Cotoneaster frigidus Zwergmispel
Crataegus prunifolia Pflaumenblättriger Weißdorn

Malus sp.
Apfel

Fagus sp. Buche
Fraxinus excelsior Gemeine Esche
Koelreuteria sp. Blasenbaum
Liquidambar styraciflua Amerikanischer Amberbaum
Liriodendron tulipifera Tulpenbaum
Malus sp. Apfel
Mespilus germanica Deutsche Mispel
Populus nigra Schwarzpappel
Populus tremula Zitterpappel
Prunus sp.
Quercus sp. Eiche
Robinia pseudoacacia Robinie, Scheinakazie
Salix aucuparia und Formen
Salix repens Kriechweide und Formen
Tilia euchlora Krimlinde

STRÄUCHER
Aesculus parviflora Ährenpavie
Amelanchier ovalis Gemeine Felsenbirne
Arbutus sp. Erdbeerbaum
Berberis sp. Berberitze
Buddleja globosa Schmetterlingsstrauch
Buxus sp. Buchsbaum
Ceanothus sp. Säckelblume
Cercis siliquastrum Judasbaum
Choenomeles japonica Japanische Scheinquitte
Colutea sp. Blasenstrauch
Cornus sanguinea Blutroter Hartriegel
Cotoneaster sp. Zwergmispel
Cytisus sp. Geißklee
Daphne mezereum Gemeiner Seidelbast
Elaeagnus sp. Ölweide
Escallonia sp. Escallonie
Helianthemum nummularium Gemeines Sonnenröschen
Hypericum androseamum Hartheu
Hypericum forrestii
Ilex sp. Stechpalme
Laurus nobilis Lorbeerbaum
Olearia sp. Duftstrauch
Prunus laurocerasus Kirschlorbeer
Pyracantha sp. Feuerdorn
Rhamnus frangula Faulbaum
Rhus sp. Sumach
Ribes sanguineum Blutjohannisbeere
Ribes speciosum
Salix caprea Salweide
Salix repens argentea Silberkriechweide
Skimmia sp.
Spiraea sp. Spierstrauch
Staphylea sp. Pimpernuß
Stephanandra sp. Kranzspiere
Stranvaesia sp. Stranvaesie
Symphoricarpos sp. Schneebeere
Syringa sp. Flieder
Tamarix ›Pink Cascade‹ Tamariske
Thymus sp. Thymian
Ulex europaeus Stechginster
Viburnum opulus Gemeiner Schneeball
Viburnum tinus Lorbeerschneeball
Weigela sp. Weigelie

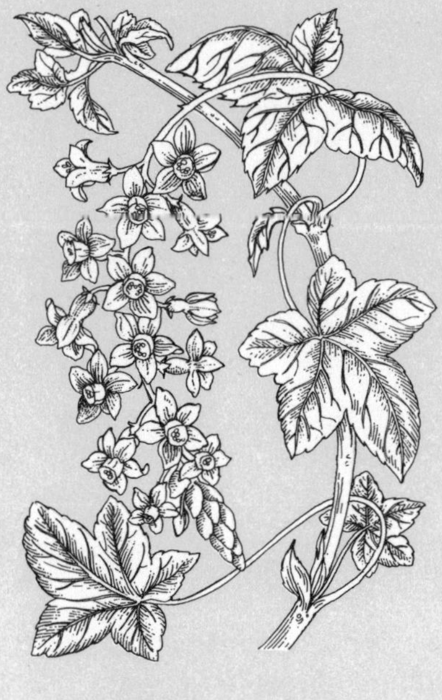

Ribes sanguineum
Blutjohannisbeere

STAUDEN

Aconitum napellus Blauer Eisenhut
Allium schoenoprasum Schnittlauch
Alyssum saxatile Felsensteinkraut
Anchusa officinalis Ochsenzunge
Armeria maritima Gemeine Grasnelke
Aster novi-belgii Glattblattaster
Centaurea cyanus Kornblume
Centaurea nigra Schwarze Flockenblume
Centaurea scabiosa Skabiosenflockenblume
Cheiranthus sp. Goldlack
Colchicum sp. Zeitlose
Coreopsis sp. Mädchenauge
Delphinium sp. Rittersporn
Digitalis purpurea Roter Fingerhut
Dipsacus sativus Weberkarde
Echinops sp. Kugeldistel
Epilobium angustifolium Schmalblättriges Weidenröschen
Eryngium maritimum Stranddistel
Geranium pratense Wiesenstorchenschnabel
Hyacinthoides non-scripta Hasenglöckchen
Iberis umbellata Doldige Schleifenblume
Inula conyza Dürrwurzalant
Knautia arvensis Ackerwitwenblume
Limonium sp. Meerlavendel
Lobelia sp. Lobelie
Lupinus sp. Lupine
Lythrum salicaria Blutweiderich
Malva moschata Moschusmalve
Malva sylvestris Algiermalve
Melissa sp. Melisse
Mertensia virginica Blauglöckchen
Narcissus sp. Narzisse
Nepeta cataria Katzenmelisse
Potentilla sp. Fingerkraut
Pulmonaria officinalis Lungenkraut
Ranunculus acris Butterblume
Ranunculus ficaria Scharbockskraut
Salvia officinalis Gartensalbei
Salvia pratensis Wiesensalbei
Scabiosa columbaria Taubenskabiose
Sedum spectabile
Senecio sp. Kreuzkraut
Solidago virgaurea Gemeine Goldrute
Succisa pratensis Teufelsabbiß
Tropaeolum sp. Kapuzinerkresse
Tussilago farfara Huflattich
Verbascum nigrum Schwarze Königskerze
Veronica sp. Ehrenpreis
Viola odorata Duftveilchen

KANINCHENRESISTENTE PFLANZEN

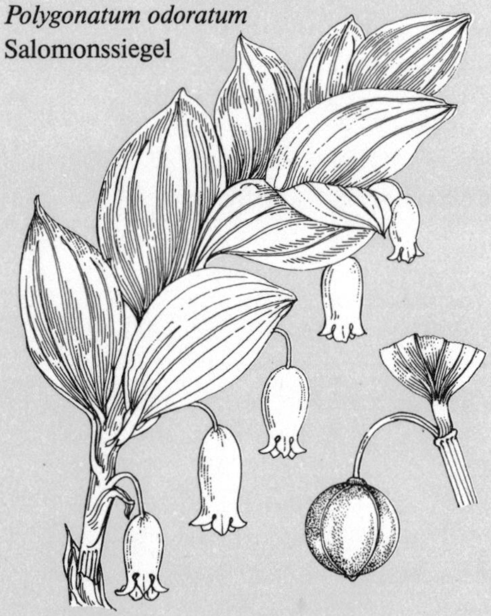

Polygonatum odoratum
Salomonssiegel

BÄUME UND STRÄUCHER
Arbutus sp. Erdbeerbaum
Aucuba sp. Aukube
Berberis sp. Berberitze
Betula sp. Birke
Buddleja sp. Schmetterlingsstrauch
Buxus sp. Buchsbaum
Ceanothus sp. Säckelblume
Cornus sanguinea Blutroter Hartriegel
Cotoneaster sp. (außer *C. simonsii*) Zwergmispel
Daphne mezereum Gemeiner Seidelbast
Deutzia scabra Rauhblättrige Deutzie
Elaeagnus pungens ›Maculata‹ Ölweide
Gaultheria sp. Scheinbeere
Hippophae rhamnoides Sanddorn
Hydrangea sp. Hortensie
Ilex sp. Stechpalme
Kalmia latifolia Berglorbeer
Laburnum sp. Goldregen
Lonicera sp. Geißblatt
Olearia sp. Duftstrauch
Paeonia suffruticosa Strauchpäonie
Pernettya mucronata Torfmyrte
Philadelphus sp. Pfeifenstrauch
Pinus nigra Schwarzkiefer
Rhus sp. Sumach
Ribes sp. Johannisbeere
Rosa (stachelige Arten) Rose
Rosmarinus sp. Rosmarin
Ruscus aculeatus Stechender Mäusedorn
Sambucus sp. Holunder
Skimmia japonica
Spiraea sp. Spierstrauch
Syringa sp. Flieder
Taxus sp. Eibe
Ulex sp. Stechginster
Viburnum lantana Wolliger Schneeball
Viburnum opulus Gemeiner Schneeball

STAUDEN
Anemone sp.
Aquilegia sp. Akelei
Astilbe sp.
Epimedium sp. Elfenblume
Euphorbia sp. Wolfsmilch
Geranium sp. Storchschnabel
Helleborus sp. Nieswurz
Hemerocallis sp. Taglilie
Kniphofia sp. Fackellilie
Lupinus sp. Lupine
Polygonatum sp. Salomonssiegel
Salvia superba
Sedum spectabile

FARNE ZUM EINBÜRGERN

Blechnum spicant
Rippenfarn

Asplenium scolopendrium Streifenfarn
Blechnum spicant Rippenfarn
Dryopteris dilatada
Dryopteris filix-mas Gemeiner Wurmfarn
Phyllitis scolopendrium Hirschzunge
Polypodium vulgare Engelsüß
Polystichum aculeatum
Polystichum setiferum Grannenschildfarn

ZWIEBELPFLANZEN ZUM EINBÜRGERN

Colchicum speciosum
Zeitlose

Allium sp. Lauch
Anemone apennina Apenninanemone
Anemone blanda Berganemone
Anemone nemorosa Buschwindröschen
Chionodoxa sp. Schneestolz
Colchicum kotchyanus Zeitlose
Colchicum speciosum
Erythronium dens-canis Hundzahn
Narcissus obvallaris ›Beryl‹
Narcissus obvallaris ›Golden Cycle‹
Narcissus obvallaris ›Larkelly‹
Narcissus obvallaris ›March Sunshine‹
Narcissus obvallaris ›Piper's Barn‹
Narcissus obvallaris ›Rockery White‹
Narcissus pseudonarcissus Osterglocke
Narcissus triandrus
Narcissus triandrus ›Rippling Waters‹
Narcissus triandrus ›Thalia‹
Scilla bifolia Zweiblättriger Blaustern
Scilla lilio-hyacinthina
Scilla sibirica Sibirischer Blaustern

Pflanzen für ländliche Stimmungen und Freuden

Die Pflanzen der folgenden Listen lassen ein wenig die Freuden an einem ländlichen Garten im Verlauf eines Jahres ahnen. Die meisten der aufgeführten Gewächse passen großartig in gemischte Pflanzungen, sofern Sie solche mögen. Wer dagegen größere Mengen bestimmter Pflanzen kultivieren möchte, zieht sie besser separat und großflächig.

COTTAGE-GARTEN

Digitalis purpurea
Roter Fingerhut

Achillea sp. Garbe
Althaea sp. Eibisch
Aloysia triphylla Zitronenstrauch
Alyssum sp. Steinkraut
Amelanchier ovalis Gemeine Felsenbirne
Anchusa sp. Ochsenzunge
Antirrhinum sp. Löwenmäulchen
Aster novi-belgii Glattblattaster
Berberis sp. Berberitze
Buddleja davidii Schmetterlingsstrauch
Cardamine pratensis Wiesenschaumkraut
Centaurea cyanus Kornblume
Centaurea nigra Schwarze Flockenblume
Cheiranthus sp. Goldlack
Choenomeles japonica Japanische Scheinquitte
Cirsium vulgare Lanzettkratzdistel
Cistus sp. Zistrose
Colchicum sp. Zeitlose
Colutea sp. Blasenstrauch
Cornus sp. Hartriegel
Cosmos sp. Schmuckkörbchen
Cotoneaster sp. Zwergmispel
Cynosurus cristatus Weidekammgras
Dactylis glomerata Wiesenknäuelgras
Delphinium sp. Rittersporn
Dianthus sp. Nelke
Digitalis purpurea Roter Fingerhut
Dipsacus sativus Weberkarde
Echinops sp. Kugeldistel
Fragaria vesca Walderdbeere

Godetia sp. Godetie, Atlasblume
Hedera sp. Efeu
Helianthemum nummularium Gemeines Sonnenröschen
Helianthus annuus Sonnenblume
Hippocrepis comosa Hufeisenklee
Humulus lupulus Gemeiner Hopfen
Hyacinthoides non-scripta Hasenglöckchen
Hyssopus officinalis Ysop
Iberis sp. Schleifenblume
Jasminum sp. Jasmin
Lathyrus latifolius Staudenwicke
Lavandula sp. Lavendel
Lobelia sp. Lobelie
Lonicera periclymenum Waldgeißblatt
Lotus corniculatus Gemeiner Hornklee
Lunaria annua Judassilberling
Lupinus sp. Lupine
Lychnis flos-cuculi Kuckucksblume
Lythrum salicaria Blutweiderich
Malva sylvestris Algiermalve
Matthiola longipetala ssp. bicornis Abendlevkoje
Medicago sativa Luzerne
Myosotis arvensis Ackervergißmeinnicht
Narcissus sp. Narzisse
Nepeta cataria Katzenmelisse
Nicotiana sp. Tabakpflanze
Oenothera biennis Schinkenkraut
Ononis repens Kriechende Hauhechel
Petunia sp. Petunie
Phlox sp. Phlox
Plantago lanceolata Spitzwegerich
Primula veris Schlüsselblume
Pulmonaria officinalis Echtes Lungenkraut
Ranunculus ficaria Scharbockskraut
Reseda lutea Gelbe Reseda
Rosa sp. (duftende Strauchrosen) Rose
Salvia sp. Salbei
Saponaria officinalis Seifenkraut
Scabiosa sp. Skabiose
Sedum spectabile
Solidago virgaurea Gemeine Goldrute
Thymus sp. Thymian
Trifolium repens Weißklee
Tropaeolum sp. Kapuzinerkresse
Valeriana sp. Baldrian
Verbascum nigrum Schwarze Königskerze
Veronica sp. Ehrenpreis
Viburnum opulus Gemeiner Schneeball
Viola odorata Duftveilchen

FARBENFROHE STAUDEN

Helleborus niger Christrose

GELB
Achillea ›Moonshine‹ Garbe
Anthemis tinctoria ›Mrs E C Buxton‹ Färberkamille
Digitalis grandiflora Großblütiger Fingerhut
Euphorbia characias spp. wulfenii Wolfsmilch
Ligularia dentata ›Desdemona‹ Goldkolben
Lysimachia punctata Punktierter Gilbweiderich
Paeonia mlokosewitschii
Sisyrinchium striatum Gestreifte Binsenlilie
Verbascum olympicum Königskerze

BLAU
Agapanthus-Headbourne-Hybriden Schmucklilie
Anchusa azurea Italienische Ochsenzunge
Aster frikartii
Brunnera macrophylla Kaukasusvergißmeinnicht
Campanula persicifolia Pfirsichblättrige Glockenblume
Echinops ritro Kugeldistel
Geranium ›Johnson's Blue‹ Storchschnabel
Iris pallida variegata Bleiche Schwertlilie
Omphalodes cappadocica Gedenkemein
Salvia superba Salbei
Veronica sp. Ehrenpreis

ROT
Bergenia › Evening Glow ‹
Helenium › Moerheim Beauty ‹ Sonnenbraut
Hemerocallis sp. Taglilie
Iris › Solid Mahogany ‹
Papaver sp. Mohn
Phlox › Brigadier ‹
Sedum › Ruby Glow ‹

WEISS
Achillea ptarmica ›The Pearl ‹ Bertramsgarbe
Agapanthus campanulatus Schmucklilie
Bergenia › Silver Light ‹
Chrysanthemum maximum Sommermargerite
Dianthus ›White Ladies ‹ Nelke
Helleborus niger Christrose
Hosta plantaginea Lilienfunkie
Libertia formosa
Phlox ›White Admiral ‹
Polygonatum multiflorum Vielblütige Weißwurz

GRÜN
Alchemilla mollis Weicher Frauenmantel
Euphorbia characias
Euphorbia robbiae
Galtonia viride
Helleborus lividus spp. corsicus Nieswurz
Zantedeschia aethiopica › Green Goddess ‹ Zimmerkalla

DEKORATIVE BLATTPFLANZEN

Acanthus sp. Akanthus
Acornus sp. Kalmus

Hosta sp. Funkie

Alchemilla sp. Frauenmantel
Artemisia sp. Beifuß
Arum italicum › Pictum ‹ Italienischer Aronstab
Astrantia ›Variegata ‹ Sterndolde
Ballota sp. Gottvergeß
Bergenia sp.
Brunnera sp. Kaukasusvergißmeinnicht
Carex sp. Segge
Crambe sp. Meerkohl
Cynara sp. Artischocke
Daphne odora aureo-reticulata
Epimedium sp. Elfenblume
Euonymus sp. Spindelstrauch
Euphorbia sp. Wolfsmilch
Festuca sp. Schwingel
Filipendula sp. Mädesüß
Glaucium phoenicium Hornmohn
Gunnera sp. Mammutblatt
Hedera sp. Efeu
Helleborus sp. Nieswurz
Heuchera americana Purpurglöckchen
Hosta sp. Funkie
Iris foetidissima
Kniphofia nothiae Fackellilie
Lamium sp. Taubnessel
Libertia sp.
Ligularia sp. Goldkolben
Lonicera nitida › Baggesen's Gold ‹ Geißblatt
Lysichiton sp.
Lysimachia nummularia › Aurea ‹ Pfennigkraut
Melissa › Aurea ‹ Melisse
Milium effusum aureum Waldflattergras
Onopordum sp. Eselsdistel
Origanum vulgare aureum Gemeiner Dost
Phormium tenax Neuseeländer Flachs
Physocarpus opulifolius lutens Blasenspiere
Rheum palmatum Medizinalrhabarber
Rodgersia podophylla Schaublatt
Ruta graveolens und Formen Weinraute
Salvia argentea Silberblattsalbei
Salvia officinalis und Formen Garten salbei
Saxifraga fortunei und Formen Steinbrech
Scrophularia nodosa ›Variegata ‹ Knotenbraunwurz
Senecio sp. Kreuzkraut
Sisyrinchium ›Variegatum ‹ Binsenlilie
Stipa sp. Federgras
Tellima grandiflora
Thymus › Golden Carpet ‹ Thymian
Tovara sp.
Trachystemon sp. Rauhling
Trifolium repens › Purpurea ‹ Weißklee
Valeriana phu › Aurea ‹ Baldrian
Verbascum olympicum Königskerze

DEKORATIVE FRUCHTSTÄNDE

Cardy und Silberblatt

Acanthus spinosus
Achillea filipendulina Goldgarbe
Agapanthus sp. Schmucklilie
Allium aflatunense Iranlauch
Aquilegia sp. Akelei
Armeria sp. Grasnelke
Artemisia nitida
Asphodeline lutea Junkerlilie
Carex pendula Hängesegge
Carlina acaulis ›Caulescens‹ Große Eberwurz, Silberdistel
Cortaderia selloana Pampasgras
Cotinus coggygria Perückenstrauch
Cynara cardunculus Cardy, Gemüseartischocke
Cyperus sp. Zypergras
Dictamnus sp. Diptam
Eryngium sp. Edeldistel
Filipendula sp. Mädesüß
Hosta sp. Funkie
Incarvillea sp. Freilandgloxinie
Iris chrysographes
Iris foetidissima
Iris innominata
Iris sibirica Sibirische Schwertlilie
Lunaria rediviva Silberblatt
Lysimachia ephemerum Eintägiger Felberich
Morina sp. Kardendistel
Pennisetum orientale Federborstengras
Phlomis samia Brandkraut
Physalis alkekengi var. franchetii Judenkirsche
Pulsatilla vulgaris Gemeine Küchenschelle
Stachys ›Cotton Boll‹ Ziest
Stipa sp. Federgras
Thalictrum aquilegifolium Amstelraute
Verbascum chaixii Österreichische Königskerze

FARBIGE SPROSSE

Acer palmatum ›Senkaki‹ Japanischer Ahorn
Arbutus andrachne Erdbeerbaum
Cornus sp. Hartriegel
Euonymus phellomana Spindelstrauch
Kerria japonica Kerrie
Leucothoe walteri ›Rainbow‹ Traubenheide
Leycesteria formosa Buntdachblume
Perovskia ›Blue Spire‹ Blauraute
Poncirus trifoliata Bitterorange
Ribes speciosum
Rubus biflorus
Rubus cockburnianus
Rubus thibetanus
Salix alba ›Chermesina‹ Silberweide
Salix alba var. vitellina Dotterweide
Salix atrocinerea
Salix elaeagnos Grauweide
Salix fargesii
Salix triandra Mandelweide
Spartium junceum Binsenginster
Stephanandra incisa ›Crispa‹ Lappige Kranzspiere
Stephanandra tanakae

Salix alba ›Chermesina‹ Silberweide cv.

HERBSTLICHE GLANZPUNKTE

Quercus rubra
Amerikanische Roteiche

BÄUME

Acer sp. Ahorn
Aesculus hippocastanum Gemeine Roßkastanie
Amelanchier lamarckii Kupferfelsenbirne
Betula pendula Weißbirke
Carpinus betulus Hainbuche
Crataegus lavallei Weißdorn
Fagus sylvatica Rotbuche
Fraxinus excelsior ›Altena‹ Gemeine Esche
Fraxinus laevis ›Raywood‹ Chileerdbeere
Malus coronaria Apfelbaum
Populus alba Silberpappel
Prunus sp.
Quercus rubra Amerikanische Roteiche
Sequoia sp. Mammutbaum
Sorbus aucuparia Eberesche

STRÄUCHER

Abelia sp.
Aronia sp. Zwergvogelbeere
Berberis sp. Berberitze
Buddleja sp. Schmetterlingsstrauch
Callicarpa sp. Schönfrucht, Liebesperlenstrauch
Ceratostigma sp. Hornbleiwurz
Cercidiphyllum sp. Katsurabaum
Clethra sp. Scheineller
Cornus sp. Hartriegel
Corylopsis sp. Scheinhasel
Cotinus sp. Perückenstrauch
Cotoneaster sp. Zwergmispel
Deutzia sp. Deutzie
Enkianthus sp. Prachtglocke
Euonymus sp. Spindelstrauch
Fothergilla sp. Federbuschstrauch
Hamamelis sp. Zaubernuß
Hebe sp. Strauchveronika
Hydrangea quercifolia Eichenblättrige Hortensie
Kerria sp. Kerrie
Leucothoe sp. Traubenheide
Lindera sp. Fieberstrauch
Osmanthus sp. Duftblüte
Pachysandra sp. Ysander
Parrotia sp. Parrotie
Parthenocissus sp. Jungfernrebe
Petrophyton sp.
Phlomis sp. Brandkraut
Pieris sp. Lavendelheide
Potentilla sp. Fingerkraut
Punica sp. Granatapfelbaum
Rhamnus sp. Kreuzdorn
Rhus sp. Sumach
Ribes sp.
Rosa glauca Rotblättrige Rose
Rosa rugosa Kartoffelrose
Sambucus sp. Holunder
Santolina sp. Heiligenkraut
Senecio sp. Kreuzkraut
Stephanandra sp. Kranzspiere
Teucrium sp. Gamander
Vaccinium sp. Heidelbeere
Viburnum sp. Schneeball
Vitis sp. Rebe

Sambucus sp.
Holunder

WINTERBLÜTEN

Galanthus nivalis
Schneeglöckchen

Abeliophyllum sp.
Bergenia sp.
Camellia sasanqua
Chimonanthus praecox Winterblüte
Clematis balearica Waldrebe
Colchicum sp. Zeitlose
Daphne mezereum Gemeiner Seidelbast
Eranthis sp. Winterling
Erica herbacea Schneeheide
Euphorbia sp. Wolfsmilch
Fatsia japonica Zimmeraralie
Galanthus sp. Schneeglöckchen
Garrya elliptica
Hamamelis sp. Zaubernuß
Helleborus sp. Nieswurz
Jasminium nudiflorum Winterjasmin
Lonicera fragrantissima Starkduftendes Geißblatt
Mahonia japonica Mahonie
Osmanthus sp. Duftblüte
Pachysandra sp. Ysander
Parrotia spp. Parrotie
Pulmonaria saccharata
Rhododendron sp.
Sarcococca sp. Schleimbeere
Skimmia sp.
Stachyurus sp.
Viburnum bodnantense
Viburnum farreri
Viburnum tinus Lorbeerschneeball

DEKORATIVE GEMÜSE

Phaseolus vulgaris
Gartenbohne

Abeliophyllum sp.
Allium cepa Zwiebel (Catawissa- und Winterzwiebel)
Brassica oleracea capitata Kopfkohl (Rot-, Blüten oder Zierkohl)
Brassica oleracea italica Wildkohl
Cichorium endivia Schnittendivie
Crambe maritima Meerkohl
Cucurbita pepo Gartenkürbis
Cynara cardunculus Cardy, Gemüseartischocke
Cynara scolymus Artischocke
Zea mays Zuckermais

KRÄUTER UND GEWÜRZE

Alkanna tinctoria Alkannawurzel
Allium sativum Knoblauch
Allium schoenoprasum Schnittlauch
Aloysia triphylla Zitronenstrauch
Althaea officinalis Eibisch
Anethum graveolens Dill
Angelica archangelica Engelwurz
Anthriscus cerefolium Gartenkerbel
Artemisia dracunculus Estragon
Borago officinalis Borretsch
Calendula officinalis Gartenringelblume
Carum carvi Kümmel
Chamaemelum nobile Römische Kamille
Chrisanthemum vulgare Rainfarn
Coriandrum sativum Koriander
Cuminum cyminum Kreuzkümmel
Foeniculum vulgare Fenchel
Galega officinalis Geißraute
Galium odoratum Waldmeister
Helianthus annuus Sonnenblume
Helichrysum angustifolium
Hyssopus officinalis Ysop
Laurus nobilis Lorbeerbaum
Lavandula angustifolia Echter Lavendel
Levisticum officinale Liebstöckel
Melissa officinalis Zitronenmelisse
Mentha piperita Pfefferminze
Mentha rotundifolia Rundblättrige Minze
Mentha viridis Grüne Minze
Monarda didyma Scharlachmonarde
Myrrhis odorata Süßdolde
Ocimum basilicum Basilikum
Ocimum minimum
Origanum majorana Majoran
Origanum onites Suppenmajoran
Origanum vulgare und Formen Dost
Petroselinum crispum Petersilie
Polygonum bistorta Wiesenknöterich
Portulaca deracea Portulak
Rosmarinus lavandulaceus
Rosmarinus officinalis Rosmarin
Rumex acetosa Gartensauerampfer
Ruta graveolens Weinraute
Salvia officinalis Gartensalbei

Humulus lupulus
Gemeiner Hopfen

Sanguisorba minor Wiesenknopf
Satureja hortensis Bohnenkraut
Satureia montana Winterbohnenkraut
Symphytum officinale Beinwell
Thymus citriodorus
Thymus vulgaris Gartenthymian
Tropaeolum majus Kapuzinerkresse

OBST UND NÜSSE

Brombeeren
und Kochäpfel

Castanea sativa Eßkastanie
Choenomeles sp. Zierquitte
Corylus maxima Lambertsnuß
Ficus sp. Feige
Fragaria sp. Erdbeere
Juglans regia Walnußbaum
Malus sp. Apfelbaum
Malus sylvestris Holzapfel
Mespilus germanica Mispel
Morus nigra Schwarzer Maulbeerbaum
Prunus armeniaca Aprikose
Prunus domestica und Formen Pflaume, Zwetsche
Prunus domestica insititia Haferpflaume
Prunus persica und Formen Pfirsichbaum
Prunus sp. Kirsche
Pyrus sp. Birne
Ribes sp. Johannisbeere (rot, weiß und schwarz)
Ribes uva-crispa Stachelbeere
Rubus idaeus Himbeere
Rubus idaeus fruticosus Tayberry
Rubus sp. Brombeere
Vitis sp. Rebe

BLUMEN ZUM TROCKNEN

Sedum album
Fetthenne

Acanthus spinosus
Achillea filipendulina Goldgarbe
Allium aflatunense Iranlauch
Althaea sp. Eibisch
Aquilegia sp. Akelei
Astrantia sp. Sterndolde
Bellis sp. Maßliebchen
Calendula sp. Ringelblume
Cheiranthus sp. Goldlack
Clarkia sp. Klarkie
Clematis vitalba Echte Waldrebe
Convallaria sp. Maiglöckchen
Cynara scolymus Artischocke
Cytisus sp. Geißklee
Delphinium consolida Ackerrittersporn
Dianthus barbatus Bartnelke
Dianthus carophyllus Gartennelke
Echinops ritro Kugeldistel
Erica cinerea Grauheide
Eryngium maritimum Stranddistel
Forsythia sp. Forsythie
Glixia sp.
Helichrysum angustifolium Strohblume
Helipterum manglesii Sonnenflügel
Helipterum roseum Sonnenflügel
Humulus lupulus Gemeiner Hopfen
Hyacinthoides non-scripta Hasenglöckchen
Hyacinthus sp. Hyazinthe
Laburnum sp. Goldregen
Lathyrus odoratus Wohlriechende Wicke
Lavandula latifolia Großer Speik
Lavatera sp. Lavatere, Strauchpappel
Limonium caspia Meerlavendel
Lupinus sp. Lupine
Matthiola sp. Levkoje
Moluccella laevis Muschelblume
Nigella damascena Jungfer im Grünen
Papaver Mohn
Primula veris Schlüsselblume
Rosa sp. Rose
Santolina sp. Heiligenkraut
Saxifraga umbrosa Porzellanblümchen
Sedum sp. Fetthenne
Senecio greyi Kreuzkraut
Solidago canadensis Kanadische Goldrute
Spiraea sp. Spierstrauch
Stachys byzantina Wollziest
Syringa sp. Flieder
Viola-Wittrockiana-Hybriden Gartenstiefmütterchen
Xeranthemum sp. Papierblume
Zinnia sp. Zinnie

HECKENPFLANZEN

GESCHNITTEN
Acer campestre Feldahorn
Buxus sempervirens (immergrün) Buchsbaum
Carpinus betulus Hainbuche
Corylus avellana Gemeine Haselnuß
Crataegus sp. Weißdorn
Elaeagnus sp. (immergrün) Ölweide
Escallonia sp. (immergrün)
Euonymus japonicus Japanischer Spindelstrauch
Fagus sylvatica Rotbuche
Fagus purpurea
Ilex aquifolium (immergrün) Stechpalme
Juniperus sp. (immergrün) Wacholder
Ligustrum (immergrün) Liguster
Lonicera nitida (immergrün) Geißblatt
Pittosporum tenuifolium (immergrün) Dünnblättriger Klebsame
Prunus cerasifera Kirschpflaume
Prunus lusitanica (immergrün) Portugiesische Kirsche
Prunus spinosa Schlehdorn
Pyracantha sp. (immergrün) Feuerdorn
Rosa rugosa Kartoffelrose

Buxus sempervirens
Buchsbaum

Rosmarinus officinalis (immergrün) Rosmarin
Symphoricarpos sp. Schneebeere
Taxus baccata (immergrün) Eibe
Thuja plicata (immergrün) Riesenlebensbaum
Ulex europaeus Stechginster
Viburnum tinus (immergrün) Lorbeerschneeball

FREIWACHSEND
Berberis darwinii Berberitze
Berberis stenophylla
Bupleurum fruticosum Hasenohr
Camellia
Garrya elliptica
Griselinia littoralis
Hebe traversii Strauchveronika
Lavandula sp. Lavendel
Mahonia aquifolium Mahonie
Olearia haastii Duftstrauch
Osmanthus decorus
Osmanthus delavayi
Phlomis fruticosa Brandkraut
Photinia x fraseri Glanzmispel
Pseudosasa japonica Bambusgras
Ruscus aculeatus Stechender Mäusedorn
Santolina japonica Heiligenkraut
Sarcococca Schleimbeere
Senecio Kreuzkraut
Skimmia japonica
Ulex europaeus Stechginster

Pflanzen für besondere Böden und Standorte

Die folgenden Listen umfassen sämtliche Pflanzentypen von großen Bäumen bis hin zu Einjahresblumen. Sie werden feststellen, daß zahlreiche Pflanzen verschiedene Bodentypen und Standorte tolerieren. Die Zusammenstellung der für Ihren Garten geeigneten Arten wird daher nur dann ausgefallen sein, wenn die Bedingungen als extrem anzusehen sind, wie etwa auf Klippen oder in Sümpfen. Ich hoffe, dieses Buch zeigt Ihnen anhand der Illustrationen, daß auch eine begrenzte Auswahl schön wirken kann und die Pflanzung schlichter und klarer erscheinen läßt.

FEUCHT UND SUMPFIG

BÄUME

Abies sp. Tanne
Acer negundo Eschenahorn
Alnus sp. Erle
Amelanchier canadensis Kanadische Felsenbirne
Aralia spinosa Stachelige Aralie
Betula nigra Schwarzbirke
Betula papyrifera Papierbirke
Carpinus caroliniana Karolinische Hainbuche
Cedrus deodara Himalajazeder
Crataegus laevigata und andere Formen Zweigriffliger Weißdorn
Eucryphia sp.
Fraxinus angustifolia ssp. oxycarpa Spitzfrüchtige Esche
Fraxinus excelsior Gemeine Esche
Fraxinus ornus Mannaesche, Blumenesche
Fraxinus ›Raywood«
Ilex decidua Stechpalme
Liquidambar styraciflua Amerikanischer Amberbaum
Liriodendron tulipifera und Formen Tulpenbaum
Magnolia grandiflora Magnolie
Mespilus germanica Deutsche Mispel
Metasequoia sp.
Nothofagus antarctica Südbuche
Oxydendrum arboreum Sauerbaum
Parrotia sp. Parrotie
Picea sitchensis Sitkafichte
Populus sp. Pappel
Prunus padus und Formen Traubenkirsche
Pterocarya sp. Flügelnuß
Pyrus ›Beech Hill‹ Birnbaum
Pyrus ›Chanticleer‹ Birnbaum
Salix exigua
Salix lanata ›Stuartii‹ Wollweide
Salix repens ssp. argentea Silberkriechweide
Sorbus aucuparia und Formen Eberesche
Taxodium sp. Sumpfeibe, Sumpfzypresse

STRÄUCHER

Andromeda polifolia Lavendelheide

Aronia arbutifolia Zwergvogelbeere
Calluna vulgaris Besenheide, Heidekraut
Calycanthus floridus Blütenreicher Gewürzstrauch
Calycanthus occidentalis Großblättriger Gewürzstrauch
Cassiope sp. Schuppenheide
Clethra sp. Scheineller
Cornus alba ›Sibirica‹
Cornus sanguinea Blutroter Hartriegel
Coronilla emerus Strauchige Kronwicke
Coronilla valentina
Cyrilla racemiflora
Eupatorium cannabinum Gemeiner Wasserdost

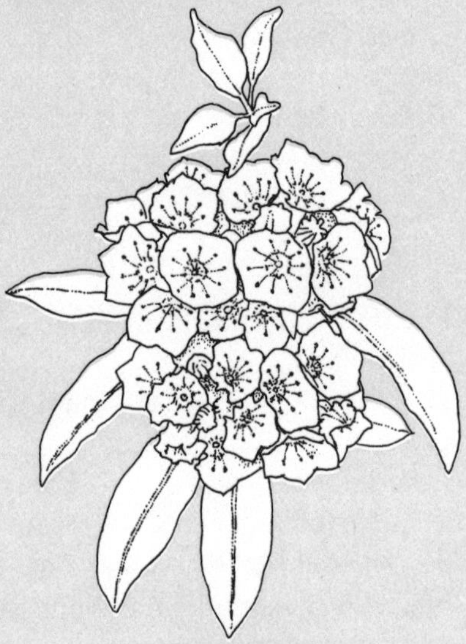

Kalmia latifolia
Berglorbeer

Kalmia latifolia Berglorbeer
Leucothoe sp. Traubenheide
Neillia thibetica Traubenspiere
Pernettya sp. Torfmyrte
Philadelphus sp. Pfeifenstrauch
Physocarpus opulifolius Schneeball-blättrige Blasenspiere
Pieris nana
Rhamnus frangula Faulbaum
Rhododendron maximum Große Alpen-rose
Rhododendron periclymenoides
Rhododendron viscosum
Rosa filipes
Sambucus sp. Holunder
Spiraea sp. Spierstrauch
Symphoricarpus sp. Schneebeere
Viburnum lantana Wolliger Schneeball
Viburnum rhytidophyllum

STAUDEN

Achillea ptarmica Bertramsgarbe
Aconitum anglicum Eisenhut
Ajuga reptans Kriechender Günsel
Anemone-Hybriden Herbstanemonen
Asarum lemonii Haselwurz
Astilbe sp. Astilbe
Barbarea vulgaris Winterkresse, Barbarakraut
Calla palustris Sumpfdotterblume
Cardamine pratensis Wiesenschaumkraut
Carex morrowii alba Japansegge
Cicuta virosa Wasserschierling
Cirsium dissectum Englische Kratzdistel
Cirsium helenioides Alantdistel
Cirsium palustre Sumpfkratzdistel
Darmera Schildblatt
Dipsacus pilosus (Virga pilosa) Behaarte Schuppenkarde
Epilobium hirsutum Rauhaariges Weidenröschen
Equisetum telmateia Riesenschachtel-halm
Euphorbia palustris Sumpfwolfsmilch
Filipendula ulmaria Echtes Mädesüß
Geum rivale Bachnelkenwurz
Glyceria maxima Wasserschwaden
Gunnera sp. Mammutblatt
Helonias bullata
Heloniopsis orientalis
Hypericum hirsutum Rauhhaariges Hartheu
Hypericum tetrapterum Flügelhartheu
Iris foetidissima
Iris pseudacorus Wasserschwertlilie
Juncus articulatus Spitzblütige Binse
Ligularia sp. Goldkolben
Lingularia tangutica
Lobelia cardinalis Scharlachrote Lobelie
Lotus uliginosus Sumpfhornklee
Lupinus nootkatensis
Luzula campestris Feldhainsimse
Luzula sylvatica Waldhainsimse
Lythrum salicaria Blutweiderich
Mentha aquatica Bachminze
Menyanthes trifoliata Bitterklee
Mimulus guttatus Gelbe Gauklerblume
Molinia caerulea Pfeifengras
Myosotis palustris Sumpfvergiß-meinnicht
Myosotis secunda
Petasites hybridus Gemeine Pestwurz
Phlox sp.
Polygonum bistorta Wiesenknöterich
Polygonum milettii
Pontederia sp. Hechtkraut
Primula bulleyana Etagenprimel
Primula florindae Glockenprimel
Primula japonica Japanische Primel
Primula pulverulenta
Ranunculus flammula Brennender Hahnenfuß
Ranunculus lingua Zungenhahnenfuß
Ranunculus sceleratus Gifthahnenfuß
Rodgersia sp. Schaublatt
Salvia uliginosa Sumpfsalbei
Sanguisorba canadensis
Scrophularia auriculata Wasser-braunwurz
Scrophularia scorodonia
Scutellaria galericulata Gemeines Helmkraut
Senecio aquaticus Wassergreiskraut
Silaum silaus Wiesensilau
Spartina pectinata Strickgras
Stachys paluster Sumpfziest
Succisa pratensis Teufelsabbiß
Symphytum officinale Beinwell
Trollius sp. Trollblume
Typha sp. Rohrkolben
Valeriana officinalis Gemeiner Baldrian
Verbena corymbosa
Veronica beccabunga Bachbunge
Viola palustris Sumpfveilchen
Vitis riparia Uferrebe

KALTE, EXPONIERTE LAGEN

BÄUME
Acer campestre Feldahorn
Acer pseudoplatanus Bergahorn
Aesculus hippocastanum Gemeine Roßkastanie
Alnus glutinosa Schwarzerle
Betula pendula Weißbirke
Carpinus betulus Hainbuche
Carpinus columnaris
Carpinus fastigiata Pyramidenweiß-buche
Carpinus purpurea
Corylus colurna Baumhasel
Crataegus monogyna Eingriffliger Weiß-dorn
Fagus sylvatica Rotbuche

Fagus sylvatica ›Asplenifolia‹
Fagus sylvatica ›Dawyck‹ Dawyck-Buche
Fraxinus excelsior Gemeine Esche

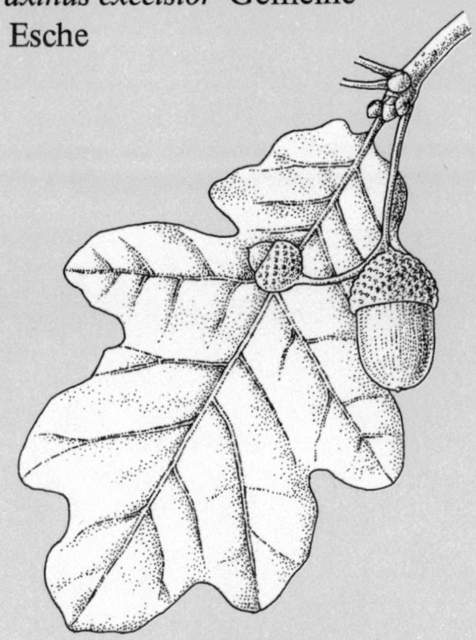

Quercus robur
Stieleiche

Gleditsia triacanthos Christusdorn
Larix decidua Europäische Lärche
Ostrya carpinifolia Gemeine Hopfenbuche
Picea sitchensis Sitkafichte
Pinus nigra Schwarzkiefer
Populus alba Silberpappel
Prunus lusitanica Portugiesische Kirsche
Pseudotsuga menziesii Douglasie
Quercus robur Stieleiche
Salix alba ›Caerulea‹
Salix fragilis Knackweide
Sequoia sempervirens Mammutbaum
Sorbus aria Mehlbeere
Thuja plicata Riesenlebensbaum
Tilia cordata Winterlinde
Ulmus glabra Bergulme

STRÄUCHER
Berberis sp. Berberitze
Buddleja davidii Schmetterlingsstrauch
Choenomeles speciosa
Cornus sp. Hartriegel
Corylus avellana Gemeine Haselnuß
Cotoneaster (sommergrüne Arten) Zwergmispel
Daphne mezereum Gemeiner Seidelbast
Deutzia sp. Deutzie
Elaeagnus sp. Ölweide
Euonymus europaea Europäisches Pfaffenhütchen
Forsythia sp. Forsythie
Garry elliptica
Gaultheria sp. Scheinbeere
Hippophae rhamnoides Sanddorn
Hydrangea arborescens Baumartige Hortensie
Hypericum sp. Hartheu
Ilex sp. Stechpalme
Juniperus sp. Wacholder
Kerria japonica Kerrie
Lavatera sp. Lavatere, Strauchpappel
Lupinus arboreus Baumlupine
Mahonia aquifolium Mahonie
Mimulus aurantiacus Gauklerblume
Nerium oleander Oleander
Pachysandra terminalis
Penstemon sp. Bartfaden
Pernettya mucronata Torfmyrte
Philadelphus sp. Pfeifenstrauch
Phillyrea angustifloia Steinlinde
Phlomis fruticosa Brandkraut
Phyllodoce sp. Blauheide
Potentilla sp. Fingerkraut
Pyracantha sp. Feuerdorn
Rhododendron ponticum
Rhus typhina Essigbaum
Rosa californica
Rosa canina Hundsrose
Rosa rugosa Kartoffelrose
Rosmarinus officinalis Rosmarin
Rubus sp. Brombeere
Ruta graveolens Weinraute
Salix sp. Weide
Salvia officinalis Gartensalbei
Sambucus sp. Holunder
Senecio sp. Kreuzkraut
Solanum aviculare crispum Nachtschatten
Spiraea sp. Spierstrauch
Stephanandra tanakae Kranzspiere
Symphoricarpos sp. Schneebeere
Ulex sp. Stechginster
Vaccinium sp. Heidelbeere
Viburnum davidii
Viburnum lantana Wolliger Schneeball
Viburnum opulus Gemeiner Schneeball

KÜSTE

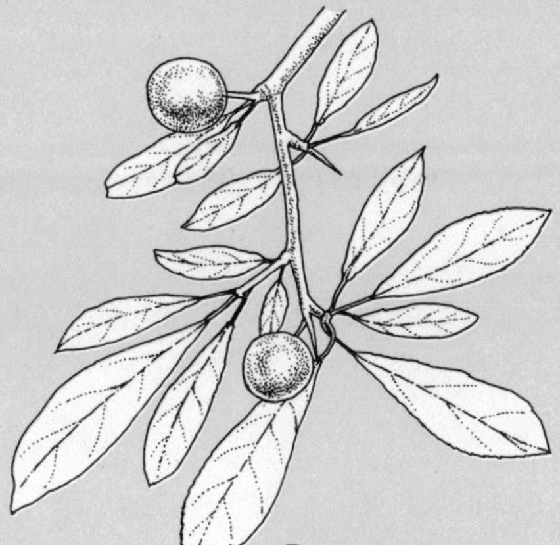

Prunus spinosa
Schlehdorn

BÄUME
Acer campestre Feldahorn
Acer platonoides Spitzahorn
Acer pseudoplatanus Bergahorn
Alnus glutinosa Schwarzerle
Betula pendula Weißbirke
Castanea sativa Eßkastanie
Crataegus monogyna Eingriffliger Weißdorn
Fraxinus excelsior Gemeine Esche
Ilex sp. Stechpalme
Populus tremula Zitterpappel
Prunus spinosa Schlehdorn
Salix atrocinerea
Sorbus aria und Formen Mehlbeere
Sorbus intermedia Oxelbeere

STRÄUCHER
Arbutus unedo Erdbeerbaum
Arundinaria sp. Bambusgras
Atriplex halimus Melde
Aucuba japonica
Berberis sp. (sommergrüne Sorten) Berberitze
Buddleja davidii und Formen Schmetterlingsstrauch
Choisya ternata Orangenblume
Cistus sp. Zistrose
Colutea arborescens Gemeiner Blasenstrauch
Cornus sanguinea Blutroter Hartriegel
Cotoneaster sp. (sommergrüne Sorten) Zwergmispel
Escallonia sp.

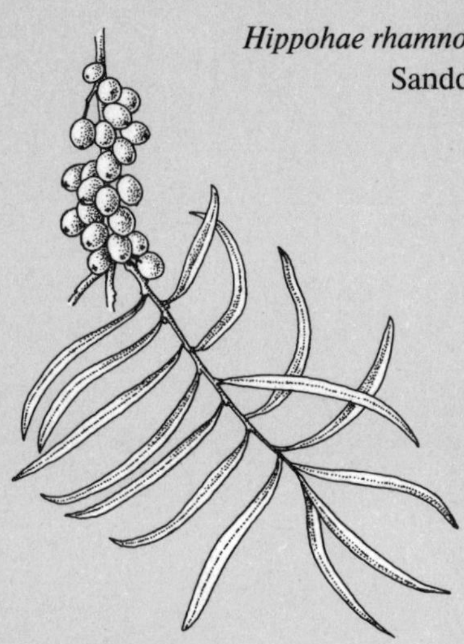

Hippohae rhamnoides
Sanddorn

Euonymus japonica Japanischer Spindelstrauch
Fuchsia sp. Fuchsie
Garrya elliptica
Genista sp. Ginster
Griselinia littoralis
Hebe brachysiphon
Hebe salicifolia
Hebe speciosa und Formen
Hippophae rhamnoides Sanddorn
Hypericum sp. Hartheu
Olearia haastii Duftstrauch
Olearia macrodonta
Pittosporum sp. (grüne Formen) Klebsame
Pyracantha sp. Feuerdorn
Ribes sanguineum Blutjohannisbeere
Rosa pimpinellifolia Bibernellrose
Rosa rubiginosa Weinrose
Rosa rugosa Kartoffelrose
Rosmarinus officinalis Rosmarin
Salix atrocinerea
Salix viminalis Korbweide
Sambucus sp. Holunder
Senecio sp. Kreuzkraut
Spartium junceum Binsenginster
Tamarix sp. Tamariske
Ulex europaeus Stechginster
Viburnum lantana Wolliger Schneeball
Viburnum opulus Gemeiner Schneeball
Viburnum tinus Lorbeerschneeball

STAUDEN
Achillea millefolium Schafgarbe
Agapanthus campanulatus Schmucklilie
Allium cernuum
Allium christophii
Alstroemeria-Ligtu-Hybriden Inkalilie
Anemone-Hybriden Herbstanemonen
Anthemis sp. Hundskamille
Anthericum algeriense Graslilie
Armeria sp. Grasnelke
Artemisia sp. Beifuß
Aster novi-belgii (niedrig) Glattblattaster
Bergenia sp.
Campanula sp. (niedrig) Glockenblume
Catananche caerulea Rasselblume
Centaurea sp. Flockenblume
Chrysanthemum sp. (niedrig) Wucherblume
Crambe maritima Meerkohl
Crocosmia sp. Montbretie
Dianthus sp. Nelke
Dierama sp. Trichterschwertel
Echinops ritro Kugeldistel
Erigeron sp. Berufskraut
Erodium sp. Reiherschnabel
Eryngium sp. Edeldistel
Euphorbia sp. (niedrig) Wolfsmilch
Filipendula vulgaris Kleines Mädesüß
Geranium sp. Storchschnabel
Gypsophila sp. Schleierkraut
Heuchera sp.
Iris sp. Schwertlilie
Kniphofia sp. Fackellilie
Libertia formosa
Limonium sp. Meerlavendel
Linaria sp. Leinkraut
Lychnis flos-jovis Jupiterblume
Melissa sp. Melisse
Mimulus sp. Gauklerblume
Morina longifolia Kardendistel
Nerine bowdenii

Armeria maritima
Gemeine Grasnelke

Oenothera sp. Nachtkerze
Origanum sp. Dost
Penstemon sp. Bartfaden
Phormium tenax Neuseeländer Flachs
Phygelius capensis Kapfuchsie
Physostegia virginiana Gelenkblume
Polygonum bistorta Wiesenknöterich
Potentilla sp. Fingerkraut
Pulsatilla sp. Küchenschelle
Ruta sp. Raute
Salvia sp. (niedrig) Salbei
Santolina sp. Heiligenkraut
Scabiosa sp. Skabiose
Schizostylis coccinea Spaltgriffel
Scrophularia auriculata Wasserbraunwurz
Sedum sp. Fetthenne
Sisyrinchium sp. Binsenlilie
Stachys sp. Ziest
Stokesia laevis Kornblumenaster
Tritonia rosea Tritonie
Veronica sp. Ehrenpreis
Yucca sp. Palmlilie

KIES

BÄUME
Acer platanoides Spitzahorn
Acer pseudoplatanus Bergahorn
Aesculus sp. Roßkastanie
Ailanthus altissima Götterbaum
Amelanchier ovalis Gemeine Felsenbirne
Betula pendula Weißbirke
Caragana sp. Erbsenstrauch
Carpinus sp. Hainbuche
Crataegus monogyna Eingriffliger Weißdorn
Fagus sp. Buche
Platanus sp. Platane
Populus sp. Pappel
Prunus avium Süßkirsche, Vogelkirsche
Quercus rubra Amerikanische Roteiche
Salix sp. Weide
Sorbus sp. Eberesche
Tilia sp. Linde

STRÄUCHER
Amelanchier lamarckii Kupferfelsenbirne
Artemisa arborescens

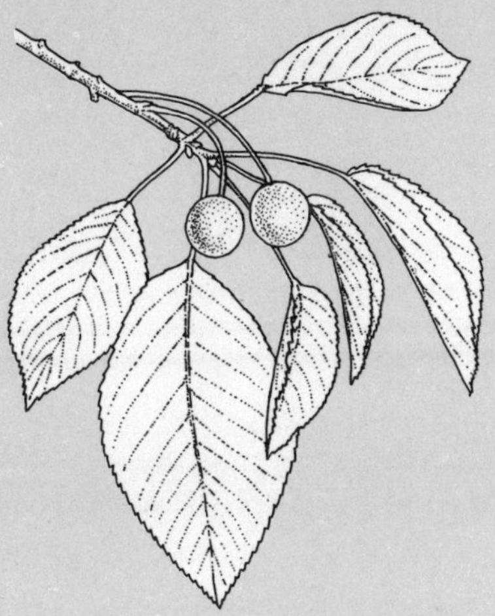

Platanus sp.
Platane

Berberis sp. Berberitze
Ceratostigma sp.
Cistus sp. Zistrose
Clerodendrum sp. Losbaum
Cortaderia sp. Pampasgras
Corylus sp. Haselnuß
Cotoneaster sp. Zwergmispel
Cytisus sp. Geißklee
Elaeagnus sp. Ölweide
Elsholtzia sp. Kamminze
Hedysarum sp. Süßklee
Helianthemum sp. Sonnenröschen
Helichrysum sp. Strohblume
Hibiscus sp. Eibisch
Hippophae sp. Sanddorn
Hypericum sp. Johanniskraut, Hartheu
Iris sp. Schwertlilie
Kniphofia sp. Fackellilie
Lavandula sp. Lavendel
Lespedeza sp. Buschklee
Perovskia sp. Blauraute
Phlomis sp. Brandkraut
Potentilla sp. Fingerkraut
Rhus sp. Sumach
Rosmarinus sp. Rosmarin
Salvia sp. Salbei
Sambucus sp. Holunder
Senecio sp. Kreuzkraut
Sisyrinchium sp. Binsenlilie
Spartium sp. Binsenginster
Spiraea sp. Spierstrauch
Stephanandra sp. Kranzspiere
Symphoricarpos sp. Scheinbeere
Tamarix sp. Tamariske

WALD

BÄUME

Acer pseudoplatanus Bergahorn
Alnus glutinosa Schwarzerle
Betula pendula Weißbirke
Carpinus betulus Hainbuche
Corylus colurna Baumhasel
Crataegus monogyna Eingriffliger Weißdorn
Fagus sylvatica Rotbuche
Fraxinus excelsior Gemeine Esche
Ilex (grüne Formen) Stechpalme
Larix decidua Europäische Lärche
Malus sylvestris Holzapfel
Picea abies Gemeine Fichte
Pinus sylvestris Gemeine Kiefer
Populus sp. Pappel
Prunus spinosa Schlehdorn
Quercus robur Stieleiche
Taxus baccata Eibe
Tilia cordata Winterlinde
Ulmus glabra Bergulme

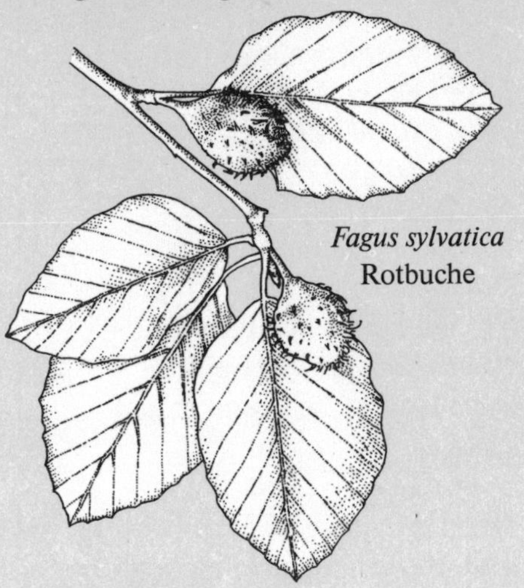

Fagus sylvatica
Rotbuche

STRÄUCHER

Clematis vitalba Echte Waldrebe
Crataegus monogyna Eingriffliger Weißdorn
Daphne laureola Lorbeerseidelbast
Juniperus communis Gemeiner Wacholder
Ligustrum vulgare Gemeiner Liguster
Lonicera periclymenum Waldgeißblatt
Rosa arvensis Kriechrose
Rubus fruticosus Echte Brombeere
Ruscus aculeatus Stechender Mäusedorn
Salix cinerea Grauweide
Vaccinium myrtillus Heidelbeere
Viburnum opulus Gemeiner Schneeball

STAUDEN

Adoxa moschatellina Moschuskraut
Ajuga reptans Kriechender Günsel
Anemone nemorosa Buschwindröschen
Buglossoides purpurocaeruleum Purpurblauer Steinsame
Campanula latifolia Breitblättrige Glockenblume
Campanula trachelium Nesselblättrige Glockenblume
Digitalis purpurea Roter Fingerhut
Epilobium montanum Bergweidenröschen
Eupatorium cannabinum Gemeiner Wasserdost
Euphorbia amygdaloides Mandelwolfsmilch
Fragaria vesca Walderdbeere
Galium odoratum Waldmeister
Geranium robertianum Ruprechtskraut
Glechoma hederacea Gundermann
Hyacinthoides non-scripta Hasenglöckchen
Hypericum androsaemum Hartheu
Hypericum hirsutum Rauhhaariges Hartheu
Iris foetidissima
Lamiastrum galeobdolon Goldnessel
Lathyrus montanus Bergplatterbse
Lathyrus sylvestris Waldplatterbse

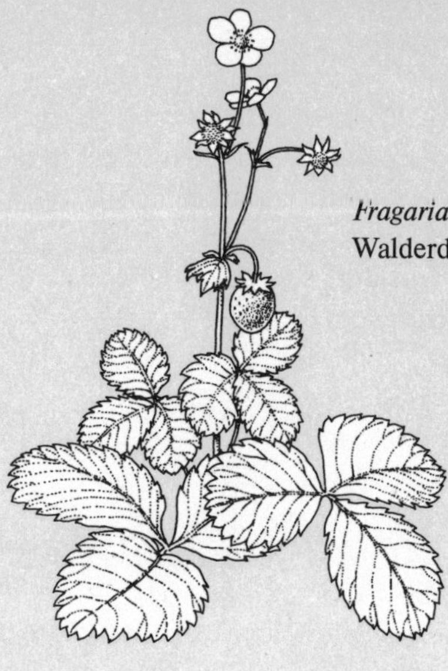

Fragaria vesca
Walderdbeere

Linaria vulgaris Gemeines Leinkraut
Lychnis flos-cuculi Kuckucksblume

Lysimachia nemorum Haingilbweiderich
Melampyrum pratense Wiesenwachtelweizen
Mercurialis perennis Ausdauerndes Bingelkraut
Oxalis acetosella Waldsauerklee
Primula elatior Hohe Primel
Primula vulgaris Kissenprimel
Prunella vulgaris Gemeine Braunelle
Sanicula europaea Sanikel
Stachys sylvatica Waldziest
Stellaria holostea Echte Sternmiere
Veronica chamaedrys Gamanderehrenpreis
Veronica montana Bergehrenpreis
Vicia sepium Zaunwicke
Vinca minor Kleines Immergrün
Viola riviniana Hainveilchen

KREIDEBODEN

BÄUME
Abies grandis Riesentanne
Abies koreana Koreanische Tanne
Acer campestre Feldahorn
Acer cappadocicum und Formen Kaukasischer Ahorn
Acer griseum Grauahorn
Acer negundo und Formen Eschenahorn
Acer platanoides und Formen Spitzahorn
Acer pseudoplatanus und Formen Bergahorn
Aesculus hippocastanum Roßkastanie
Ailanthus altissima Götterbaum
Alnus cordata Neapolitanische Erle
Alnus glutinosa ›Aurea‹ Schwarzerle
Alnus incana Grauerle
Amelanchier lamarckii Kupferfelsenbirne
Betula sp. Birke
Caragana arborescens Gemeiner Erbsenstrauch
Carpinus betulus Hainbuche
Cedrus sp. Zeder
Corylus avellana Gemeine Haselnuß
Cotoneaster sp. Zwergmispel
Crataegus monogyna Eingriffliger Weißdorn
Davidia involucrata Taubenbaum
Fagus sylvatica Rotbuche

Gingko biloba
Gingko

Fraxinus angustifolia Spitzfrüchtige Esche
Fraxinus excelsior und Formen Gemeine Esche
Fraxinus ornus und Formen Manna-esche, Blumenesche
Ginkgo biloba Ginkgo
Gleditsia triacanthus Christusdorn
Juglans sp. Walnußbaum
Juniperus chinensis
Juniperus squamata und Formen Blauzederwacholder
Juniperus virginiana ›Grey Owl‹
Koelreuteria paniculata Blasenbaum
Laburnum sp. Goldregen
Liriodendron tulipifera Tulpenbaum
Magnolia kobus
Malus sylvestris Holzapfel
Morus sp. Maulbeerbaum
Paulownia tomentosa Blauglockenbaum
Populus alba Silberpappel
Populus canescens Graupappel
Prunus sp. Kirsche und Pflaume
Pyrus sp. Birne
Quercus cerris Zerreiche
Quercus robur Stieleiche
Robinia pseudoacacia Robinie
Sophora japonica Japanischer Schnurbaum
Sorbus aria und Formen Mehlbeere
Sorbus hybrida Nordische Bastardelsbeere
Sorbus intermedia Oxelbeere
Tilia sp. Linde

STRÄUCHER
Aesculus parviflora Pavie
Arbutus andrachne
Arbutus andrachnoides
Arbutus unedo Erdbeerbaum
Arundinaria sp. Bambusgras
Aucuba sp. Aukube
Berberis sp. (sommergrün und immergrün) Berberitze
Buddleja sp. Schmetterlingsstrauch
Ceanothus sp. Säckelblume
Choisya ternata Orangenblume
Cistus sp. Zistrose
Clerodendrum trichotomum Losbaum
Colutea arborescens Gemeiner Blasenstrauch
Cornus sp. Hartriegel
Cotoneaster sp. Zwergmispel
Cytisus nigricans Schwarzer Geißklee
Daphne mezereum Gemeiner Seidelbast
Deutzia sp. Deutzie
Elaeagnus sp. Ölweide
Escallonia sp.
Eucryphia sp.
Euonymus sp. Spindelstrauch
Forsythia sp. Forsythie
Fuchsia sp. Fuchsie
Hydrangea villosa Hortensie
Hypericum sp. Hartheu
Ilex sp. Stechpalme
Indigofera sp. Indigostrauch
Kerria japonica Kerrie
Kolkwitzia amabilis Scheinwegelie
Magnolia kobus Magnolie
Mahonia aquifolium und Formen Mahonie
Olearia sp. Duftstrauch
Osmanthus sp. Duftblüte
Paeonia sp. Päonie, Pfingstrose
Philadelphus sp. Pfeifenstrauch
Phlomis sp. Brandkraut
Pittosporum sp. Klebsame
Potentilla sp. Fingerkraut
Prunus laurocerasus und Formen Kirschlorbeer
Pyracantha sp. Feuerdorn
Rhus sp. Sumach
Ribes sp. Johannisbeere
Romneya coulteri Baummohn
Rosmarinus sp. Rosmarin
Rubus sp. Brombeere
Sambucus sp. Holunder
Santolina sp. Heiligenkraut
Sarcococca sp. Schleimbeere
Senecio sp. Kreuzkraut
Spartium junceum Binsenginster
Spiraea sp. Spierstrauch
Staphylea sp. Pimpernuß
Symphoricarpus sp. Schneebeere

Syringa sp. Flieder
Tamarix sp. Tamariske
Teucrium sp. Gamander
Ulex sp. Stechginster
Viburnum sp. Schneeball
Vinca sp. Immergrün
Weigela sp. Weigelie

EXTREM SAUER ODER ALKALISCH

BÄUME
Alnus sp. Erle
Betula pendula und Formen Weißbirke
Crataegus laevigata und Formen Zweigriffliger Weißdorn
Fagus sylvatica Rotbuche
Pinus nigra austriaca Schwarzkiefer
Pinus sylvestris Gemeine Kiefer
Populus alba und Formen Silberpappel
Populus tremula Zitterpappel
Quercus cerris Zerreiche
Quercus robur Stieleiche
Sorbus aria Mehlbeere
Sorbus hybrida Nordische Bastardelsbeere
Sorbus intermedia Oxelbeere
Taxus baccata Eibe

STRÄUCHER
Cotoneaster sp. Zwergmispel
Ligustrum ovalifolium und Formen Japanischer Liguster
Rhamnus frangula Faulbaum
Salix caprea Salweide
Sambucus sp. Holunder

TONBODEN

Picea breweriana
Trauerfichte

BÄUME
Abies sp. Tanne
Acer campestre Feldahorn
Aesculus hippocastanum Gemeine Roßkastanie
Alnus sp. Erle
Betula pendula Weißbirke
Carpinus betulus Hainbuche
Corylus avellana Gemeine Haselnuß
Crataegus monogyna Eingriffliger Weißdorn
Eucalyptus sp.
Fraxinus sp. Esche
Laburnum anagyroides Gemeiner Goldregen
Malus sp. Apfel
Picea breweriana Trauerfichte
Platanus orientalis Morgenländische Platane
Populus sp. Pappel
Prunus sp.
Pyrus sp. Birnbaum
Quercus sp. Eiche
Salix sp. Weide
Sorbus sp. Eberesche
Taxus baccata Eibe
Thuja plicata ›Atrovirens‹ Riesenlebensbaum
Tilia sp. Linde

STRÄUCHER
Abelia sp.
Aralia sp.
Aucuba sp. Aukube
Berberis sp. Berberitze
Choenomeles sp. Zierquitte
Choisya ternata Orangenblume
Cornus sp. Hartriegel
Cotoneaster sp. Zwergmispel
Hypericum sp. Johanniskraut, Hartheu
Kerria japonica Kerrie
Osmanthus sp. Duftblüte
Philadelphus sp. Pfeifenstrauch
Potentilla sp. Fingerkraut
Prunus laurocerasus und Formen Kirschlorbeer
Pyracantha sp. Feuerdorn
Rhamnus frangula Faulbaum
Rhododendron sp. (winterharte Hybriden)
Ribes sp. Johannisbeere, Stachelbeere
Rubus sp. Brombeere
Salix sp. Weide
Skimmia japonica
Spiraea sp. Spierstrauch
Symphoricarpos sp. Schneebeere

Chaenomeles sp.
Zierquitte

Syringa sp. Flieder
Viburnum sp. Schneeball
Vinca sp. Immergrün
Weigela sp. Weigelie

STAUDEN
Acanthus longifolius Stachelähre
Acanthus mollis
Alchemilla sp. Frauenmantel
Anemone-Hybriden Herbstanemonen
Aruncus sylvester Geißbart
Bergenia sp.
Brunnera macrophylla Kaukasusvergißmeinnicht
Caltha palustris Sumpfdotterblume
Carex sp. Segge
Darmera peltata Schildblatt
Epimedium perralderanum Elfenblume
Eremurus robustus Steppenkerze
Euphorbia robbiae Wolfsmilch
Geranium sp. Storchschnabel
Gunnera manicata Mammutblatt
Helleborus sp. Nieswurz
Hemerocallis sp. Taglilie
Hosta sp. Funkie
Iris sp. Schwertlilie
Lamiastrum galeobdolon Goldnessel
Lamium maculatum Gefleckte Taubnessel
Lonicera sp. Geißblatt
Miscanthus sinensis und Formen Chinaschilf
Petasites japonicus Pestwurz
Phormium tenax Neuseeländer Flachs
Polygonatum hybridum Salomonssiegel
Primula sp. Primel
Prunella hebbiana Braunelle

Hemerocallis sp.
Taglilie

Rheum palmatum Medizinalrhabarber
Rosa sp. Rose
Saxifraga urbium Steinbrech
Symphytum grandiflorum Beinwell
Trachystemon orientalis Rauhling
Waldsteinia ternata
Yucca sp. Palmlilie

LEICHTER SANDBODEN

BÄUME
Acer campestre Feldahorn
Acer ginnala Feuerahorn
Acer negundo und Formen Eschenahorn
Acer platanoides Spitzahorn
Acer pseudoplatanus Bergahorn
Acer saccharinum Silberahorn
Ailanthus altissima Götterbaum
Alnus cordata Neapolitanische Erle
Betula pendula Weißbirke

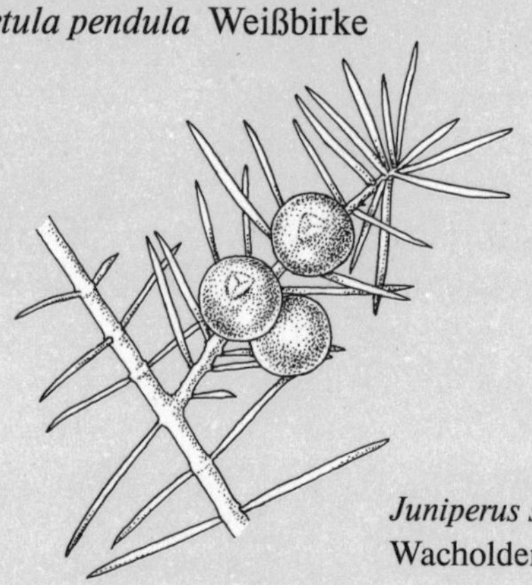

Juniperus sp.
Wacholder

Caragana arborescens Gemeiner Erbsenstrauch
Castanea sp. Kastanie
Cedrus sp. Zeder
Cercidiphyllum japonicum Katsurabaum
Fraxinus ornus Mannaesche, Blumenesche
Gleditsia triacanthos Christusdorn
Juniperus sp. Wacholder
Koelreuteria paniculata Blasenbaum
Larix decidua Europäische Lärche
Larix kaempferi Japanische Lärche
Pinus pinaster Strandkiefer
Pinus sylvestris Gemeine Kiefer
Populus alba und Formen Silberpappel
Pseudotsuga menziesii Douglasie
Robinia pseudoacacia Robinie
Salix alba »Liempde« Silberweide
Salix daphnoides Reifweide

STRÄUCHER
Amelanchier lamarckii Kupferfelsenbirne
Artemisia Arborescens
Berberis sp. Berberitze
Ceratostigma willmottianum Hornbleiwurz
Cistus sp. Zistrose
Clerodendrum trichotomum
Corylus sp. Haselnuß
Cotoneaster sp. (niederliegend) Zwergmispel
Cytisus sp. Geißklee
Elaeagnus sp. Ölweide
Genista sp. Ginster
Helichrysum sp. Strohblume
Hibiscus syriacus Roseneibisch
Hippophae rhamnoides Sanddorn
Hypericum sp. Hartheu
Indigofera sp. Indigostrauch
Lavandula sp. Lavendel
Lespedeza sp. Buschklee
Perovskia atriplicifolia
Phlomis fruticosa Brandkraut
Potentilla sp. Fingerkraut
Rhus sp. Sumach
Romneya coulteri Baummohn
Rosmarinus officinalis Rosmarin
Salvia sp. Salbei
Sambucus sp. Holunder
Senecio sp. Kreuzkraut
Spartium junceum Binsenginster
Spiraea sp. Spierstrauch
Stephanandra sp. Kranzspiere
Symphoricarpus sp. Schneebeere
Tamarix sp. Tamariske
Ulex sp. Stechginster

SCHLECHT DRAINIERTER BODEN

BÄUME
Acer pseudoplatanus Bergahorn
Alnus incana ›Laciniata‹ Grauerle
Carpinus betulus Hainbuche
Davidia involucrata Taubenbaum
Populus sp. Pappel
Pterocarya rehderiana Flügelnuß
Pyrus sp. Birne
Quercus robur Stieleiche
Salix sp. Weide
Taxodium distichum Sumpfeibe, Sumpfzypresse

Acer pseudoplatanus
Bergahorn

STRÄUCHER
Arundinaria vagans
Cornus sp. Hartriegel
Rubus cockburnianus ulmifolius
Sambucus sp. Holunder
Viburnum opulus Gemeiner Schneeball

STAUDEN
Glyceria maxima und Formen Wasserschwaden
Gunnera sp. Mammutblatt
Iris pseudacorus und Formen Wasserschwertlilie
Ligularia dentata und Formen Goldkolben
Ligularia przewalskii hessei ›Gregnog Gold‹
Miscanthus sacchariflorus Silberfahnengras
Miscanthus sinensis Chinaschilf
Petasites japonicus giganteus Pestwurz

Register

Kursiv gesetzte Zahlen beziehen sich auf Abbildungen.

A

B

C

D

E

F

Danksagung

Der Autor und der Verlag danken folgenden Personen und Institutionen für ihre wertvolle Mitarbeit an diesem Buch: Meryl Lloyd; David Lamb; Jacqui Hurst; Sarah Broley; Jane Pooley; Jenny Paterson; The Royal Botanic Gardens, Kew, Hyams und Cockerton Ltd.; John Tann; Martyn Rix; Richard Bird; Simon Adams; Arthur Brown; Tessa Richardson-Jones; Kate Grant und Jenny Engelmann.

Danksagung der Fotografin

Jacqui Hurst dankt allen Personen, die ihr erlaubt haben, ihre Gärten für dieses Buch zu fotografieren: Janet Allen; Major und The Hon. Mrs. Arbuthnot; Elsie und Henry Ball; Ellis und Henry Bull; Tom Bartlett; Anne Belam; Bob und Penny Black; Alix Blomer; Mr. und Mrs. Blomer; Humphrey Brooke; John und Sheila Bruce; Mr. und Mrs. A. J. Buchanan; Anthony und Elizabeth Bullivant; Beth Chatto; His Honour Judge Clay und Mrs. Clay; Mr. und Mrs. G. Clay; Mr. und Mrs. G. Goode-Adams; Dr. und Mrs. J. Cox; Sylvia und Colin Dales; Ann Dewar; Lord und Lady Dickinson; Dale und Alice Fishburn; Mr. D. Flower; Gainsborough House Trust; Mr. und Mrs. I. Garnett-Orme; Sir Julian Gascoigne; Mr. und The Hon. Mrs. Peter Healing; Patrick Heron; Major und Mrs. A. Hibbert; Penelope Hobhouse; Judith und Simon Hopkinson; Mr. und Mrs. W. Howes-Bassett; Barrie Hurst; Hazel Hurst; Mr. und Mrs. J. Knight; Mr. und Mrs. R. Marshall; Mr. und Mrs. R. Merton; Joy Moss; Mr. und Mrs. Norton; Mr. und Mrs. Palmer; Mr. und Mrs. A. E. Pedder; Mr. und Mrs. F. Plumb; Mrs. Pumphrey; Major D. und Lady Anne Rasch; Mr. und Mrs. C. A. Richardson; Martyn Rix; Rodney und Pamela Russell; Mrs. Sedgwick; The Hon. Mrs. Smith-Ryland; Mrs. Sybil Spencer; Dr. und Mrs. Stanton; John Tann; Mrs. V. Thomas; Mr. und Mrs. J. Thompson; Myles Thoroton-Hildyard; Mrs. D. Verey; Mrs. C. L. Ward; Michael und Denny Wickham; Mr. und Mrs. David Williams; Mr. und Mrs. Wright; David Robertson.

Illustrationen: Vanessa Luff; Eric Thomas; Vana Haggerty; David Ashby; Peter Morter; Rodney Shackell; Imperial Artists.